FÜHRER
ZUR HESSISCHEN VOR- UND FRÜHGESCHICHTE 6

Wanderungen am Wetteraulimes

Archäologische Wanderungen am Limes vom Köpperner Tal im Taunus bis zur Drususeiche bei Limeshain

von
Vera Rupp und Heide Birley

Konrad Theiss Verlag Stuttgart

Mit 119 Abbildungen und 12 Wanderkarten in den Umschlagseiten und im Text

Umschlagbild: Die restaurierten Grundmauern des Badegebäudes des Kastells Kapersburg. Blick von Südosten.

Die Deutsche Bibliothek – CIP-Einheitsaufnahme

Rupp, Vera:
Wanderungen am Wetteraulimes : archäologische Wanderungen am Limes vom Köpperner Tal im Taunus bis zur Drususeiche bei Limeshain / von Vera Rupp und Heide Birley. – Stuttgart : Theiss, 2005
(Führer zur hessischen Vor- und Frühgeschichte ; Bd. 6)
ISBN 3-8062-1551-0

0002 deutsche bibliothek

Gedruckt mit Unterstützung der
Archäologischen Gesellschaft in Hessen e.V.

Kartengrundlagen: Ausschnitte und Ausschnittzusammensetzungen der Topographischen Karte 1:25 000 (TK 25) mit Genehmigung des Hessischen Landesvermessungsamtes vervielfältigt.
Vervielfältigungsnummern 98-1-089 und 99-1-55.

Gesamtherstellung: mww.druck und so... GmbH, Mainz-Kastel
Printed in Germany: ISBN 3-8062-1551-0

Jahresgabe der Archäologischen Gesellschaft in Hessen e.V.

Grenzen haben vielfältige Eigenschaften; ihre Funktion ist es, etwas von einander zu trennen – seien es Zuständigkeiten, Verwaltungs- und Wirtschaftsräume oder Hoheitsgebiete. Grenzen berühren Unterschiedliches und setzen es damit gleichzeitig voneinander ab. Ihre lineare Ausprägung ermöglicht eindeutige Zuweisungen. Damit werden sie zum Merkmal für den Entwicklungsgrad eines Verwaltungsapparates oder gar eines Staatsgefüges. In diesem Sinne ist das Römische Reich prägend gewesen und hat im Wortsinne nicht nur an seinen Außengrenzen markante Spuren hinterlassen. Der Limes, der den Rechtsbereich des römischen Imperiums von jenem der Nachbarn schied, hat seine Spuren in der Landschaft hinterlassen. Bei Bad Hönningen den Rhein verlassend und über Westerwald und Taunus hin zum Main das Land durchquerend macht er um die Wetterau einen bemerkenswerten Bogen, der deutlich erkennen lässt, wie sehr den Römern an der Einbeziehung dieser fruchtbaren Landschaft in ihr Reich gelegen war. Die nach Nordosten auskragende Grenzziehung war damit nicht von militärstrategischen Überlegungen geprägt, sondern von der Notwendigkeit, einen Agrarraum in das Imperium Romanum einzubeziehen, der für die Versorgung der Provinz nicht unbedeutend gewesen sein dürfte.

Es gehört zu den Eigentümlichkeiten der Wahrnehmung, dass die Existenz des Limes zwischen Rhein und Main zwar allgemein bekannt, doch nicht im allgemeinen Bewusstsein ist. Vielfältige Bemühungen haben dem Limes als größtem archäologischen Denkmal in Deutschland in den vergangenen Jahren erhöhte Aufmerksamkeit beschert. Sein linearer Verlauf und die Wiedererkennbarkeit in der Landschaft legen es nahe, ihn in klassischer Weise per pedes kennen zu lernen. Die Wanderungen, die in verdienstvoller Weise von Frau Vera Rupp und Frau Heide Birley beschrieben worden sind, wollen Lust machen auf die Verbindung von Natur und Kultur bei einer Entdeckungsreise auf den Spuren der römischen Vergangenheit der Wetterau. Dabei mögen die Assoziationen, die sich beim Überschreiten von Grenzen gerne einstellen, ebenso motivierend sein, sich eine bestimmte Etappe vorzunehmen, wie der Wunsch, mit zunehmend geschultem Blick die eine oder andere Auffälligkeit im Gelände zu entdecken und auf ihre Bedeutung hin zu befragen. Wer Zeit und Muße aufwendet, hat somit die Chance, sich auf die Suche zu begeben und die im Wortsinn am Wege liegenden Überreste der Vergangenheit zu entdecken, sie mit dem eigenen Wissen zu verknüpfen, um Freude am Erkenntnisgewinn zu haben. Mit diesem Band will die Archäologische Gesellschaft in Hessen daher ihre Mitglieder und alle, die es noch werden möchten, einladen, sich der frühen Geschichte in unserem Lande aktiv und sehr persönlich zu nähern.

Frankfurt am Main / Wiesbaden

Dr. Thomas Wurzel
Präsident der Archäologischen Gesellschaft in Hessen e.V.

LANDESAMT FÜR DENKMALPFLEGE HESSEN
ABTEILUNG ARCHÄOLOGISCHE
UND PALÄONTOLOGISCHE DENKMALPFLEGE

ARCHÄOLOGISCHE GESELLSCHAFT IN HESSEN E.V.

FÜHRER
ZUR HESSISCHEN VOR- UND FRÜHGESCHICHTE

BAND 6

Herausgegeben von Fritz-Rudolf Herrmann

Konrad Theiss Verlag Stuttgart

Inhaltsverzeichnis

Anhang

Einleitung

Archäologische Forschung findet auch in Deutschland immer mehr das Interesse der Bevölkerung. So sind in den vergangenen Jahren zahlreiche populärwissenschaftliche Schriften erschienen, die Zahl der Hörfunk- und Fernsehsendungen nahm beträchtlich zu. Immer mehr Museen zeigen archäologische Ausstellungen, museumspädagogische Abteilungen arbeiten verstärkt mit Schulen zusammen. Nicht zuletzt nahm die Zahl der ehrenamtlichen Mitarbeiter an Museen und Denkmalämtern stetig zu, viele von ihnen unterstützen aktiv die Museumsarbeit und nehmen an Ausgrabungen teil. Daneben haben sich verschiedene Gruppen gebildet, die im Rahmen experimenteller Archäologie und auf der Basis neuer Forschungsergebnisse neben der Vorgeschichte vor allem die römische Zeit wiederbeleben und bei vielen Veranstaltungen aktiv werden.

Der Limes bildete fast zwei Jahrhunderte lang die römische Grenzbefestigung, die vom Rhein bis an die Donau rund 550 km lang und mit zahlreichen Kastellen und Wachtposten besetzt war. Er zählt zu den bedeutendsten Kulturdenkmälern Europas und steht seit dem 16. Jahrhundert im Mittelpunkt des wissenschaftlichen Interesses. Im Jahr 1892 wurde auf Betreiben des Historikers Theodor Mommsen die Reichs-Limeskommission gegründet, die sich die genaue Erforschung des Streckenverlaufes, der Limeskastelle und Wachtposten zur Aufgabe gemacht hat. Heute werden diese Forschungsaufgaben von der Römisch-Germanischen Kommission des Deutschen Archäologischen Instituts als Nachfolgerin der Reichs-Limeskommission mit Sitz in Frankfurt am Main und den Denkmalämtern der Bundesländer wahrgenommen.

Noch immer gilt die von der Reichs-Limeskommission vorgenommene Einteilung des Limes in 15 Streckenabschnitte. Innerhalb jeder Strecke erfolgte dann die Numerierung der Wachtposten. So bedeutet die Bezeichnung Wp 4/8: Limesstrecke 4, Wachtposten Nr. 8. Die Wachtposten der älteren Limeslinie erhielten zusätzlich ein Sternchen (z.B. Wp 4/39*). Neue Forschungen am Limes zeigen, daß in Einzelfällen Wachtposten von der Reichs-Limeskommission aufgrund von Geländemerkmalen irrtümlich angenommen wurden. Daher ist davon auszugehen, daß auch in Zukunft noch neue Erkenntnisse zur römischen Grenzbefestigung gewonnen werden können.

Der Limesabschnitt durch die Wetterau wurde als wichtiges Teilstück des obergermanisch-rätischen Limes bereits in vielen wissenschaftlichen Abhandlungen und populären Führern beschrieben. Dennoch fanden wir Versuche, nach dem einen oder anderen Limesführer zu wandern, oft ausgesprochen schwierig wenn nicht ganz unmöglich. Die meisten der archäologischen Führer beschreiben größere Streckenabschnitte und können daher die vielen wichtigen Einzelheiten der Wegstrecken oft gar nicht ansprechen. Reine Wanderführer wiederum beinhalten viele Wanderstrecken, können jedoch in den kurzen Beschreibungen kaum auf archäologische Fragen eingehen.

Schon bald reifte daher unser Entschluß, einen ausführlichen Wanderführer in Angriff zu nehmen, der eine Kombination beider Gebiete darstellt. Dabei konzentrierten wir uns auf die Limesstrecke 4, den Wetteraulimes, der im bewaldeten Gelände noch sehr gut auszumachen ist. Neben archäologischen werden jetzt auch die wichtigen Fragen des Naturschutzes und Anliegen der Forstämter berücksichtigt.

An archäologischen Sehenswürdigkeiten werden nicht nur der Limes, seine zugehörigen Bauwerke und Anlagen sowie andere römische Hinterlassenschaften beschrieben. Zur Sprache kommen auch Relikte aus vorgeschichtlichen und mittelalterlichen Epochen. Hier sind besonders die zahlreichen Grabhügel unserer Region zu nennen, die in vielen Waldgebieten immer wieder anzutreffen sind. Auch die bedeutenden vorgeschichtlichen Wallanlagen des Brüler Berges und des Hausberges bei Butzbach wurden mit aufgenommen (Wanderstrecke 4), weil sie gute Beispiele für eisenzeitliche Befestigungen der Wetterau sind und in einer landschaftlich ausgesprochen reizvollen Gegend liegen. Aber auch Kirchen, Klöster und historische Plätze werden angesprochen, die Wetterau ist ja reich an Erinnerungen aus allen Zeitabschnitten unserer Geschichte. Am Ende werden die Museen genannt, die große Teile der geborgenen Funde aufgenommen und ausgestellt haben.

Unser Hauptaugenmerk lag auf einer exakten Streckenbeschreibung, die dem Wanderer unter Zuhilfenahme der jeweiligen Karte eine Wanderung ermöglichen soll, die ohne langes Suchen oder gar Verlaufen zum Ziel führt. Zu diesem Zweck haben wir für die Wanderungen am Wetteraulimes zwölf Teilabschnitte ausgewählt, deren Ausgangspunkt immer eine Parkmöglichkeit für den PKW ist *(Abb. 1)*. Öffentliche Verkehrsmittel können leider kaum genutzt werden, da die Strecken oft abseits der Ortschaften liegen. Wir haben jede dieser Strecken mehrmals selbst abgelaufen, um das gewünschte Ergebnis zu erreichen.

Sämtliche an den bezeichneten Wanderstrecken liegenden oder in den Karten eingetragenen archäologischen Objekte sind geschützte Kulturdenkmäler. Nachforschungen jeglicher Art, insbesondere Gra-

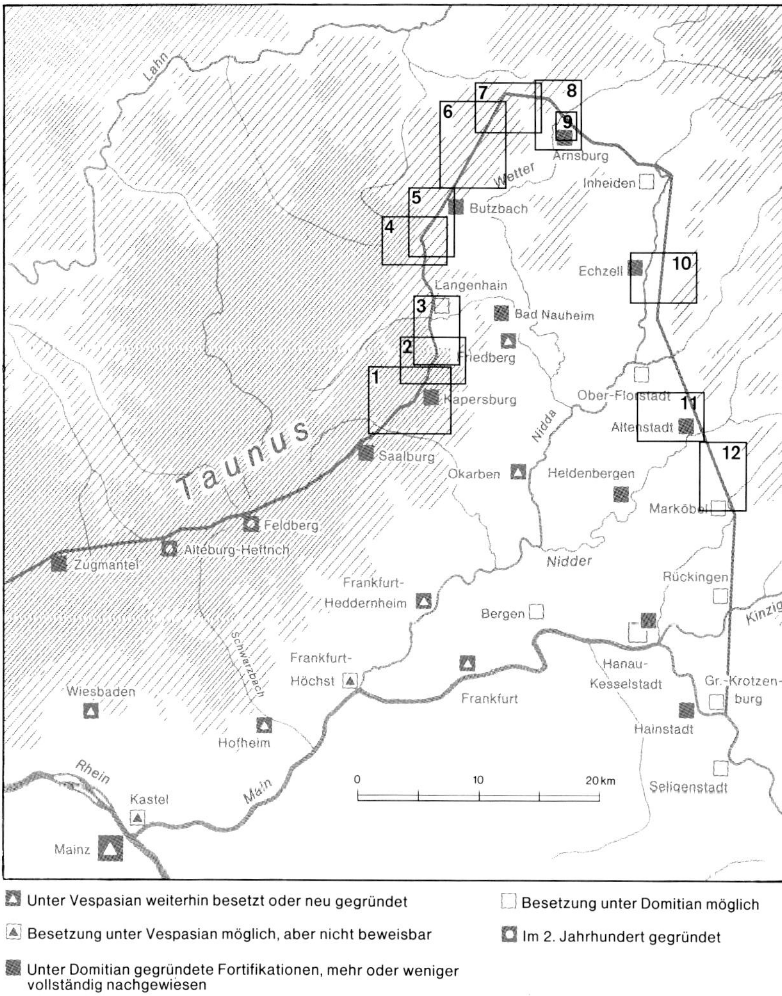

Abb. 1. Die Wanderstrecken 1–12 am Wetteraulimes (Limesstrecke 4). Die Umrahmungen geben die Ausschnitte der Detailkarten an, die sich in der vorderen (Wanderstrecke 1) und hinteren Umschlagseite (Wanderstrecke 6), sonst im Text finden. Grundkarte nach H. Schönberger. M. 1:600000.

bungen, aber auch Schürfungen sowie irgendwelche Veränderungen am Bestand sind daher nicht zulässig. Außerdem bitten wir, die Waldwege nicht zu verlassen, um Waldbestand und Tierwelt zu schonen.

Dr. Fritz-Rudolf Herrmann vom Landesamt für Denkmalpflege Hessen möchten wir ganz herzlich für seine Bereitschaft zur Veröffentlichung in der vorliegenden Reihe des Landesamtes danken. Für vielfältige Unterstützung und Anregungen sind wir zahlreichen Archäologen, Historikern, Naturschützern und Mitarbeitern der Forstämter sehr zu Dank verpflichtet, von denen wir an dieser Stelle nur einige Namen nennen können. Nützliche Hinweise erhielten wir von Prof. Dr. Dietwulf Baatz, Autor des wohl bekanntesten Limesführers, der sich seit vielen Jahren mit der römischen Grenzbefestigung beschäftigt. Die Außenstelle der Römisch-Germanischen Kommission in Ingolstadt gewährte uns freundlicherweise Einblick in das Limesarchiv der Reichs-Limeskommission; Dr. Claus-Michael Hüssen möchten wir an dieser Stelle besonders danken. Einzelne Aspekte verschiedener Wanderstrecken wurden von Dr. Dieter Wolf aus Butzbach, Dr. Mathias Austermann aus Dortmund (damals Büdingen), Werner Bender aus Grüningen, Dr. Bernd Steidl aus München (damals Würzburg), Georg Renner aus Echzell und Kurt Leidecker aus Florstadt überprüft und ergänzt. Dank auch an Katja Augustin aus Friedberg sowie die Mitarbeiterinnen des Stadtarchivs Friedberg. Wichtige Hilfe kam außerdem von der Friedberger Casino-Gesellschaft sowie der Arbeitsgemeinschaft für Vor- und Frühgeschichte im Wetteraukreis.

Besonders gefreut haben wir uns auch über die Unterstützung durch die zahlreichen ehrenamtlichen Mitarbeiterinnen und Mitarbeiter der Archäologischen Denkmalpflege des Wetteraukreises und die Freunde, die uns u.a. bei der Festlegung der Streckenführungen wertvolle Hinweise gegeben haben. Hubert Bothor aus Friedberg war im Gelände oft mit von der Partie, aber auch Georg Schweitzer aus Ober-Mörlen, Michael Gottwald aus Fürth sowie Jürgen Degen und Martina Scholz aus Nürnberg begleiteten uns bei der Begehung einiger Wanderstrecken; ihnen allen möchten wir ganz besonders danken.

Große Hilfe in Fragen der Forstwirtschaft und des Naturschutzes boten die Forstämter Büdingen, Butzbach, Nidda und Usingen. Sie prüften unsere Streckenbeschreibungen und lieferten wichtige Ergänzungen. Ein besonderes Anliegen war uns der nachfolgende Beitrag von Oliver Schneider, dem Funktionsbeamten Naturschutz beim Hessischen Forstamt Butzbach. Bei unseren Wanderstrecken um das Kloster Arnsburg berieten uns das Gräfliche Forstamt Laubach mit der Revierförsterei Arnsburg sowie der Forstamtsrat i. R. Karl Lang vom Freundeskreis Kloster Arnsburg. Hinweise gaben uns die Naturschutzverbände Wetteraukreis und das Amt für Naturschutz und Landschaftspflege des Wetteraukreises. Bei der Festlegung der Wanderstrecke 5 war uns Matthias Gall aus Hoch-Weisel behilflich. Ganz besonders gefreut hat uns die Zusammenarbeit mit der Archivarin des Klosters Engelthal, Schwester Paschasia, die uns als promovierte Historikerin ergänzende Informationen zur Geschichte des Klosters geben konnte.

Es war uns wichtig, daß der Wanderer Ruhe und Erholung findet auf Wegen, auf denen man durch alle Jahreszeiten hindurch die Schönheit der Natur genießen, malerische Winkel und Ausblicke auf die freie Landschaft entdecken kann. Wir hoffen, daß unser Wanderführer viele Interessierte zum Besuch des Limes und der vorgeschichtlichen Anlagen anregt. Wer daruber hinaus weitere Wanderstrecken erkunden möchte, dem seien die in den Literaturhinweisen am Ende des Buches aufgeführten Limesführer empfohlen.

Forstwirtschaft und Naturschutz

Von Oliver Schneider

Der Wald ist ein wertvolles, naturnahes und großflächiges Landökosystem. Die Erhaltung unseres Waldes ist ein wesentliches Stück Zukunftssicherung. Naturschutz im Wald bedeutet Erhaltung der Lebensräume mit ihren Pflanzen- und Tierarten sowie Erhaltung der Leistungsfähigkeit des Naturhaushaltes.

Wälder wurden von den Menschen schon immer genutzt. Das Prinzip der nachhaltigen Nutzung, d.h. es darf nicht mehr Holz geerntet werden als nachwächst, entwickelte sich. Der Nachhaltigkeitsgrundsatz ist heute bei weitem nicht mehr nur nutzungsbezogen. Alle Wirkungen des Waldes sind nachhaltig zu erbringen. Hierunter fallen auch die Erholungs- und Sozialfunktionen sowie die Naturschutzleistungen des Waldes.

Mit der Richtlinie für die Bewirtschaftung des Hessischen Staatswaldes (RIBES 93) wurde ein Zielsystem eingeführt, mit dem das Gesamtziel „Schutz des Ökosystems Wald und optimale Entfaltung seiner Wirkungen" erreicht werden soll.

Für das Ökosystem Wald wird eine möglichst große Naturnähe und eine optimale Kombination aller Wirkungen des Waldes angestrebt. Meist müssen mehrere Ziele beachtet werden, wobei auch Konflikte zwischen den einzelnen Zielen untereinander auftreten können. Bei Zielkonflikten wird der Sicherung der ökologischen Wirkungen des Waldes Vorrang eingeräumt.

Mit einer naturgemäßen Waldwirtschaft werden dauerhafte Waldgefüge angestrebt, da nur ein Dauerwald alle Funktionen des Waldes nachhaltig gewährleistet.

Der Anspruch der naturgemäßen Waldwirtschaft ist es, ein Bewirtschaftungskonzept zu verfolgen, das möglichst umfassend Ökologie und Ökonomie in ein nachhaltiges Gleichgewicht bringt. Diese Wirtschaftsweise versucht, sich den natürlichen Prozessen anzupassen, nicht umgekehrt. Deshalb wird sie als naturgemäß bezeichnet.

Naturgemäßer Waldbau schafft mehr Naturnähe, erhöht die Vielfalt an Struktur und Arten und erhöht damit die Stabilität. Auf bedrohte Arten und wertvolle Kleinstrukturen wird besonders Rücksicht genommen. Die Naturkräfte werden genutzt. Mit dieser Bewirtschaftung wird eine nachhaltige Rohstofferzeugung gesichert.

Der naturgemäße Waldbau verzichtet weitestgehend auf den Einsatz von Pflanzenschutzmitteln. Der unumgängliche Einsatz der Forsttechnik ist so waldverträglich wie möglich zu gestalten.

Stetigkeit ist die wichtigste forstliche Handlungsmaxime. Maßvolle, aber regelmäßige Eingriffe bei der Pflege und der Nutzung stellen sicher, daß der Wald als stabiles Ökosystem auf Dauer nachhaltig alle Funktionen für den Menschen erbringt.

Die große Gefahr der Waldzerstörung u. a. durch die Belastung mit Schadstoffen aus z. B. Industrie und Verkehr oder durch Grundwasserabsenkung kann mit einer naturgemäßen Waldwirtschaft jedoch nicht abgewendet werden. Hier sind alle gesellschaftlichen Institutionen gefordert, schnellstmöglich eine Verringerung der Belastungen zu erwirken. Jeder einzelne Bürger ist hier ebenfalls gefordert. Es gibt vielfältige Möglichkeiten, insbesondere sei an dieser Stelle auf den sparsamen Energie- und Wasserverbrauch hingewiesen, die im Einzelnen verschwindend gering erscheinen, in der Summe jedoch zu einer spürbaren Entlastung führen können.

Im Wald finden Menschen Ausgleich, Ruhe und Erholung abseits des pulsierenden, hektischen und rastlosen Tagesgeschäftes. Der Wald bietet vielfältige Naturerlebnisse und Bewegungsmöglichkeiten. Er fördert durch sein besonderes Klima die Gesundheit.

Immer mehr Menschen nutzen diese wertvollen und kostenlosen Leistungen des Waldes. Wanderer, Jogger, Reiter, Mountainbiker und viele andere Gruppen strömen in den Wald. Damit jeder die positiven Wirkungen des Waldes für sich nutzen kann, ohne das Ökosystem negativ zu beeinträchtigen, sind einige Verhaltensmaßregeln, die eigentlich selbstverständlich sein sollten, notwendig:

- Die Landschaft sauber halten
- Rücksicht nehmen auf andere Erholungssuchende
- Beachten von Hinweisschildern; Benutzung der ausgewiesenen Wander-, Reit- und Fahrwege
- Akzeptanz der Nutzung der Naturgüter, d. h. Verständnis für Jäger, Waldarbeiter und Förster

Nur ein schonender Umgang mit der Natur und ein rücksichtsvoller Umgang miteinander erhalten uns die wertvollen Leistungen des Waldes langfristig. Helfen Sie mit, den Wald als wertvolle Lebensgrundlage zu erhalten!

Der Wetteraulimes – Archäologische Forschung einst und jetzt

Die römische Grenzbefestigung wurde seit dem Mittelalter „Pfahl" genannt, was auf den althochdeutschen Begriff „pfal" zurückgeht, der wiederum vom lateinischen „palus" entlehnt ist und soviel wie „zugespitztes, in den Boden gerammtes Bauholz" heißt. Der Begriff „Pfahl" für den Limes taucht erstmals im 8. Jahrhundert im Gebiet von Idstein im Taunus auf. Noch heute enthalten viele Ortschaften den Wortstamm „Pfahl" oder auch „Pohl", wie z.B. Pfahlheim bei Ellwangen oder Pfahlbach bei Öhringen, in der Wetterau die den Namen einer Wüstung aufgreifende Großgemeinde Pohlheim und der Butzbacher Stadtteil Pohl-Göns.

Über viele Jahrhunderte bis in heutige Zeit bildete der Limes Landes-, Kreis- und Gemarkungsgrenzen. Im 19. Jahrhundert verlief beispielsweise die Grenze zwischen Nassau und dem Großherzogtum Hessen über längere Strecken auf dem Limes. Im Gambacher Wald ist noch heute die Grenze zwischen den Gemarkungen Gambach und Pohl-Göns/Kirch-Göns identisch mit dem Limesverlauf. Als im Jahr 1971 die Gemeinden Rommelhausen, Himbach und Hainchen am östlichen Wetteraulimes zu einer Großgemeinde zusammengeschlossen wurden, wählten die Gemeindevertreter den Namen Limeshain.

Die Altertumsforschung hat in Hessen eine lange Tradition und geht bis ins 15. Jahrhundert zurück. Im Jahre 1455 hatte man im Kloster Hersfeld die „Germania" des Tacitus wiederentdeckt und 1473 veröffentlicht. Damit war der Grundstein für die historische Forschung gelegt. Die anfänglich meist auf Schatzgräberei und nicht auf Altertumsforschung gerichteten Ausgrabungsversuche konnten jedoch zunächst nicht viel zur Vertiefung der Kenntnisse über das Limesgebiet beitragen. Erasmus Alberus (1500–1553), der aus Friedberg-Bruchenbrücken stammende bedeutende Humanist und Wegbegleiter Martin Luthers, schrieb den „Polgrab" in seinen „Fabeln des Aesop" noch den „alten Heyden" zu. Erst später gewann man die Erkenntnis, daß der Limes aus römischer Zeit stammte. So erschien im Jahre 1697 das grundlegende Werk „Gründliche und warhafte Beschreibung der Fürstenthümer Hessen und Hersfeld" aus der Feder des Gießener Antiquars Johann-Just Winkelmann, der den Pfahlgraben selbst begangen hatte.

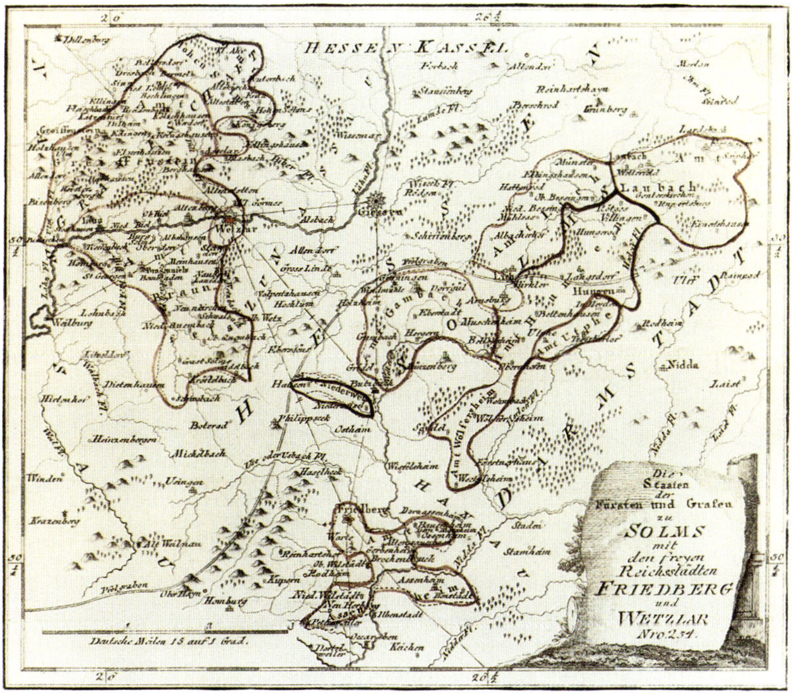

Abb. 2. Historische Karte von 1791 mit Eintragung des Limes. Wie man damals annahm, verlief die Streckenführung des östlichen Wetteraulimes bis zum Vogelsberg. Kupferstich von F. J. Reilly.

Immer neue Relikte kamen ans Tageslicht und sorgten für weitere Veröffentlichungen. Schon 1603 war in einem Brunnen in Altenstadt ein Stein mit Inschriftenrest *„genio collegi iuventutis Cons …"* entdeckt und in die Burg nach Friedberg gebracht worden. Der Stein stammte aus dem Jahr 242 n. Chr. und belegt eine Jungmannschaft im Kastell Altenstadt. Kartenwerke vom Limesverlauf wurden aufgelegt. Damals ging man noch davon aus, daß die Grenzbefestigung ab Hungen bis zum Vogelsberg und fast bis Schotten reichte *(Abb. 2)*. Der korrekte Verlauf von Inheiden über Echzell bis nach Marköbel wurde erst im späten 18. Jahrhundert festgeschrieben.

In dieser Zeit wurden in Deutschland sogar Wettbewerbe ausgerichtet. Die Preußische Akademie der Wissenschaften in Berlin stellte beispielsweise 1748 die Aufgabe: „Wie weit der Römer Macht, nachdem sie über den Rhein und die Donau gesetzt, in Deutschland eingedrun-

Abb. 3. Johann Philipp Dieffenbach (1786–1860).

gen, was vor Merkmale davon ehemals gewesen und etwa noch vorhanden seien". Regionale Forscher wie Georg Philipp Kraus (1713–1792) und Elias Neuhof (1724–1799) konzentrierten sich vor allem auf den Limes im Taunus. Einer der bedeutendsten und bekanntesten Altertumsforscher war der Rektor der Friedberger Augustinerschule, Johann Philipp Dieffenbach (1786–1860) *(Abb. 3)*, der die Wetterau durchwanderte, u.a. zahlreiche Kastelle entdeckte, dokumentierte und seine Erkenntnisse ausführlich niederschrieb. Bereits 1829 erschien sein Bericht „Ueber Alterthümer in und um Friedberg" und 1843 das grundlegende Werk „Zur Urgeschichte der Wetterau". Sein Sohn, der Friedberger Kaufmann Gustav Dieffenbach (1825–1891), setzte die Forschungen seines Vaters fort und begann mit planmäßigen Grabungen im römischen Friedberg, wie z.B. im Mithräum in der Großen Klostergasse, und im Kastell Kapersburg.

Abb. 4. Georg Wolff (1845–1929).

Am nördlichen Limesbogen untersuchte der Arnsburger Solms-Laubachische Rentamtmann Christian Wilhelm Fabricius um 1840 den Pfahlgraben und dehnte seine Forschungen auf das Arnsburger Kastell Alteburg aus. Der Wiesbadener Staatsarchivar Karl Rossel beschäftigte sich ebenfalls mit der Grenzanlage und veröffentlichte 1876 die Schrift „Die römische Grenzwehr im Taunus". Am östlichen Wetteraulimes erforschte der Hanauer Gymnasiallehrer Albert Duncker die römischen Hinterlassenschaften. Seine Rolle übernahm später der für die Forschung so wichtige, ebenfalls aus Hanau stammende Oberlehrer Georg Wolff *(Abb. 4)*. Gegen Ende des 19. Jahrhunderts erschienen verschiedene archäologische Kartenwerke, darunter die im Jahr 1890 von Friedrich Kofler publizierte „Archäologische Karte des Großherzogthums Hessen. Zwei Kartenblätter im Farbendruck neben begleitendem Text".

Mit der Gründung zahlreicher Altertumsvereine und deren Sammlungen erhielt die Altertumsforschung weiteren Auftrieb. 1821 und 1852 wurden in Wiesbaden und Mainz Vereine zur Erforschung der römischen Geschichte gegründet. Auf Antrag von Friedrich Gustav Habel (1792–1876) z.B. die „Commission zur Erforschung des limes imperii Romani“, der bereits Karl August von Cohausen (1812–1894) angehörte. Unter Habels Leitung fanden erste planmäßige Grabungen u.a. im römischen *Nida* (Frankfurt am Main-Heddernheim), das damals auch „das teutsche Pompeji“ genannt wurde, Hofheim, Wiesbaden und auf der Saalburg statt.

1844 wurde der „Hanauer Bezirksverein für hessische Geschichte und Landeskunde“ gegründet und 1887 der „Oberhessische Verein für Localgeschichte“ in Gießen. 1896 erfolgte die Gründung des „Geschichts- und Altertumsvereins Friedberg (Hessen)“, der bereits 1909 mit der Herausgabe der Friedberger Geschichtsblätter Forschungsergebnisse veröffentlichte. Schließlich folgten 1900 der „Geschichtsverein für Butzbach und Umgebung“ und 1906 der „Büdinger Geschichtsverein“. Die Sammlungen der Altertumsvereine bildeten den Grundstock zahlreicher, neugegründeter Museen.

Ganz wichtig für unser Gebiet war der ehemalige Hanauer Oberlehrer Georg Wolff (1845–1929), dessen Werk „Die südliche Wetterau in vor- und frühgeschichtlicher Zeit, mit einer archäologischen Fundkarte“ 1913 erschien und noch heute eines der wichtigsten archäologischen Nachschlagewerke darstellt. Wolff fand und untersuchte nicht nur zahlreiche Kastelle und ländliche Siedlungen, als geschulter Historiker war er auch in der Lage, seine Entdeckungen entsprechend einzuordnen und damit für die hessische Siedlungsarchäologie wertvolle Erkenntnisse zu liefern.

Mit den Forschungen der Reichs-Limeskommission, die auf Betreiben des Berliner Althistorikers Theodor Mommsen (1817–1903) im Jahr 1892 gegründet wurde, konnte erstmals „das älteste große historische Bauwerk, welches Deutschland besitzt“ (Mommsen), im Zusammenhang gesehen werden. Der Limes wurde in 15 Strecken mit jeweils einem Streckenkommissar aufgeteilt *(Abb. 5)*. Der Wetteraulimes bestand aus der hessischen Strecke 4 (vom Köpperner Tal bis Marköbel) und der preußischen Strecke 5 (von Marköbel bis zum Main bei Groß-Krotzenburg). Streckenkommissare der Strecke 4 wurden der bereits genannte Friedrich Kofler (*Abb. 77*; vgl. auch *Abb. 6*), später Wilhelm Soldan und Eduard Anthes. Auf Strecke 5 überwachte Georg Wolff die Grabungsarbeiten.

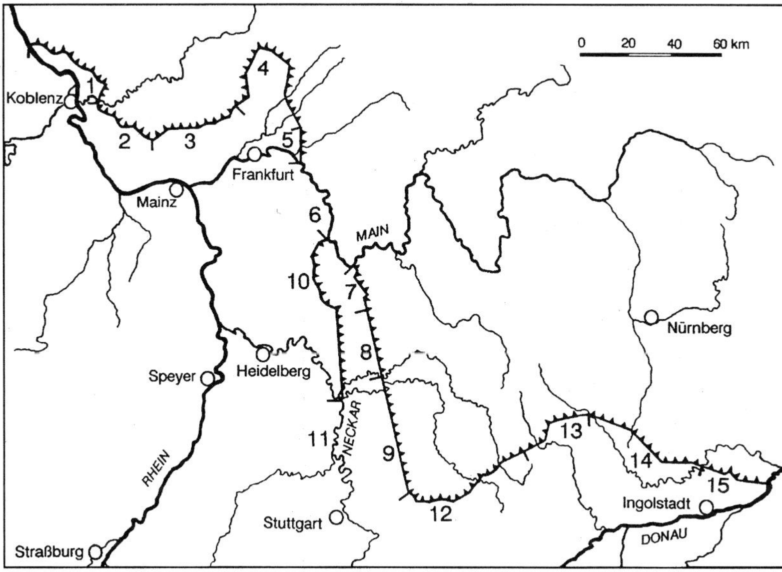

Abb. 5. Die von der Reichs-Limeskommission festgelegten Strecken 1–15 des obergermanisch-rätischen Limes. Nach D. Baatz.

Bei Gründung der Reichs-Limeskommission verständigte man sich darauf, die Forschungsergebnisse der Arbeiten am Limes in einem mehrbändigen Werk zu veröffentlichen, dem ‚Limeswerk' „Der obergermanisch-rätische Limes des Römerreiches" (ORL). Der erste Band erschien bereits 1894, Mitherausgeber ab 1898 wurde der Freiburger Althistoriker Ernst Fabricius (1857–1942), Enkel des o. g. Rentamtmannes aus Arnsburg. Hatte man ursprünglich vor, das Limeswerk nach fünf Jahren zu vollenden, stellte sich jedoch schon bald heraus, daß die vom Reichstag bewilligten finanziellen Mittel und die veranschlagte Forschungszeit bei weitem nicht ausreichten. 1903 stellte man die Ausgrabungen ein, um sich vornehmlich der Publikation widmen zu können. Erst im Jahr 1937 erschien der letzte Band des vierzehnbändigen Limeswerkes, das in die Abteilung A für die Strecken und B für die Kastelle aufgeteilt wurde. Das ORL stellt noch heute die Grundlage für sämtliche Forschungen im Bereich des Limes dar.

Neben den Mitgliedern der Reichs-Limeskommission waren noch weitere Altertumsforscher auf anderen Gebieten tätig, so z. B. Karl Schumacher in Mainz und Emil Ritterling in Wiesbaden. Ritterling war auch zwischen 1911 und 1914 Direktor der Römisch-Germanischen Kommission (RGK) in Frankfurt, die 1902 gegründet worden war. Noch heute ist sie dem Deutschen Archäologischen Institut angeschlossen, um die gestellte Aufgabe zu verfolgen, „die archäologische Erforschung derjenigen Theile des Deutschen Reichs, die dauernd unter römischer Herrschaft gestanden haben, mit Rath und That zu fördern". Sitz der RGK ist seither Frankfurt am Main; nach der Auflösung der Reichs-Limeskommission hat sie deren Aufgaben übernommen und verwaltet ihren Nachlaß. Die umfangreichen Unterlagen der Reichs-Limeskommission – Grabungsdokumentationen, Pläne, Photographien, die Tagebücher der Streckenkommissare usw. – befinden sich heute in der Außenstelle der RGK in Ingolstadt. Sie sind von unschätzbarem wissenschaftlichem Wert.

Die beiden Weltkriege unterbrachen zunächst jede weitere Arbeit am Limes. Auch in der Wetterau fanden kaum noch archäologische Untersuchungen statt. Nach dem Zweiten Weltkrieg erforderte die Erschließung großflächiger Neubaugebiete, wie z. B. in Butzbach und Okarben, intensive Ausgrabungen. Viele archäologische Fundplätze, darunter auch große Teile des antiken *Nida*, fielen ohne Beobachtungen dem Bagger zum Opfer. So konnten die Kastellvici von Altenstadt und Ober-Florstadt vor ihrer Zerstörung kaum untersucht werden. Auch etliche römische Gutshöfe gingen beispielsweise 1976 beim Bau der Autobahn A 45 verloren und konnten nur in Teilen und unzureichend dokumentiert werden.

Andererseits wurden durch das Landesamt für Denkmalpflege Hessen und das Saalburgmuseum außer den im folgenden genannten Kastellgrabungen zahlreiche Beobachtungen, Notbergungen und auch richtungsweisende Grabungen am Limes selbst und im Hinterland durchgeführt. Dazu gehören etwa neue Feststellungen zum Limesverlauf und der Lage der Wachttürme in der nordöstlichen Wetterau durch Walter Kröll und Hans Schönberger in den Jahren zwischen 1951 und 1962 oder die Untersuchungen der Kleinkastelle Degerfeld bei Butzbach durch Werner Jorns, Hartmut Lischewski und Walter Meier-Arendt 1964 bis 1966, Neuwirtshaus bei Hanau-Wolfgang durch Wolfgang Czysz 1977 und Holzheimer Unterwald durch Gabriele Seitz 1988 bis 1991.

Ebenso zählen dazu die Entdeckung und Ausgrabung römischer Lager in Bad Nauheim durch Werner Jorns, Kurt Stade und Lothar Süß 1958 bis 1971 und in Rödgen durch Hubert Martin, Hans-Günther Simon und Hans Schönberger 1960 bis 1966.

Abb. 6. Altes Grabungsphoto der Reichs-Limeskommission während der Ausgrabungen im Kastell Ober-Florstadt in den Jahren 1886 bis 1893 mit dem Streckenkommissar Friedrich Kofler (1. von rechts). Die weiteren Personen von rechts: Unbekannt (mit Melone) und die Florstädter Grabungsarbeiter Schulte, Schreitz, Braun, Kempf, Senzel und Frech.

Die Forschungen der Reichs-Limeskommission im Kastell Okarben, die bereits in den Jahren 1894/95 begonnen hatten, konnten erst vorzugsweise in den Jahren zwischen 1959 und 1969 im Rahmen von Baubeobachtungen, bei denen im Auftrag des Landesamtes für Denkmalpflege Hessen Walter Boß, Manfred Korfmann, Hartmut Lischewski, Hubert Martin, Hans-Günther Simon und noch einmal 1977 Wolfgang Czysz tätig waren, fortgesetzt werden. Der seinerzeitige Erste Direktor der RGK, Hans Schönberger, führte schließlich 1976 eine letzte Grabung im Kastellzentrum durch und konnte ein Gründungsdatum in vespasianischer Zeit (70er Jahre des 1. Jahrhunderts n. Chr.) und mehrere Bauphasen festlegen.

Die Fundstätte Butzbach wird bereits im 18. Jahrhundert in schriftlichen Quellen erwähnt. 1842 konnte Johann Philipp Dieffenbach erste planmäßige Ausgrabungen durchführen, doch erst 1892 entdeckte Friedrich Kofler das Kastell. 1953–1956 fanden, ausgelöst durch den geplanten Bau einer amerikanischen Siedlung für Armeeangehörige, erfolgreiche Grabungen im Kastellvicus statt, geleitet von Gustav Müller und Werner Jorns. Müller grub auch im Kastell weiter, durch das 1961 die Trasse der neuen B3 geführt wurde. In den 80er Jahren untersuchte für das Landesamt für Denkmalpflege Hessen, unter der Leitung von Fritz-Rudolf Herrmann und teilweise finanziert von der Deutschen Forschungsgemeinschaft (DFG), Hartmut Lischewski die Innenbebauung des Kastells und die zeitliche Abfolge der Umwehrung.

In Altenstadt konnte der damalige Direktor des Saalburgmuseums, Hans Schönberger, im Laufe seiner Ausgrabungen 1955/56 und 1959 den Nachweis mehrerer Bauphasen des Kastells erbringen. Der Vicus wurde, wie bereits erwähnt, fast völlig unbeobachtet überbaut.

Im Kastell Echzell, das 1827 entdeckt wurde, leiteten Hans Schönberger und Dietwulf Baatz die Ausgrabungen der Jahre 1958 und 1962–1965. Abschnitte der Vicusbebauung dokumentierten in den letzten fünf Jahren Lars Krühne, Vera Rupp und Bernd Steidl *(Abb. 7)*. Direkt vor dem Westtor des Kastells konnten in zwei Grabungskampagnen Teile der Streifenhäuser erfaßt werden, bevor das Gelände überbaut wurde. Im Keller eines Gebäudes barg man umfangreiches Keramikmaterial (vor allem Terra sigillata) und schloß daraus, daß eines der Häuser wohl einem römischen Geschirrhändler gehört hat. Größere Grabungen von Lars Krühne fanden 1995/96 im Neubaugebiet „Mitteltor" statt und förderten am Rande des Kastellvicus die Reste gewerblicher Einrichtungen zutage.

In Heldenbergen, am südöstlichen Wetteraulimes, war in jüngster Vergangenheit im Auftrag des Landesamtes für Denkmalpflege Hessen unter der Leitung von Fritz-Rudolf Herrmann besonders Wolfgang Czysz tätig, der zwischen 1975 und 1979 wiederum von der DFG geförderte Grabungen größeren Umfangs durchführte. Dabei stellte sich u. a. heraus, daß es an diesem Platz offenbar ein größeres Töpferzentrum gegeben hat. Der Fundplatz Heldenbergen war im Jahre 1896 zufällig von Georg Wolff bei seiner Suche nach römischen Straßenzügen entdeckt worden. Paul Helmke legte 1904/05 an der Straße nach Okarben etwa 230 Bestattungen von Bewohnern des Kastellvicus frei. Viele Fundstücke aus diesen Grabungen befinden sich heute im Wetterau-Museum in Friedberg.

Auch in Marköbel, dem – nach Echzell – größten Kastell am östlichen Wetteraulimes, fanden in den letzten Jahren neue Forschungen statt. Das Kastell war 1884 von Georg Wolff lokalisiert und 1892 gründlicher untersucht worden, das Kastellbad im Bereich der ev. Kir-

Abb. 7. Ausgrabungen im Kastelldorf des Limeskastells Echzell im Jahr 1992. Blick in den Keller eines der Streifenhäuser.

che 1951 entdeckt und 1963–1965 von Karl Dielmann freigelegt worden. Letzte zugängliche Flächen wurden vor der Überbauung 1983 durch Fritz-Rudolf Herrmann ausgegraben, Teile des Vicus 1994/95 von Marcus Jae erforscht.

Seit den Anfängen wissenschaftlicher Ausgrabungen am Limes unter der Reichs-Limeskommission haben sich die Grabungsmethoden sehr verfeinert und verbessert (vgl. *Abb.* 6 und *Abb.* 7). Technische Gerätschaften wie elektronische Vermessungsgeräte, neu entwickelte Zeichengeräte und der Einsatz des Computers sind heute Bestandteil fast jeder Grabung. Mit ihrer Hilfe lassen sich archäologische Befunde – Gebäudegrundrisse, Gräben und Mauerreste – und wichtige Fundstücke exakt einmessen und graphisch darstellen.

Aber auch die Ausgrabungen selbst haben sich verändert. Zu Beginn der archäologischen Forschung tastete man sich meist an den Mauerresten entlang; große Flächen wurden selten aufgedeckt. Auf diese Weise konnte man die verschiedenen Bauphasen, z.B. die eines Kastells, nur schwer ermitteln. Damit fehlten häufig Hinweise zur zeitlichen Einordnung des Fundplatzes, so daß man sich meist auf die Fundstücke verlassen mußte.

Heute weiß man, daß ein Teil der Innenbebauung der Kastelle und Kastelldörfer oftmals in Holzbauweise errichtet war. Die schmalen Fundamentgräbchen und Pfostenreihen der Baracken, die sich in der Ausgrabungsfläche (Planum) nur als dunkle Verfärbung abzeichnen, konnten mit den alten Methoden kaum festgestellt werden. Daher versucht man heute, möglichst große Flächen freizulegen und Spatenstich für Spatenstich abzutiefen. Fundstücke werden exakt in den Grabungsplan eingemessen; sie geben später bei der Auswertung wichtige Hinweise zur zeitlichen Einordnung (Chronologie) der Befunde.

In den letzten Jahren lieferte vor allem die Luftbildarchäologie viele neue Erkenntnisse. Kastellgrundrisse, Spuren der römischen Kastelldörfer, aber auch bisher unbekannte römische Gutshöfe zeichnen sich durch Bewuchsmerkmale im Ackergelände deutlich ab *(Abb. 8)*. Eine recht neue Methode, Grundrisse ohne Grabung auszumachen, sind geophysikalische Messungen. Eingriffe in den Boden (Mauerfundamente, Abfallgruben, Gräben usw.), die das natürliche Umfeld stören, können mit Hilfe modernster Meßgeräte ermittelt werden.

Lange Zeit galt das Interesse archäologischer Untersuchungen überwiegend der römischen Militärgeschichte und weniger der römischen Siedlungsgeschichte im ländlichen Raum, der man sich in jüngster Zeit intensiver zugewandt hat. In Zusammenarbeit mit Naturwissenschaftlern, d.h. Botanikern, Zoologen, Anthropologen, Bodenkundlern und Geologen, versucht man heute verstärkt, neue Erkenntnisse zur ökonomischen und zivilisatorischen Entwicklung innerhalb und außerhalb des römischen Gebietes zu gewinnen. Fragen zu ökologischen Veränderungen und zur Beziehung Mensch – Umwelt finden große Beachtung. Darüber hinaus gibt es Forschungsansätze, soziale und politische Bedingungen in römischer Zeit zu erschließen.

In Hessen gab es viele neue Impulse durch die Gründung der Kommission für Archäologische Landesforschung in Hessen e.V. im Jahr 1990. Und 1993 begann ein für das rechtsrheinische Gebiet von Siegmar von Schnurbein, Erster Direktor der RGK, koordiniertes mehrjähriges Schwerpunktprogramm der DFG, das den Kulturwandel unter der Einwirkung Roms in den Jahrhunderten um Christi Geburt zwischen Luxemburg und Thüringen zum Thema hat. In über 20 Einzelprojekten arbeiten Wissenschaftler verschiedener Disziplinen in Arbeitsgruppen zusammen, um Fragen der Romanisierung im Mittelgebirgsraum zu untersuchen. Die naturwissenschaftlichen Arbeiten zeigen ganz besonders deutlich, wie sich Wälder und Flußauen unter römischem Einfluß veränderten, welche Pflanzenarten durch die neuen

Abb. 8. Luftaufnahme eines römischen Landgutes in der Wetterau. Die Steinfundamente der Gebäude zeichnen sich als Bewuchsmerkmale im Getreideacker deutlich ab.

römischen Siedler bis in das Grenzgebiet des Imperium Romanum gelangten. Hinweise zu Handelsrouten, über die kostbare Waren ins Limesgebiet gelangten, erschließen sich. Archäozoologen gewinnen Erkenntnisse über Haustierrassen und -nutzung und somit über Ernährungsgrundlagen in dieser Zeit.

Der historische Hintergrund

Der Rhein bildete seit den Eroberungszügen Gaius Julius Caesars in den Jahren 58–51 v. Chr. die Grenze Roms gegen die Germanen. Nach dem Ende des Gallischen Kriegs verhinderten die Römischen Bürgerkriege zunächst eine aktive Politik gegenüber den Germanen. Im Jahr 16 v. Chr. fielen jedoch die Sugambrer über den Rhein in römisches Gebiet ein und schlugen den Statthalter Marcus Lollius. Kaiser Augustus (reg. 27 v.–14 n. Chr.) änderte nun seine Politik. Er plante jetzt einen Krieg gegen die Germanen jenseits des Rheins. Ob es ihm darum ging, jetzt eine römische *Provincia Germania* zu errichten, oder ob er lediglich das östliche Vorfeld Galliens durch Feldzüge absichern wollte, ist aus den Quellen nicht klar erkennbar und wird von der Wissenschaft diskutiert.

Schon im Jahr darauf (15 v. Chr.) ließ er durch seine Stiefsöhne Tiberius und Drusus einen Feldzug in die Alpen unternehmen, der mit der Unterwerfung der Alpenstämme und des Alpenvorlandes endete. Bald darauf folgt die Eingliederung des Königreiches Noricum in das Imperium. Schließlich begann im Jahre 12 v. Chr. die großangelegte Offensive gegen das rechtsrheinische Germanien unter dem Kommando des Drusus *(Abb. 9)*. Sie sollte den wiederholten Einfällen germanischer Stämme nach Gallien ein Ende bereiten. Als erste Maßnahme ließ Drusus Militärbasen am Rhein bauen; die wichtigsten waren *Mogontiacum* (Mainz) und *Vetera* am Niederrhein bei Xanten.

Eines der Vormarschgebiete des Drusus war die Wetterau. Durch diese Landschaft zog er im Jahre 10 v. Chr. von Mainz aus gegen die Chatten. Im Jahr darauf stieß das römische Heer wiederum durch die Wetterau in das Gebiet der Chatten vor und erreichte schließlich die Elbe. Auf dem Rückmarsch in die Winterquartiere am Rhein erlitt Drusus jedoch einen schweren Unfall und starb im Herbst des Jahres 9 v. Chr. Wie die antiken Schriftquellen berichten, hatte er sich beim Sturz seines Pferdes einen komplizierten Beinbruch zugezogen, an dessen Folgen er verstarb. Sein Bruder Tiberius eilte auf die Nachricht von Rom an die Unglücksstelle und traf seinen Bruder noch lebend an. Nach Drusus Tod übernahm Tiberius das Kommando über die am Rhein stationierten Truppen.

Von den römischen Militärlagern, die während der Zeit der Drususfeldzüge in der Wetterau entstanden sind, hat man bis jetzt nur ein einziges entdeckt. Es handelt sich um ein Lager bei Rödgen *(Abb. 10)*. 1960 zufällig bei Bauarbeiten für eine neue Schule entdeckt, wurden

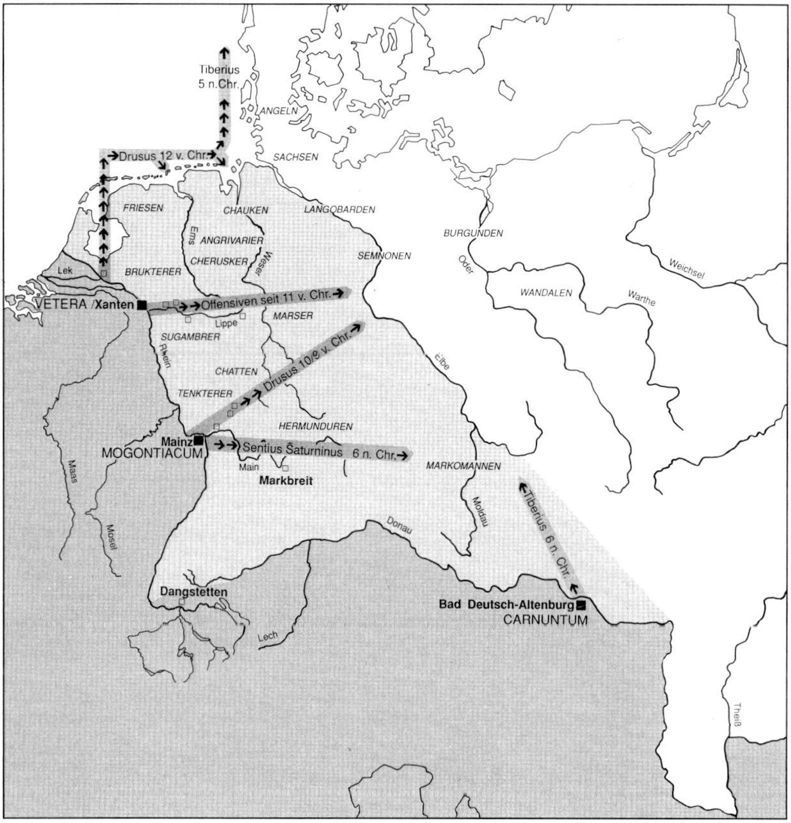

Abb. 9. Germanische Stämme östlich des Rheins und die Germanenfeldzüge von Drusus bis Gaius Sentius Saturninus mit älteren Lagern. Nach H. Bernhard.

große Teile des Lagers 1961–1966 und 1973 unter der Leitung von Hans Schönberger ausgegraben.

Das Lager befand sich auf einer flachen Anhöhe über dem Wettertal. Zwei bis zu 3 m tiefe Spitzgräben und eine dahinter liegende, 3 m breite Holz-Erde-Mauer mit hölzernen Türmen sicherten den rund 3,3 ha großen Wehrbau. Das Haupttor lag im Osten. Insgesamt hatte das Lager wohl vier Tore. Untersucht wurden das Stabs- und Verwaltungsgebäude (*principia*) sowie drei außergewöhnlich große Getreidespeicher (*horrea*). Der größte Speicher wies die enorme Grundfläche von 1 400 m^2 auf. Diese Speicher nahmen einen großen Teil der Innen-

Abb. 10. Ansicht des in augusteischer Zeit angelegten Versorgungslagers Rödgen bei Bad Nauheim. Das Lager wurde wahrscheinlich während des Drususfeldzuges 10 v. Chr. errichtet und schon nach kurzer Zeit wieder verlassen. Nach H. Schönberger.

fläche ein und lassen auf eine Nutzung des Lagers als Nachschubbasis schließen. Zahlreiche Pfostengruben und -gräbchen markierten die Bereiche, wo die langrechteckigen Baracken für die Unterbringung der Mannschaft standen. Da sämtliche Innenbauten aus Holz bestanden, waren ihre Grundrisse nur als dunkle Verfärbungen im Boden erkennbar. Schönberger nimmt an, daß rund 1 000 Mann im Lager Rödgen stationiert waren. Über die Art der Truppe ist jedoch nichts bekannt.

Der zeitliche Rahmen ergibt sich aus den Funden, darunter vor allem aus der Keramik und den Münzen. Sie deuten darauf hin, daß das Lager zur Versorgung jener Feldzüge des Drusus diente, die in den Jahren 10 und 9 v. Chr. von Mainz ausgingen; es kann auch noch im Jahre 8 v. Chr. bestanden haben, als Tiberius das Kommando am Rhein übernommen hatte. Demnach hat das Lager nur zwei oder drei

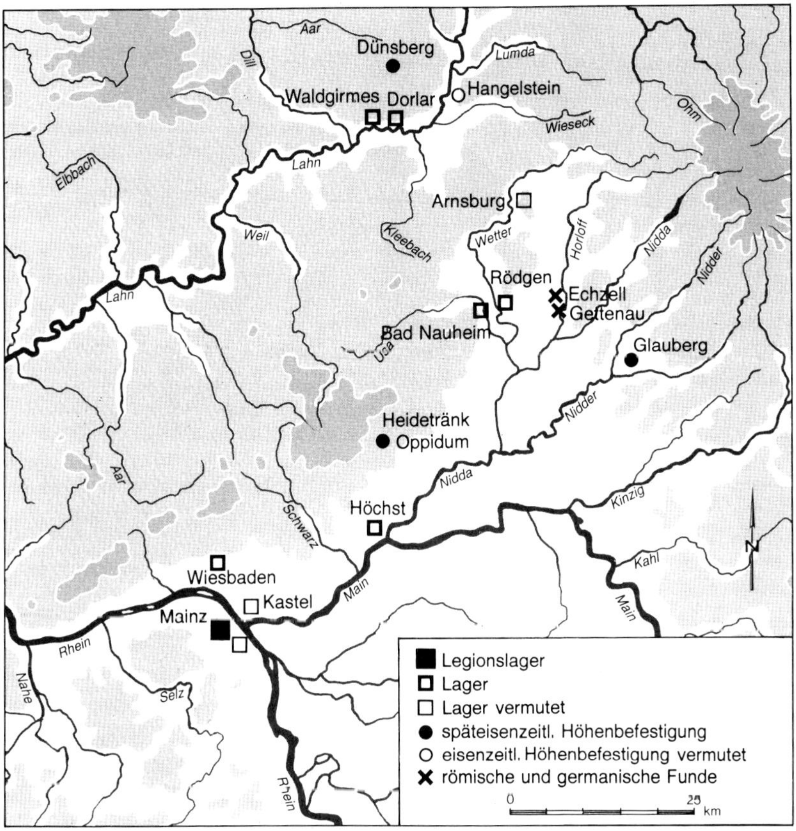

Abb. 11. Fundstellen der augusteischen Zeit in der Wetterau und dem Lahntal. Nach S. v. Schnurbein et al.

Jahre bestanden. Nach Ausweis archäologischer Funde war die Wetterau zu dieser Zeit schon hauptsächlich von germanischen Siedlern bewohnt. Die keltische Saline in Bad Nauheim war wahrscheinlich schon längere Zeit verlassen.

Die Römer konnten ihren Anspruch auf das rechtsrheinische Gebiet nicht festigen. Im Jahre 1 n. Chr. brach ein allgemeiner Aufstand der Germanen aus, der alle vorangegangenen militärischen Erfolge in Frage stellte.

Die nächste Phase des Germanenkrieges begann, als Kaiser Augustus seinem Stiefsohn Tiberius im Jahre 4 n. Chr. wieder den Oberbefehl über das Rheinheer übertrug. Mit großer Energie eröffnete Tiberius erneut den Krieg, dessen Ziel jetzt offenbar war, eine neue römische Provinz *Germania* vom Rhein bis zur Elbe zu schaffen; Köln sollte wohl ihre Hauptstadt werden. In unserem Raum könnten die Militärlager in Frankfurt am Main-Höchst und Bad Nauheim und der Stützpunkt Waldgirmes bei Wetzlar aus dieser Zeit stammen *(Abb. 11)*.

Als das Ziel fast erreicht war und nur noch die Markomannen in Böhmen und Mähren unterworfen werden sollten, durchkreuzte ein außerordentlich bedrohlicher Aufstand in Pannonien und Dalmatien die Pläne Roms. Tiberius mußte den Krieg gegen die Markomannen abbrechen und in jahrelangen, zähen Kämpfen die abtrünnigen Provinzen zurückgewinnen. Fern vom Rhein erfuhr Tiberius im Jahr 9 n. Chr. von der unfaßbaren Niederlage des römischen Statthalters Publius Quinctilius Varus. Von einer Koalition germanischer Stämme in einen Hinterhalt gelockt, wurden drei Legionen mit ihren Hilfstruppen fast völlig aufgerieben; über 20 000 Mann gingen zugrunde. Neue archäologische Ausgrabungen und Funde weisen darauf hin, daß das Schlachtfeld ganz offensichtlich bei Kalkriese unweit von Osnabrück lag. Das gesamte eroberte Gebiet jenseits des Rheins ging verloren.

Wieder sandte Kaiser Augustus den fähigsten Feldherrn des Reiches an den Rhein. Im Jahre 10 n. Chr. übernahm Tiberius das Rheinheer, gruppierte es neu und sicherte zunächst Gallien. In den folgenden Jahren errang er jenseits des Niederrheins Erfolge gegen jene Germanenstämme, die die Koalition gegen Varus gebildet hatten. Im Jahr 13 n. Chr. mußte sich Tiberius nach Rom begeben, um dem alternden Augustus bei der Reichsregierung zur Seite zu stehen. Das Kommando über die Rheinarmee erhielt nun Germanicus, der Sohn des Drusus.

Ein Jahr später kam es nach dem Tod des Kaisers Augustus (19. August 14 n. Chr.) zu einer Meuterei der Soldaten, die nach den langen Kriegsjahren Verbesserungen ihres Militärdienstes und Soldes verlangten. Sie versuchten, Germanicus zum Kaiser ausrufen. Dieser beharrte jedoch auf seiner Loyalität zum neuen Kaiser Tiberius. Er erfüllte einige ihrer Forderungen und konnte so die Meuterei beenden. Germanicus zog anschließend gegen germanische Stämme, ganz offensichtlich um Ablenkung der Soldaten bemüht. Vor allem aber stand dem jungen, ehrgeizigen Feldherrn das Ziel vor Augen, die weite Fläche der *Germania* doch noch in eine römische Provinz zu zwingen. An Lippe und Ems wurden ausgedehnte germanische Stammesgebiete verwüstet. Am Schlachtfeld des Varus angekommen, bestattete man die Gebeine der Toten. Im Jahre 15 n. Chr. unternahm er einen weiteren Feldzug

Abb. 12. Keramikgefäße aus dem frührömischen Lager Friedberg im Wetterau-Museum Friedberg.

von Mainz aus durch die Wetterau gegen die Chatten, erzwang den Übergang über die Eder und zerstörte ihren Hauptort *Mattium*. Eines der Truppenlager dieses Feldzugs befand sich sehr wahrscheinlich auf dem Burgberg von Friedberg *(Abb. 12)*. Auch in Frankfurt am Main-Höchst und Bad Nauheim waren damals wohl Truppen stationiert gewesen.

Der römische Historiker Tacitus beschrieb, allerdings fast ein Jahrhundert später, um 100 n. Chr. in seinem Werk „Germania", Kap. 30/31, ausführlich Land und Lebensform der Germanen und charakterisierte die einzelnen Germanenstämme. Teilweise in recht idealisierender Form rühmte er germanische Eigenschaften und wies seine Landsleute stets auf die drohende Kriegsgefahr hin. Für Historiker und Archäologen gleichermaßen ist diese antike Schriftquelle eine außerordentlich wichtige Grundlage für die Forschung, obgleich manche Passagen kontrovers diskutiert werden. Über die Chatten schrieb er: „... Bei diesem Volk sind kräftiger die Gestalten, sehnig die Glieder, durchdringend der Blick und größer die geistige Regsamkeit. Für Germanen zeigen sie viel Umsicht und Geschick: sie stellen Männer ihrer Wahl an die Spitze, gehorchen den Vorgesetzten, kennen Reih und Glied, nehmen günstige Umstände wahr, verschieben einmal einen Angriff ... das Glück halten sie für unbeständig und nur die eigene Tapferkeit für beständig ...". Und von den Tapfersten berichtete er: „... Keiner von ihnen hat Haus oder Hof oder sonstige Pflichten; wen immer sie aufsuchen, von dem lassen sie sich je nach den Verhältnissen bewirten."

Insgesamt aber erwiesen sich die Feldzüge des Germanicus als sehr verlustreich und die Erfolge nur als räumlich beschränkt. Daher entschied Kaiser Tiberius im Jahre 16 n. Chr., die römische Okkupationspolitik gegen Germanien aufzugeben. Man baute stattdessen die Rheingrenze weiter aus, neue Militärlager entstanden. In unserem Raum wurde um 40 n. Chr. der Brückenkopf jenseits des Rheins im Vorfeld von Mainz besetzt. Hier siedelten im Gebiet zwischen dem heutigen Wiesbaden und Hofheim am Taunus die romfreundlichen Mattiaker, die vielleicht einst Teil der Chatten waren. Das am weitesten vorgeschobene Kastell des Brückenkopfes wurde in Hofheim errichtet. In Mainz lagen zu dieser Zeit zwei Legionen, die *legio IV Macedonica* und die *legio XXII Primigenia*. Sie konnten jederzeit aus ihrem Mainzer Lager den Brückenkopf erreichen und den Krieg gegen die Germanen wieder aufnehmen.

Nach der Absetzung Kaiser Neros durch den Senat am 8. Juni 68 n. Chr. und dessen Selbstmord am Tag darauf gelangte zunächst Servius Sulpicius Galba auf den Kaiserthron. Damit aber begann eine bedrohliche Staatskrise, die zum Bürgerkrieg führte. Einige der starken und selbstbewußten Provinzarmeen riefen jetzt ihre Feldherren zum Kaiser aus. So kam es zum Vierkaiserjahr 69 n. Chr. Auch die Rheinarmee war darin verwickelt: die niederrheinische Heeresgruppe rief ihren Kommandeur zum Kaiser aus. Die offensichtliche Schwäche des Imperiums führte zu Aufständen der Helvetier im schweizerischen Gebiet und der Bataver am Niederrhein; die Lage spitzte sich zu. Inzwischen wurde in Rom Kaiser Galba durch Otho abgelöst. Durchsetzen konnte sich jedoch Titus Flavius Vespasianus, der im Juli 69 n. Chr. von den in Ägypten und Syrien stehenden Truppen zum Kaiser ausgerufen worden war. Vespasian besiegte seine Gegenspieler und stellte die Ordnung im Reich und in der Armee wieder her. Auch ergriff er umfassende Maßnahmen zur Sicherung der Reichsgrenzen. Vier Legionen blieben am Mittel- und Oberrhein stationiert, eine in *Vindonissa* (Windisch bei Brugg, Schweiz), eine weitere in *Argentorate* (Straßburg, Frankreich) und zwei in *Mogontiacum* (Mainz). In Mainz trat ein Wechsel ein; als neue Besatzung zogen die *legio I adiutrix* und die *legio XIV gemina Martia victrix* in das Legionslager.

Als Maßnahme der Grenzsicherung wurde die Wetterau unter Kaiser Vespasian in das Reichsgebiet einbezogen. Neue Militärlager für Hilfstruppen (*auxilia*) entstanden u.a. in Frankfurt am Main-Heddernheim

Abb. 13. Bildnis des Kaisers Domitian (reg. 81–96 n. Chr.) auf einem Silberteller. Badisches Landesmuseum Karlsruhe.

und -Praunheim, in Okarben und Friedberg. Sie waren mit dem Legionslager Mainz durch gut ausgebaute Straßen verbunden.

In den Jahren 83–85 n. Chr. unternahm Kaiser Domitian *(Abb. 13)*, ein Sohn Vespasians, einen Feldzug gegen die nördlich des Taunus und der Wetterau siedelnden Chatten. Das Kerngebiet des Stammes war die Gegend um Fritzlar und Kassel. Die Römer konnten die Gegner zu keiner Entscheidungsschlacht zwingen. Die Chatten griffen immer nur in kleinen Kampftrupps an und zogen sich dann in ihre für die Römer nur schwer zugänglichen, endlosen Wälder zurück. Deshalb ließ Domitian Schneisen (*limites*) in die Wälder schlagen. Dadurch wurden diese für die römischen Truppen zugänglich, die Römer konnten die plötzlichen Überfälle der Germanen verhindern und wendeten die Lage zu ihren Gunsten. Nach glücklicher Beendigung des Krieges um 85 n. Chr. gründete Kaiser Domitian die neue Provinz Obergermanien (*Germania superior*) mit der Provinzhauptstadt Mainz.

Mit dem Begriff *limites* für diese Schneisen und Wegstrecken ist der Name *limes* für die spätere Reichsgrenze vorweggenommen worden. Die Römer haben diese Militärgrenze um 85 n. Chr. nach Beendigung des Chattenkrieges zunächst als Schneise in die Wälder geschlagen. Sie diente zum Schutz des neu erworbenen Gebiets jenseits des Rheins. Der Limes selbst wurde nach neuesten Erkenntnissen wohl erst unter Kaiser Traian (nach 98 n. Chr.) mit einem Postenweg und zahlreichen Holztürmen versehen. Zu seiner Überwachung wurden Truppen am Limes in Kastellen stationiert. Die Wachttürme standen in Sichtverbindung zueinander, und mit Hilfe optischer und akustischer Signale konnten die Besatzungen der umliegenden Kastelle bei drohender Gefahr verständigt werden.

Ein wichtiger Aspekt für die Erforschung der Zeit von Christi Geburt bis etwa 80 n. Chr. ist die Frage, ob es in dieser Zeit eine Siedlungskontinuität in der Wetterau gab. Ist die einheimische germanische Bevölkerung im Zuge der Eingliederung in das Imperium Romanum romanisiert worden oder sind mit der römischen Eroberung überwiegend neue Volksgruppen aus dem Reich in das nordmainische Gebiet eingewandert?

Zwar hat sich der Forschungsstand in den letzten Jahren verbessert, dennoch gibt es noch immer viele Rätsel zu lösen. Sicher scheint jetzt, daß es im späteren Gebiet der *civitas Taunensium* zwischen der augusteischen und vespasianisch/domitianischen (flavischen) Epoche keine traditionell ansässige einheimische Bevölkerung gab, die nach Übernahme des Gebietes durch die Römer womöglich Besitzrechte geltend machen konnte. Neuere Untersuchungen erhärten stattdessen die Ansicht, daß ein erheblicher Zuzug neuer, bereits romanisierter Menschen einsetzte, die aus dem linksrheinischen gallischen Raum kamen. Tacitus schreibt dazu um 100 n. Chr. in seinem Werk Germania, Kap. 29: „Arme, abenteuerlustige Gallier haben sich den herrenlosen Boden angeeignet. Bald zog man den Limes und schob Kastelle vor, so daß das Land als Vorsprung des Reichs und Teil der Provinz betrachtet wird“. Die Frage, ob die bisherigen germanischen Einwohner die Wetterau verließen oder als ehemalige Verbündete Roms im Schmelztiegel der römischen multikulturellen Gesellschaft verschwanden, läßt sich vorerst nicht befriedigend beantworten.

Nur wenige Jahre nach dem Chattenkrieg, wahrscheinlich zur Jahreswende 88/89 n. Chr., kam es in Mainz zu einer Meuterei der Truppen. Die beiden Mainzer Legionen – die *legio XIV gemina* und die *legio XXI rapax* – verweigerten den traditionellen Treueeid auf den

Kaiser und riefen ihren Kommandeur Lucius Antonius Saturninus zum Gegenkaiser aus. Die in Niedergermanien stationierten Truppen schlossen sich dem Aufstand jedoch nicht an, und auch die beiden übrigen dem Saturninus unterstellten Legionen in Straßburg und Windisch verhielten sich abwartend. In dieser Zwangslage verbündete sich Saturninus mit den Chatten und marschierte mit seinen beiden Mainzer Legionen nach Norden gegen das niederrheinische Heer. Die chattischen Verbündeten blieben jedoch aus, weil der zuvor noch zugefrorene Rhein durch einen Wetterumschwung unpassierbar wurde. Nur wenige Tage später wurden die meuternden Truppen unweit von Mainz aufgerieben. Saturninus fiel in der Schlacht.

Der Kaiser löste nun die allzu große Truppenkonzentration in der Provinz Obergermanien auf, durch die der Aufstand begünstigt worden war. Von den vier Legionen wurden zwei in andere Provinzen versetzt: die 21. Legion kam an die Donau und die in Mainz verbliebene 14. Legion wurde spätestens 92 n. Chr. ebenfalls an die Donau abkommandiert. In das Mainzer Legionslager zog nun die 22. Legion aus Niedergermanien. Ihren Beinamen „die kaisertreue“ (*pia fidelis*) erhielt sie aufgrund ihrer Loyalität zu Kaiser Domitian während des Saturninusaufstandes. So wurde das Heer Obergermaniens auf drei Legionen reduziert.

Neuer Statthalter Obergermaniens wurde der prominente Jurist Lucius Iavolenus Priscus, dessen Aufgabe vermutlich im Aufbau der Provinzverwaltung bestand. Ihm folgte als Provinzstatthalter Marcus Ulpius Traianus. Nur wenig später, im Jahre 98 n. Chr., trat er die Nachfolge Kaiser Nervas (reg. 96–98 n. Chr.) an. In die Zeit um 100 n. Chr. fällt auch die Gründung der obergermanischen *civitates*. Diese Verwaltungseinheiten innerhalb der Provinz besaßen eine Selbstverwaltung; sie sind mit heutigen Landkreisen vergleichbar. Die Wetterau wurde zur *civitas Taunensium* mit dem Hauptort *Nida* (heute Frankfurt am Main-Heddernheim). Nach 101 n. Chr. verließ auch die Legion von Vindonissa die Provinz, in der jetzt nur noch zwei Legionen standen: eine in Straßburg und eine in Mainz. Die Truppenverminderung um die Hälfte in nur einem Jahrzehnt deutet auf eine neue Einschätzung der germanischen Grenze des Reichs: man rechnete hier kaum noch mit Krieg.

Tatsächlich war die Zeit danach durch eine lange Friedensperiode gekennzeichnet. Erst während der Markomannenkriege (167–180 n. Chr.) und gegen Ende des 2. Jahrhunderts erschütterten einzelne Germaneneinfälle die Provinz. Im zweiten Drittel des 3. Jahrhunderts nahm der Druck der Germanen auf das Reichsgebiet wieder zu. Ein folgenreicher Germaneneinfall ereignete sich im Jahre 233 n. Chr. Zerstörungen in mehreren Limeskastellen der Wetterau dürften damit im Zusammenhang stehen. Im Jahr 1984 entdeckte man bei einer Feldbegehung auf dem Gelände des ehemaligen römischen Kastells von Ober-Florstadt einen Münzschatz von 1136 Denaren *(Abb. 14)*. Dieser Münzschatz ist offensichtlich um 233 n. Chr. versteckt worden, und der Besitzer konnte ihn nicht mehr bergen. Nach Berechnungen des Numismatikers Helmut Schubert, Universität Frankfurt am Main, entspricht der Wert der Denare dem Jahressold von fünf Auxiliarsoldaten. Der Münzfund ist im Friedberger Wetterau-Museum ausgestellt; er ist der bislang drittgrößte im römischen Gebiet nördlich der Alpen.

Durch erfolgreiche militärische Operationen konnte das römische Grenzheer die Germanen zunächst noch einmal zurückdrängen. Als aber die Krise des Reichs in der Mitte des 3. Jahrhunderts ihren Höhepunkt erreichte, unternahmen die Germanen weitere Einfälle in die Provinzen an Rhein und Donau. Der rechtsrheinische Teil der Provinz Obergermanien mußte damals von den Römern aufgegeben werden (nach 260 n. Chr.). Wie umfangreich die Zerstörungen in der Provinz waren, ob die gesamte römische Bevölkerung die Flucht ergriff und wieweit das Ende des Limes archäologisch faßbar ist, hat Bernd Steidl in einer neuen Forschungsarbeit untersucht. Die Wetterau dürfte nicht plötzlich und unerwartet in die Hände der germanischen Alamannen gefallen sein. Vielmehr sieht es danach aus, als ob sich ein länger andauernder Prozeß des Zusammenbruchs abgespielt hat. Die archäologischen Funde zeigen aber deutlich, daß der römische Einfluß in der Wetterau auch in der Zeit nach 260/270 n. Chr. immer noch bedeutend blieb.

Kaiser Traian – der *„optimus princeps"*

Einer der für unsere Region ganz wichtigen römischen Kaiser war Marcus Ulpius Traianus *(Abb. 15)*, der die römische Grenzanlage konsolidierte und eine zivile Verwaltung für das Provinzgebiet einrichtete. Am 18. September 53 n. Chr. in Italica im heutigen Spanien geboren, war er in den 70er Jahren des 1. Jahrhunderts n. Chr. zunächst für lange Zeit als Militärtribun an Euphrat und Rhein tätig. Später wurde er Legionslegat der *legio VII Gemina* in Spanien. Von dort wurde er mitsamt seiner Legion von Domitian zur Niederwerfung des Saturninusaufstandes an den Rhein beordert.

Abb. 14. Der 1984 entdeckte Münzschatz aus dem Kastell Ober-Florstadt im Wetterau-Museum Friedberg.

Seit etwa 76 n. Chr. kinderlos mit Pompeia Plotina verheiratet, übernahm Traian im Jahre 86 n. Chr. die Vormundschaft für den zehnjährigen Hadrian, den Sohn eines Cousins. Am 27. Oktober 97 adoptierte Kaiser Nerva seinerseits Traian in dessen Abwesenheit und setzte ihn als Caesar zum Mitregenten ein; eventuell war ein drohender Aufstand der kaiserlichen Leibgarde der aktuelle Anlaß. Als Nerva am 27. Januar 98 starb, war Traian Alleinherrscher.

Er blieb zunächst an der Rheingrenze und sicherte sie gegen Einfälle der Germanen, die größeren Schwierigkeiten erwarteten ihn jedoch an der Donau. Hier kam es zunächst in den Jahren 101/102 und später

Abb. 15. Marmorbüste des Kaisers Traian (reg. 98–117 n. Chr.). Glyptothek München.

noch einmal 105/106 zu den großen Dakerkriegen, die in einem flachen, etwa 200 m langen Reliefband auf der Traianssäule in Rom dokumentiert sind. Dakien wurde römische Provinz, Traian zog im Triumph in Rom ein. Ein weiterer Krieg folgte 113 gegen die Parther und brachte Armenien als Provinz, 115 wurde Mesopotamien, 116 wichtige Städte und Teile Vorderasiens und Nordafrikas erobert. Doch Traian war zu dieser Zeit bereits ernsthaft erkrankt, er trat die Heimreise an, starb aber am 8. August 117 in Selinus am Schwarzen Meer. Seine Asche setzte man im Sockel seiner Siegessäule in Rom bei. Hadrian wurde Nachfolger.

Unser Gebiet war während der Regierungszeit Traians friedlich und gab dem Heer die Möglichkeit, die Grenzlinie auszubauen und neu zu befestigen. Am Limes wurde wohl jetzt mit dem Bau der Palisade begonnen, die wahrscheinlich erst unter seinem Nachfolger Hadrian fertiggestellt wurde. Einige Truppen, die bisher ihre Lager im Hinterland des Limes hatten (z. B. Okarben), zogen nun direkt an die Grenzlinie. Die Provinz unterteilte man in kleine, gut überschaubare Verwaltungseinheiten (*civitates*), viele große und kleinere Gutshöfe erschlossen die ländlichen Gebiete. Erstmals wurden Überschüsse erarbeitet und so der Grundstock für einen bisher nicht gekannten Reichtum der Provinz gelegt.

Kaiser Traian, der *„optimus princeps“* unter den römischen Kaisern, war – nicht nur für die Wetterau – einer der „guten Kaiser“.

Der Limes und seine Bauwerke

In römischer Zeit war *limes* zunächst nur Bezeichnung für Weg oder Pfad, eine Schneise durch Feld und Wald (Frontinus, Strategemata I 3,10). Erst der römische Geschichtsschreiber Tacitus benutzt 98 n. Chr. in seiner „Germania“ das Wort als Bezeichnung für die Reichsgrenze, und im Laufe der Zeit wurde daraus ein feststehender Begriff. Der obergermanisch-rätische Limes war niemals eine echte Verteidigungsanlage, sondern trennte lediglich eindeutig das Gebiet des Imperium Romanum vom Siedlungsgebiet der Germanen, der *Germania magna*. Zu dieser Grenzlinie gehörten an Bauwerken außer den Wachttürmen die verschiedenen Kastelle der Hilfstruppen. Sie sicherten und überwachten eine Grenze, die sich in mehreren Ausbauphasen vom Patrouillenweg mit Wachttürmen bis zum noch heute sichtbaren Wall-Graben-System entwickelte.

Nach Stand der archäologischen Forschung kann davon ausgegangen werden, daß nach dem Ende des Chattenkrieges Kaiser Domitians (um 85 n. Chr.) der Grenzverlauf lediglich als Schneise angelegt war. Diese älteste Grenzanlage orientierte sich weitgehend am Geländerelief, während der eigentliche Limesverlauf erst unter Kaiser Traian in überwiegend gerader Linie ausgebaut wurde. Die Nummern der

Abb. 16. Die vier grundlegenden Bauphasen des

Holzturmstellen der ersten Limesbauphase aus traianischer Zeit sind – wie im ORL – in unseren Streckenbeschreibungen mit einem Sternchen gekennzeichnet – z. B. Wp 4/40*.

Der Ausbau des Limes erfolgte in vier hauptsächlichen Bauphasen *(Abb. 16)*. Wie *Abb. 16,1* zeigt, bestand die Grenzlinie Ende des

obergermanischen Limes. Zeichnungen N. Kissel.

1. Jahrhunderts n. Chr. aus einem breiten Weg mit Holztürmen. An einigen Strecken der ersten Bauphase wurde zusätzlich ein hölzerner Zaun (auch Flechtwerkzaun oder Zaungräbchen genannt) nachgewiesen, der allgemein als Vorläufer der späteren Palisade angesehen wird und dessen Spuren sich im Gelände als schmales Gräbchen abzeichnen.

Abb. 17. Steinerner Wachtposten mit hölzerner Galerie und Fackel für optische Signale auf der Traianssäule in Rom. Die Darstellung vom Anfang des 2. Jahrhunderts n. Chr. zeigt einen Steinturm mit umgebender Palisade am Donaulimes in der Provinz Moesica (etwa heutiges Bulgarien). Nach C. Cichorius.

In hadrianischer Zeit (etwa 120 n. Chr.) kam dann eine durchgehende Palisade hinzu *(Abb. 16,2)*, rund 30 Jahre später wurden die Holztürme durch Steintürme ersetzt *(Abb. 16,3)*. Der Limes, so wie er sich mit Wall und Graben noch heute im Gebiet der Wetterau zeigt, entstand wohl Ende des 2. oder Anfang des 3. Jahrhunderts *(Abb. 16,4)*. In der nach Süden angrenzenden Provinz Rätien errichtete man anstelle von Wall und Graben eine etwa 3 m hohe Mauer.

Die zunächst hölzernen, später steinernen Wachttürme dienten neben der Überwachung der Limesübergänge vor allem der Nachrichtenübermittlung im Rahmen eines gut durchdachten Alarmsystems. Zeichen wurden von Turm zu Turm entweder durch optische (Rauch, Feuer, Flaggen) oder auch akustische Signale (Hörner) weitergegeben *(Abb. 17)*. Vier bis fünf Soldaten, wahrscheinlich aus einem der nächstgelegenen Kastelle abgezogen, bildeten die Wachmannschaft, die im

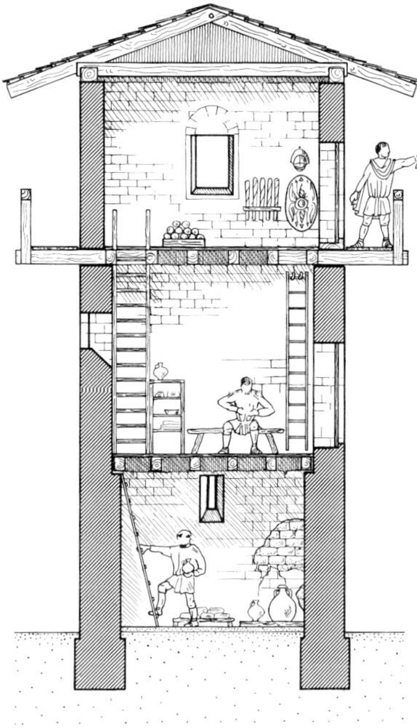

Abb. 18. Rekonstruierter Schnitt durch einen Steinturm am obergermanischen Limes. Nach D. Baatz.

ersten Geschoß des Turmes, in dem sich auch der über eine Leiter erreichbare Eingang befand, einen Aufenthaltsraum hatte. Der große Raum im Obergeschoß hatte nach allen Seiten Fensteröffnungen, um Überwachung und Signalübermittlung zu gewährleisten; manchmal gab es an der Außenseite auch eine umlaufende Holzgalerie *(Abb. 18)*. Eine gute Rekonstruktion eines Steinturmes an unserem Limesabschnitt bietet Wp 4/16 auf dem Gaulskopf (siehe Wanderstrecke 3).

Die größenmäßig nächstfolgende Gruppe von Limesbauten sind die Kleinkastelle, die sowohl zur Überwachung wichtiger Punkte (z. B. Limesdurchgang) als auch an Stellen angelegt wurden, an denen „die großen Kastelle zu weit vom Limes entfernt waren oder weil sie eine zu große Entfernung voneinander hatten“ (D. Baatz). Nach derzeitigem Forschungsstand sind viele der Kleinkastelle erst wesentlich später – z. T. in der zweiten Hälfte des 2. Jahrhunderts – errichtet worden. Die Unterschiede in Form, Funktion und vor allem in der Größe waren beträchtlich; die kleinsten Anlagen, gelegentlich auch Feldwachen genannt, hatten nur ein Tor. Die größeren Kleinkastelle reichten bereits nahe an die Fläche eines Numeruskastells heran, hatten meist zwei Tore oder auch kleinere Durchgänge und boten einer Centurie von 60–80 Mann Platz. Ein schönes Beispiel am Wetteraulimes bietet das erst kürzlich ergrabene und im Grundriß rekonstruierte Kleinkastell im Holzheimer Unterwald (siehe Wanderstrecke 7).

Das nächst größere der Limeskastelle, das Numeruskastell, war in seinem Grundschema bereits wie die großen Kohorten- und Legionslager angelegt: vier Tore, etwa die gleichen Innenbauten, nur alles entsprechend kleiner, für etwa 150 Mann rund 0,7 ha. Oft gab es hölzerne Vorgängerbauten, die bei Ausgrabungen nachgewiesen wurden. Eines der bekanntesten Numeruskastelle am Wetteraulimes ist das Kastell Kapersburg, dessen Mauerzüge z. T. übermannshoch rekonstruiert sind (siehe Wanderstrecke 1).

Die wichtigsten der am Limes errichteten Bauwerke waren jedoch die großen Alen- und Kohortenkastelle, in denen Reiter- und Infanterieeinheiten der Hilfstruppen stationiert waren. Vorbild waren die großen Legionslager, und so waren die Grundschemata aller Kastelle dieser Zeit – der mittleren Kaiserzeit – ziemlich einheitlich; jeder Soldat fand sich in jedem Kastell sofort zurecht *(Abb. 19)*. Der Grundriß zeigt die Form eines Rechtecks mit abgerundeten Ecken. Eine etwa 4–5 m hohe Wehrmauer, die auf jeder Seite von einem Tor unterbrochen war, konnte bisweilen von Eck- und Zwischentürmen verstärkt sein. Auch die Torbauten waren mit Türmen versehen, in denen die Wachmannschaft untergebracht war. Betrat man das Lager durch das Haupttor, die *porta praetoria*, gelangte man über die breite Hauptstraße, die *via praetoria*, direkt zum Stabsgebäude, den *principia*.

Der Standort des Stabsgebäudes war stets vorgegeben durch die beiden Hauptstraßen des Lagers, die *via praetoria* und die *via principalis*, auf deren Schnittpunkt das Gebäude lag. Auch für dieses wichtigste Bauwerk des Kastells gab es ein festes Bauschema: Um einen offenen Innenhof gruppierten sich Säulengänge mit Räumlichkeiten verschiedener Funktionen. Es gab die große Vorhalle, in der Appelle oder auch Waffenübungen abgehalten wurden. Die gegenüberliegende Querhalle war für feierliche und religiöse Anlässe vorgesehen; auch die Festlichkeiten zur Kaiserverehrung fanden hier statt. Im Fahnenheiligtum (*aedes*) hinter der Querhalle, meist mit überhöhtem Dach versehen, wurden das Kaiserbild und die Heeresfahnen aufbewahrt, im Keller stand die Lagerkasse. Die Seitenflügel waren belegt von Schreibstuben (*tabularia*) und Waffenkammern (*armamentaria*).

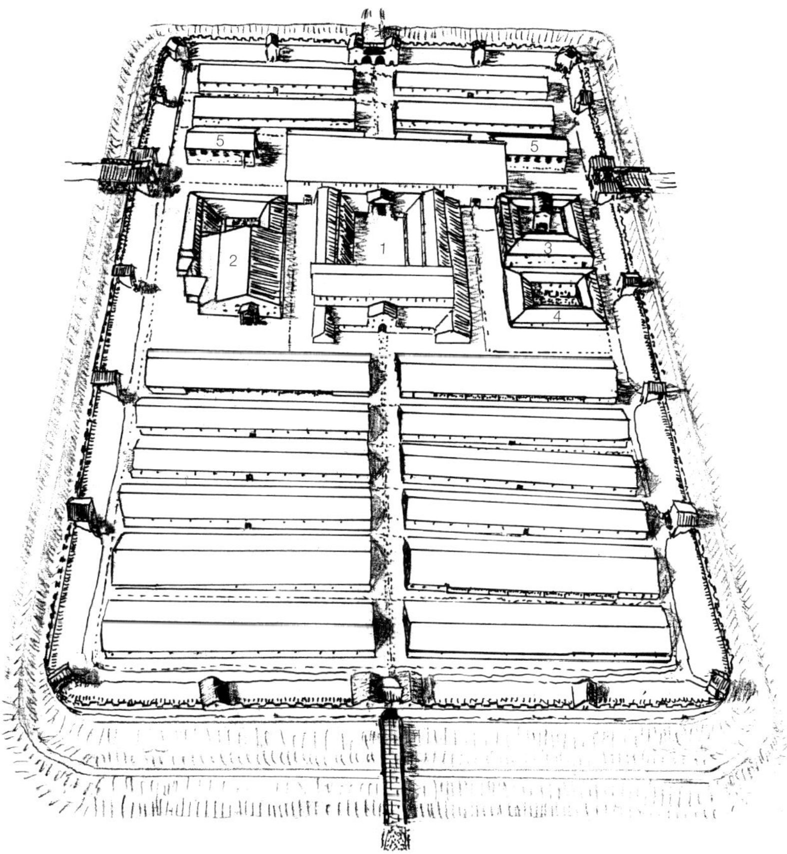

Abb. 19. Rekonstruktionszeichnung des Kastells Hunneburg bei Butzbach. Blick über den rückwärtigen Teil des Kastells zum Haupttor (*porta praetoria*) im Hintergrund. 1 Stabsgebäude (*principia*), 2 Wohnhaus des Kommandeurs (*praetorium*), 3 vermutetes Lazarett (*valetudinarium*), 4 vermutete Kastellwerkstätten (*fabricae*), 5 Getreidespeicher (*horrea*). Im vorderen und hinteren Teil des Kastells lagen die Mannschaftsbaracken und Stallungen. Nach D. Wolf.

Das Wohnhaus des Kommandeurs (*praetorium*), in der Nähe des Stabsgebäudes gelegen, beherbergte außer der Familie auch den persönlichen Stab des Kommandeurs.

In den langgestreckten Mannschaftsbaracken, die einen beträchtlichen Teil der Kastellfläche einnahmen, war in zehn Doppelstuben (*contubernia*) zu je acht Mann die Centurie untergebracht, in einem etwas größeren Kopfteil hatte der Hauptmann (*centurio*) seine Wohnung. Weitere Bauten dienten als Getreidespeicher, Werkstätten und Ställe; die größeren Militärlager hatten auch ein Lazarett (*valetudinarium*). In einem abgelegenen Teil des Kastells, wenn möglich etwas abschüssig gelegen, lagen die Toiletten, die eine eigene Wasserspülung besaßen. Außerhalb der durch einen oder mehrere Spitzgräben gesicherten Wehrmauer lagen Gräberfelder und Heiligtümer, die großen Thermen und das Lagerdorf.

Römisches Militär am Limes

Führt man sich die überaus lange Grenze des römischen Weltreiches vor Augen, ist es verständlich, daß zu deren Sicherung ein gut durchorganisiertes Heer gebraucht wurde. In der hier besprochenen Zeitspanne, also der mittleren Kaiserzeit, war das römische Heer ein Berufsheer, das sich aus Legionen und Hilfstruppen zusammensetzte. Am gesamten obergermanisch-rätischen Limes waren ausschließlich *auxilia*, also Hilfstruppen stationiert, die – nicht immer ganz freiwillig – aus der Bevölkerung der jeweiligen Provinz ausgehoben wurden. Gleichwohl muß man sich vorstellen, daß dieser Dienst für einen Auxiliarsoldaten höchst attraktiv sein konnte. Nicht allein ein sicheres Einkommen, sondern vor allem die Erlangung des begehrten römischen Bürgerrechts, das er nach 25 Jahren Dienst zusammen mit der Legitimation seiner Ehe erhalten konnte, mögen ihm eine Entscheidung erleichtert haben.

Die Hilfstruppen gliederten sich in:

- Alen, Reitereinheiten, mit einer Mannschaftsstärke von 1000 Mann, den *alae milliariae*, oder 500 Mann, den *alae quingenariae (Abb. 20)*. Die Untereinheiten wurden *turmae* genannt, der Führer eines solchen Reiterzuges *decurio*. Die Alen waren der Teil der Truppe mit dem höchsten Ansehen und der besten Bezahlung (z. B. Kastell Echzell, siehe Wanderstrecke 10);

Abb. 20. Bei Grabungen in der Villa rustica „Im Brückfeld“ in Münzenberg-Gambach wurden Stempel der *ala Moesica felix torquata* gefunden, einer Reitereinheit, deren Standort in Echzell oder Butzbach vermutet wird.

- Kohorten, also Infanterieeinheiten, ebenfalls 1000 oder 500 Mann stark, den *cohortes milliariae* bzw. den *cohortes quingenariae*. Die Untereinheiten wurden *centuriae* genannt, der Führer einer solchen Centurie *centurio*. Manchmal wurden diese Fußtruppen-Einheiten durch 120 bzw. 240 Mann starke Reiterzüge ergänzt (z.B. Kastell Butzbach, siehe Wanderstrecke 5);
- Numeri, kleine, etwa 150 Mann starke, z.T. berittene Einheiten, die in den etwas kleineren Numeruskastellen am Limes eingesetzt waren (z.B. Kastell Kapersburg, siehe Wanderstrecke 1).

Einzig die Legionen rekrutierten sich aus römischen Bürgern. In der Provinz Obergermanien (*Germania superior*) gab es zwei Legionslager, nämlich Mainz und Straßburg, die in sicherer Entfernung zum Limes im Hinterland lagen. Eine Legion umfaßte rund 5500 Mann Fußtruppen und Reiterei und teilte sich in zehn Kohorten (1. Kohorte 1000 Mann, 2. bis 10. Kohorte je 500 Mann). Eine Kohorte wiederum war unterteilt in Centurien zu 80 Mann mit dem Centurio an ihrer Spitze, der als altgedienter Soldat die eigentliche Führungsarbeit bei der Truppe innehatte. Alle oberen Stabsoffiziere waren höhere oder hohe Beamte aus dem Senatoren- oder Ritterstand, kamen also vorwiegend aus der Verwaltung.

In Tracht, Ausrüstung und Bewaffnung unterschieden sich Legionäre und Hilfstruppen nicht wesentlich, doch gab es zwischen dem 1. und 3. Jahrhundert n. Chr. einige Änderungen. Im 1. Jahrhundert n. Chr. trug der Legionär über der *tunica*, dem hemdartigen Untergewand aus Wolle oder Leinen, ein Lederwams mit einem Schienenpanzer darüber. Der Auxiliar trug dagegen ein Kettenhemd über der kürzeren Tunica und einer enganliegenden Hose aus Leder oder Stoff. Ferner besaß jeder Soldat ein Halstuch (*focale*), Schuhe (*caligae*) mit genagelten Sohlen und einen Metallhelm mit Nackenschutz und Wangenklappen.

Einen weiteren Schutz boten verschiedene Schilde: Das *scutum* der Legionäre, rechteckig, gebogen und schwer, der römischen Kampftaktik angepaßt; leichter in Oval- oder Rundform der Schild für die Hilfstruppen. Die Angriffswaffen der Legionäre bestanden in der Regel aus Kurzschwert (*gladius*, später das Langschwert, die *spatha*), Wurflanze (*pilum*) und Dolch (*pugio*). Die Waffen der Hilfstruppen waren Schwert und Dolch sowie verschiedene Lanzen und Wurfspeere. Die Spezialeinheiten waren noch mit anderen Waffen ausgerüstet, z. B. mit Pfeil und Bogen oder Schleudern *(Abb. 21)*. Eine solche Spezialeinheit syrischer Bogenschützen, die *cohors I Flavia Damascenorum milliaria equitata sagittariorum*, eine teilweise berittene, 1000 Mann starke Kohorte ursprünglich aus Damaskus, lag im Friedberger Kastell in Garnison.

Weiterhin gehörte zur Ausrüstung der Soldaten Handwerkszeug, das zum Bau von Gebäuden, Straßen, Befestigungen etc. gebraucht wurde. Wichtig war ganz besonders auch alles, was zur Verpflegung nötig war, wie Eß-, Trink- und Kochgeschirr und auch eigene Lebensmittel, da jeder Soldat, sowohl der Legionär als auch der Auxiliar, für seine tägliche Ernährung grundsätzlich selbst zu sorgen hatte.

Der griechische Historiker Polybios, ein großer Bewunderer des römischen Gemeinwesens, berichtet bereits im 2. Jahrhundert v. Chr., daß täglich pro Mann Anspruch auf etwa 1 kg Getreide bestand, das ihm in ungemahlener Form ausgegeben wurde. So war es nötig, auch auf längeren Märschen eine kleine Handmühle mitzuführen, die das Mehl für jeweils eine Stubeneinheit (*contubernium*), also für acht

Abb. 21. Römischer Bogenschütze aus Kleinasien, wie er auf römischen Steinreliefs abgebildet ist. Der hier dargestellte Fußsoldat trägt über der charakteristischen langen Tunica ein Kettenhemd. Zur Ausrüstung dieses Auxiliars gehört neben Pfeil und Bogen ein Schwert. Auch im Römerkastell Friedberg waren Bogenschützen aus Syrien in Garnison. Aufgenommen bei einem Römerfest auf der Saalburg 1997.

Mann, lieferte. Außer einem Eintopf, dem *puls*, der, wenn nötig, auch einmal aus ungemahlenen Körnern hergestellt werden konnte, bereiteten die Soldaten eine Art Müsli mit Früchten, das meist als Frühstück diente. Vor allem aber wurde aus dem Mehl Brot gebacken, das die Hauptbeilage zu allen Gerichten darstellte. Durch zweimaligen Backvorgang konnte man dann noch ein leichtes, zwiebackartiges Brot herstellen, das besonders lange haltbar und speziell für längere Märsche geeignet war.

Beliebteste Getreideart in unserer Region war der Dinkel, selten kamen Weizen und Gerste auf den Tisch. Hinzu kamen verschiedene Gemüse- und Obstsorten, außerdem (seltener) Fleisch und Fisch sowie Käse, gewürzt mit Kräutern, Ölen und Würzmischungen. Verschiedene Getränke, gemischt aus Wein, Wasser, Essig, Honig und Gewürzen, ergänzten die Tafel des Soldaten.

Nach Berechnungen von Angela Kreuz und Dietwulf Baatz waren im Jahr 165 n. Chr. in den 14 Kastellen des Wetteraulimes, von der Saalburg bis Großkrotzenburg, etwa 8300 Mann, 2100 Pferde und rund 1000 Packtiere zu versorgen. Hierzu wurden im Jahr für die Soldaten rund 3000 Tonnen Getreide benötigt, die nach diesen Berechnungen durchaus von den umliegenden Villae rusticae erbracht werden konnten; ein Import von Getreide war demzufolge offenbar nicht notwendig.

Alles, was der römische Soldat benötigte – Waffen, Ausrüstung und Verpflegung – mußte er von seinem Sold selbst bezahlen. Bei der Rekrutierung erhielt jeder Soldat ein einmaliges Handgeld in Höhe von 75 Denaren und dreimal im Jahr seinen laufenden Sold (*stipendium*) ausgezahlt. Dabei wurde sofort der Anteil, den der Soldat für Ausrüstung und Lebensunterhalt zu zahlen hatte, einbehalten. Im 1. Jahrhundert n. Chr. betrug der Jahressold für einen einfachen Soldaten rund 225 Denare, die Offiziere erhielten – je nach Dienstrang – entsprechend höhere Bezüge.

Zu einer ehrenvollen Entlassung nach einem Militärdienst von 25 Jahren gehörte ein Entlassungsgeld, das bei einem Legionär rund 3000 Denare ausmachen konnte. Davon konnte sich der Veteran nach Beendigung der Dienstzeit eine Existenz aufbauen. Die Soldaten der Hilfstruppen erhielten neben einer finanziellen Abfindung – zusammen mit einer Urkunde – in der Regel das römische Bürgerrecht, sofern sie es nicht bereits besaßen. Einem ranghohen Offizier war es infolge seines hohen Soldes durchaus möglich, die Militärlaufbahn als reicher Mann zu beenden.

Abb. 22. Rekonstruktionszeichnung des Lagerdorfes vor dem Kastell Butzbach. Im Hintergrund der Limes mit dem Kleinkastell Degerfeld. Nach D. Wolf.

Die zivilen Siedlungen der Kastelle

Seitlich der zum Kastell führenden Straßen lagen die *vici*, die zivilen Lagerdörfer (*canabae* genannt, wenn sie zu einem Legionslager gehörten). Bevorzugte Lage für das Lagerdorf war der Platz vor dem am stärksten frequentierten Tor *(Abb. 22)*. Außer den Familien der Soldaten gab es hier Gastwirte und es wohnten und arbeiteten Handwerker und Händler aller Art; Töpfereien, Bronzegießereien und Schmieden waren wegen der von ihnen ausgehenden erhöhten Feuergefährdung am Rand der Kastelldörfer angesiedelt. Ein richtiger Troß also, der zum großen Teil mit der hier stationierten Truppeneinheit ankam und oft auch wieder mit ihr weiterzog. Ob das Kastelldorf (*vicus*) auf Militärgelände lag, wird in Fachkreisen derzeit noch diskutiert. Annehmen darf man jedoch, daß die Bewohner durch die Truppe geschützt wurden und in Gefahrenzeiten auch im Kastell Zuflucht fanden.

Typische Hausform war das sogenannte Streifenhaus, ein Gebäude mit nur etwa 5–7 m Straßenfront, aber 30–40 m Tiefe. Im Vorderteil,

Abb. 23. Schnitt durch einen Thermenbau. Raumfolge von links nach rechts: Umkleideraum (*apodyterium*), Kaltbad (*frigidarium*), Laubad (*tepidarium*), Warmbad (*caldarium*), Heizraum mit Heizkanal (*praefurnium*). Nach D. Baatz.

oft mit einem überdachten Vorbau (*porticus*) versehen, befanden sich Läden und Werkstätten. Der hintere Bereich enthielt die Wohnung, war teilweise unterkellert und oft mit eigenem Brunnen im Innenhof versehen. Große *vici* hatten ein eigenes *forum*, einen Marktplatz (z.B. Kastelldorf Zugmantel). Hier lagen auch die Herbergen (*mansiones*) für offizielle Gäste des Kommandeurs, große, rechteckige Gebäude mit Innenhof und eigener Badeanlage. In exponierter Lage fanden sich Heiligtümer und Tempel, in denen die verschiedensten Gottheiten verehrt wurden. Weit außerhalb, entlang den Straßen, lagen die Gräberfelder für Soldaten und Bewohner der Siedlung.

Eines der wichtigsten Gebäude im Bereich des *vicus* war der große Thermenbau, das Kastellbad, das für die Lager der Hilfstruppen in der Regel außerhalb der Mauern errichtet wurde, möglichst nahe einer Quelle oder eines Wasserlaufs. Bevorzugte Lage war eine sonnige Fläche zwischen Zivilsiedlung und Haupttor des Kastells, wie es beispielsweise auf der Saalburg zu sehen ist. Während vormittags, wenn die Soldaten ihren Dienst leisteten, die Zivilbevölkerung Zutritt hatte, verbrachten die Angehörigen der Truppe nachmittags, wenn an normalen Tagen der eigentliche Militärdienst beendet war, viele Stunden in diesen Anlagen. Dort fanden außer der körperlichen Reinigung auch verschiedene Freizeitbeschäftigungen statt. Man trieb Sport, ging zum Friseur, traf sich mit Freunden und vergnügte sich an den verschiedensten Spielen. Auch für Essen und Trinken war gesorgt, und ganz beiläufig lief der eigentliche Badevorgang nach festgelegten Regeln ab *(Abb. 23)*: Man legte im *apodyterium*, dem Umkleideraum, die Kleidung in ein Regal oder eine Wandnische, begann im *sudatorium* mit einem Schwitzgang, badete im *caldarium* in warmem Wasser, säuberte

Abb. 24. Das konservierte kleine Bad im Friedberger Kastell, heute Gelände des Burggymnasiums. Im Vordergrund ein halbrundes Wasserbecken, hinten links die Anlage der Fußbodenheizung.

sich im *tepidarium* mit Öl und Schaber und kühlte sich im *frigidarium*, dem Kaltbad, ab.

Beheizt wurden die Warmräume über ein *hypocaustum*, eine Unterbodenheizung, die wohl bereits im Laufe des 2. Jahrhunderts v. Chr. im griechischen Kulturkreis entwickelt wurde: heiße Luft aus einem außenliegenden Heizraum strich unter dem auf Pfeilern aufliegenden Fußboden hindurch; der Fußboden heizte sich so stark auf, daß Barfußlaufen nicht möglich war, man benutzte Holzpantinen. Zusätzlich konnten auch die Wände durch Hohlziegel (*tubuli*) beheizt werden, um beispielsweise das *sudatorium*, eine Art Sauna, zu heizen.

Reste einer kleinen Badeanlage, die man in den 60er Jahren des letzten Jahrhunderts innerhalb des Friedberger Kastells bei Errichtung eines neuen Gebäudes für das Burggymnasium aufdecken konnte, waren wahrscheinlich Bestandteile des *praetoriums (Abb. 24)*. Größe und Lage des kleinen Bades weisen darauf hin, daß die Anlage nicht das eigentliche Kastellbad gewesen sein konnte, sondern daß es sich offenbar um das Privatbad des Kommandeurs handelte.

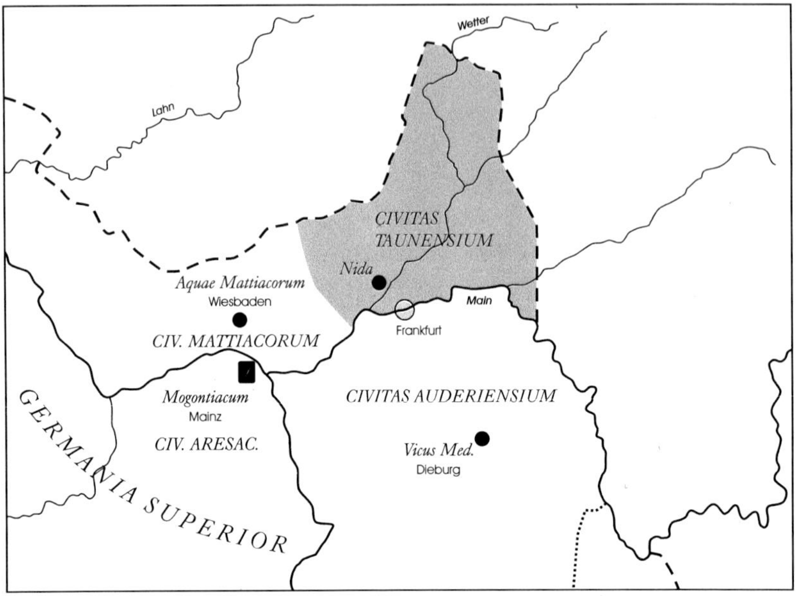

Abb. 25. Die Ausdehnung der Civitas Taunensium (gerastert) und die benachbarten Civitates.

Die Besiedlung im Hinterland des Limes

Nida – Hauptort der Civitas Taunensium

Zentren des Handels, Handwerks und vielfältigen Gewerbes waren die stadt- und dorfartigen Siedlungen, die *vici*; die landwirtschaftliche Produktion war dagegen den Gutshöfen (*villae rusticae*) vorbehalten. Neben den vom Militär geprägten Kastelldörfern und kleinen, dorfartigen Ansiedlungen kam in unserer Region vor allem dem römischen Nida (heute Frankfurt am Main-Heddernheim) große Bedeutung zu. Als Hauptort der Civitas Taunensium *(Abb. 25)* war der Ort seit Beginn des 2. Jahrhunderts n. Chr. Mittelpunkt des kommunalpolitischen, kulturellen und religiösen Lebens. Wie in ähnlichen Fällen entwickelte sich auch Nida aus einem Kastellvicus und wuchs nach Abkommandierung der Garnison um 110 n. Chr. zu einer blühenden Kleinstadt heran. Hier war der Amtssitz der von den freien Bürgern gewählten Ratsherren der Civitas, dem *ordo decurionum*, die wie-

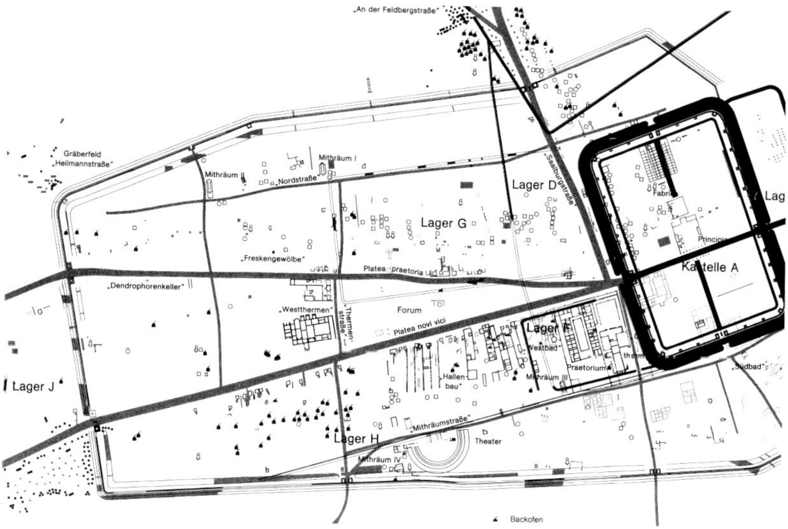

Abb. 26. Grundriß von Nida, Hauptort der Civitas Taunensium, heute Frankfurt am Main-Heddernheim. Nach I. Huld-Zetsche.

derum die beiden Bürgermeister, die *duoviri*, wählten; einige sind aus Inschriften namentlich bekannt. Hinzu kamen weitere öffentliche Ämter, wie das der *aediles*, die die öffentlichen Einrichtungen verwalteten, und das der *quaestores*, die für die Finanzen der Civitas zuständig waren. Nida wurde so zum Verwaltungszentrum der Wetterau. Die öffentlichen Ämter waren meist mit einem hohen privaten finanziellen Aufwand verbunden, so daß sie in der Regel von der Oberschicht der Civitas besetzt waren.

Aufgrund der rasant durchgeführten neuzeitlichen Überbauung des antiken Nida nach dem Zweiten Weltkrieg konnten nur wenige Areale archäologisch umfassend untersucht werden. Viele Beobachtungen gehen daher auf ältere Grabungen zurück *(Abb. 26)*. Leider weiß man nicht, wo in Nida die Verwaltungs- und Gerichtsgebäude standen; sie werden in der Nähe des Marktplatzes (*forum*) vermutet, wo man sie in antiker Zeit gewöhnlich errichtet hat. Auch fehlen konkrete Hinweise für den Standort der Tempelanlagen. Stätten des Mithraskultes beispielsweise sind nur deshalb erhalten geblieben, weil Teile der Anlage unterirdisch angelegt waren. Außerordentlich gut ist man dagegen über eine Herberge und die danebenliegenden Ostthermen informiert.

Abb. 27. Rekonstruktionszeichnung der römischen Stadtbefestigung von Nida von der Nordseite. Nach P. Fasold/I. Huld-Zetsche.

13

Um einen langgestreckten Säulenhof im Innern gruppierten sich im Erdgeschoß 62 Räume, wobei ein zweites Stockwerk mit weiteren Räumen angenommen wird. Von dort konnte man direkt in die weitläufige Bade- und Sportanlage gelangen, die mit über 2000 m^2 Grundfläche Platz für viele Gäste bot.

Die Stadthäuser in Nida waren weitgehend nach dem gleichen Schema wie die der Kastellvici gebaut. Einige Parzellen mit Wohnbebauung konnten ausgegraben werden. Im Vorderteil der langgestreckten Gebäude befanden sich Tavernen, verschiedenste Läden und kleine Werkstätten. Darunter lagen meist Keller mit dem Lichtschacht zur Straße hin, die genügend Lagermöglichkeit boten. Im hinteren Gebäudeteil und in der ersten Etage wohnten die Geschäftsinhaber; sicherlich gab es auch eine große Zahl an Mietwohnungen.

In den römischen Siedlungen lebte ein vielschichtiges Völkergemisch ganz unterschiedlicher Kultur und Religion. Wie sich die Bevölkerung zusammensetzte, wissen wir nicht genau. Aus Nida sind Einwohner italischer, gallischer, germanischer und sogar nordafrikanischer Abstammung durch Inschriften bekannt.

Vor den Toren der Stadt lagen an den Ausfallstraßen die Friedhöfe. Es sind bisher elf Gräberfelder unterschiedlicher Belegungszeit nachgewiesen, von denen einige bereits um die Wende vom 19. zum 20. Jahrhundert ergraben wurden. Besonders gut erhaltene Fundstücke in der Ausstellung des Frankfurter Museums für Vor- und Frühgeschichte stammen aus diesen Friedhöfen.

Durch ihre Lage an der Nidda mit dem wichtigen Hafen erlebte die Stadt im Verlauf des 2. Jahrhunderts n. Chr. eine wirtschaftliche Blüte. Anziehungspunkte waren vor allem die regelmäßig abgehaltenen Märkte und Jahrmärkte, zu denen aus der Umgebung Kaufleute, Handwerker, Landwirte und sicher auch Soldaten in die Stadt strömten. Als zu Beginn des 3. Jahrhunderts die Gebiete rechts des Rheins sowohl wirtschaftlich als auch politisch in eine Krise gerieten, entschloß man sich zum Bau einer Stadtbefestigung, 2750 m lang, 2 m breit und wohl 6 m hoch, in Abständen mit Türmen und acht Toren versehen sowie durch Wall und Graben gesichert *(Abb. 27)*. Spätestens mit dem Niedergang des römischen Reichsgebietes rechts des Rheins um 260/270 n. Chr. konnte auch diese Umwehrung den Einwohnern von Nida keinen Schutz mehr bieten.

Abb. 28. Rekonstruktionszeichnung einer großflächigen *Villa rustica*.

Villae rusticae – Die römischen Gutshöfe

In den Nordprovinzen des Imperium Romanum lebten große Teile der Bevölkerung von der Landwirtschaft. Villae rusticae, Bauernhöfe, vergleichbar mit unseren heutigen Aussiedlerhöfen, versorgten Städte und Dörfer, vor allem aber auch die Kastelle mit Nahrungsmitteln. Günstige klimatische Bedingungen, außerordentlich ertragreiche Böden und ausgebaute Verkehrswege boten die Voraussetzungen für ein dichtes Netz von Gutshöfen im Gebiet der Wetterau. Durch Grabungen, Oberflächenfunde und Luftbildbefunde *(Abb. 8)* wurden hier inzwischen mehr als 350 ländliche Siedlungsplätze aus römischer Zeit bekannt.

Die Mehrzahl der Gutshöfe in der Civitas Taunensium waren kleine bis mittlere Betriebe von etwa 5000 bis 20000 m² Hoffläche, einige größere wiesen bis zu 40000 m² auf. Obwohl man in der Forschung größtenteils davon ausgeht, daß es vor der Besiedlung des neuen Provinzlandes zu Beginn des 2. Jahrhunderts n. Chr. eine Zenturiation, d.h. eine Landvermessung zur Anlage eines Katasters gegeben hat, fanden sich dafür bislang keine überzeugenden archäologischen Hinweise. Deutlich wird, daß man sich bei der Wahl des Siedlungsplatzes in erster Linie an den naturräumlichen Gegebenheiten, am Geländerelief, an nahe gelegenen Gewässern und an vorhandenen Straßen orientierte. Vorzug gab man einer sonnigen Hanglage, möglichst oberhalb eines

Wasserlaufs, mit einer tiefer gelegenen, feuchten Geländezone für Weideland und einem höher gelegenen, trockeneren Gebiet für den Ackerbau und das Hofareal. Hier umschloß eine recht hohe Umfassungsmauer den Hofbezirk mit dem Wohnhaus des Eigentümers oder Pächters und seiner Familie, einem Badehaus, Wohngebäuden für Gesinde und Saisonarbeiter, Stallungen, Scheunen, Getreidespeichern und Abstellplätzen für den Fuhrpark. Auch kleine Heiligtümer oder gar aufwendig gearbeitete, kostspielige Jupitersäulen fehlten nicht *(Abb. 28)*.

Auf dem Hof selbst und davor lagen die Obst- und Gemüsegärten. Hinzu kamen in den großen Hofanlagen Schmieden, Töpfereien, Gerbereien und Möglichkeiten für die Textilherstellung, so daß die Bewohner relativ autark lebten. Einen Zugewinn brachten die landwirtschaftlichen und gewerblichen Produkte, die auf den regelmäßig stattfindenden *nundinae*, den Wochenmärkten in den Dörfern und Städten, verkauft wurden. Möglicherweise gab es auch Verträge mit der Heeresverwaltung zur Lieferung von Getreide, Fleisch und anderen Produkten, vielleicht auch verbunden mit einer Anrechung auf die zu zahlenden Steuern.

Viele Hauptgebäude waren zunächst in Fachwerkbauweise errichtet und erst später in weiteren Bauphasen in Stein um- und ausgebaut worden. Gerade bei diesen repräsentativen Gebäuden läßt die Ausstattung auch heute noch Rückschlüsse auf den unterschiedlichen Wohlstand ihrer Bewohner zu. Die oftmals recht großen Bauten hatten an der Vorderseite zwei Ecktürme, sogenannte Risalite, und dazwischen meist eine erhöhte, überdachte Veranda, eine *porticus*. Dahinter gruppierten sich um einen offenen Innenhof, der bei kleineren Abmessungen auch überdacht sein konnte, die verschiedenen Räumlichkeiten. Unter den Risaliten oder der Porticus lagen die Keller, in denen die Lebensmittel kühl lagerten und wo die schweren Wein- und Ölamphoren mit ihren spitzen Böden in Sandbänken oder Mulden standen *(Abb. 29)*. Die Kellerwände waren verputzt, Quadermauerwerk durch Ritzung angedeutet und die Fugen häufig mit einem roten Fugenstrich versehen. Einige Wohnräume waren mit einer Fußbodenheizung beheizbar und oftmals mit phantasiereichen und farbenprächtigen Wandmalereien ausgestattet. Die auch außen verputzten und weiß gekalkten Gutshöfe mit den roten Ziegeldächern oder schwarzer Schiefereindeckung konnte man schon aus weiter Ferne ausmachen.

Die Agrarbetriebe bauten nach neuesten Forschungen der Archäobotaniker hierzulande überwiegend Dinkel an. Auch andere Weizenarten sowie Gerste und Hirse waren vertreten. Neben Getreide kulti-

Abb. 29. Eines der beiden Wohngebäude in der Villa rustica „Im Brückfeld“ in Münzenberg-Gambach. Gut zu erkennen sind die dunklen Verfärbungen der älteren Holzbauphase und die Steinfundamente mit einem unterkellerten Eckturm der jüngeren Steinbauphase.

vierte man allerlei Gemüse, wie z.B. Kohl und Hülsenfrüchte, hinzu kam von den Römern eingeführtes Obst wie Pflaume, Pfirsich und Süßkirsche. Die Anlage planmäßiger Obstgärten war wohl eine römische Erfindung; auch Walnüsse waren hier vorher nicht bekannt. Öl gewann man aus Lein, Leindotter und Mohn. Für römischen Weinanbau fehlen in der Wetterau bislang sichere Belege.

Außer Ackerbau spielte auch Viehzucht in unserem Gebiet eine Rolle. Hier stand nach paläozoologischen Untersuchungen das Rind an erster Stelle, wobei grundsätzlich zwei Rassen unterschieden werden können. Zum einen gab es eine Rasse mit größeren Tieren und zum anderen eine kleine „Landrasse“, die auf einheimische Züchtung zurückgeführt wird. Erst an zweiter Stelle stand die Schweinemast; die Haltung von Schaf/Ziege spielte offenbar nur eine recht geringe Rolle. In den Schriften der antiken Agrarökonomen werden auch Produktionszweige wie die Zucht von Wildschweinen, Hasen, Rotwild und Fischen, aber auch der Anbau von Blumen in Stadtnähe als äußerst profitabel gepriesen.

Abb. 30. Reliefquader eines Grabmals aus Neumagen mit Darstellung von pachtzahlenden Bauern. Die Bauern tragen die einheimische Tracht mit Kapuzenmantel. Am linken Bildrand sind Schreibtafeln zu sehen, auf denen Zahlungen, Verträge usw. vermerkt werden konnten. Rheinisches Landesmuseum Trier.

Die römischen Agrarschriftsteller gaben schon zu jener Zeit den Gutsbesitzern den Rat, daß das erklärte Ziel eines Agrarbetriebes die rationelle und ertragreiche Arbeit sein muß auf der Basis, daß die Ergiebigkeit des Betriebes in angemessenem Verhältnis zum erforderlichen Aufwand in Arbeitskraft und Sachwerten steht. Wir wissen fast nichts darüber, wie die Eigentumsverhältnisse in unserem Gebiet geregelt waren und in welcher Form die *Villae rusticae* bewirtschaftet worden sind. Auffällig sind die vielen kleinen Hofanlagen in der Wetterau, die möglicherweise als Pachthöfe zu nahegelegenen, großen Gutshöfen gehörten *(Abb. 30)*. Neuere Forschungen belegen, daß gegen Ende des 1. Jahrhunderts n. Chr. bereits romanisierte, wohl vorwiegend Bevölkerung aus dem gallischen Gebiet in die Wetterau einwanderte und sich hier ansiedelte. Es ist durchaus möglich, daß auch etliche Landgüter von romanisierten Germanen bewirtschaftet wurden; sie sind jedoch im archäologischen Fundgut nicht auszumachen. Auch ist nicht sicher, wie hoch der Anteil von Veteranen des Heeres ist, die nach Beendigung ihrer Dienstzeit Höfe erworben bzw. gepachtet hatten.

Viele Ausgrabungen und naturwissenschaftliche Untersuchungen der letzten Jahre haben in Hessen das Bild der römischen Kulturlandschaft nachhaltig verändert und neu gezeichnet. Verstärkte Einbindung der Naturwissenschaften in die archäologischen Forschungen dürfte auch in Zukunft für weitere, überraschende Ergebnisse sorgen.

Religion und Grabritus

Das Leben der Menschen war eng mit der Natur, dem Glauben an die Götter und vielfältigen Jenseitsvorstellungen verbunden. Mit Gebeten, Weihegeschenken und Opfergaben suchte man göttliche Gunst und Schutz. Der römische Staat tolerierte Religionen und religiöse Kulte, sofern sie nicht dem offiziellen staatlichen Kaiserkult und dem römischen Staatsrecht bzw. der Staatsreligion entgegenstanden. Römische und einheimische Gottheiten waren in ihrer Bedeutung für die Bevölkerung oftmals ganz ähnlich, so daß es häufig zu einer Gleichsetzung von Göttern, der *interpretatio romana*, kam.

Der römische Götterhimmel wurde von Jupiter, Juno und Minerva angeführt. In beiden germanischen Provinzen waren Jupitersäulen weit verbreitet. Jupiter wird häufig als Gigantenreiter, d.h. als Bezwinger der schlangenbeinigen Giganten, dargestellt. Im Butzbacher Kastelldorf wurden bei Grabungen 1954/55 die Teile einer vollständigen Jupiter-Gigantensäule und ein Fragment einer zweiten aus einem Brunnen geborgen. Das Original der über 3 m hohen Säule steht im Hessischen Landesmuseum Darmstadt, eine Kopie befindet sich im Museum der Stadt Butzbach *(Abb. 31)*. Die Basis wird von einem Viergötterstein gebildet mit den römischen Gottheiten Juno, Minerva, Herkules und Merkur. Darüber folgt ein kleinerer Stein mit den Wochengöttern in halbrunden Nischen: Luna für Montag, Mars für Dienstag, Mercurius für Mittwoch, Jupiter für Donnerstag, Venus für Freitag, Saturn für Samstag und Sol für Sonntag. Über den Wochengöttern steht eine schlanke, geschuppte Rundsäule, darauf ein Kapitell. Auf dem Kapitell liegt ein Gigant, ein Mischwesen mit menschlichem Körper und Schlangenbeinen, die dunklen Mächte und das drohende Chaos verkörpernd. Seine Hände sind auf dem Rücken gefesselt. Mit seinem Sprung über den Giganten und dem alles vernichtenden Blitzbündel in der erhobenen rechten Hand überwindet Jupiter die finsteren Mächte.

Eine weitere Verehrung erfuhr Jupiter in der Landwirtschaft. Hier galt er als Schutzgott des Ackerbodens und als Garant für eine gute Ernte. Daher werden Reste von Jupitersäulen in vielen römischen Gutshöfen gefunden, so auch in der großen Villa rustica von Wölfersheim-Wohnbach im Wetteraukreis, wo das Fragment einer Jupiter-Figur in einem Brunnen entdeckt wurde.

Große Verbreitung fanden auch Gottheiten wie Merkur, der vor allem bei Händlern Verehrung fand, Fortuna, die mit ihrem überquellenden Füllhorn Glück verhieß, und Epona, eine gallo-römische Schutz-

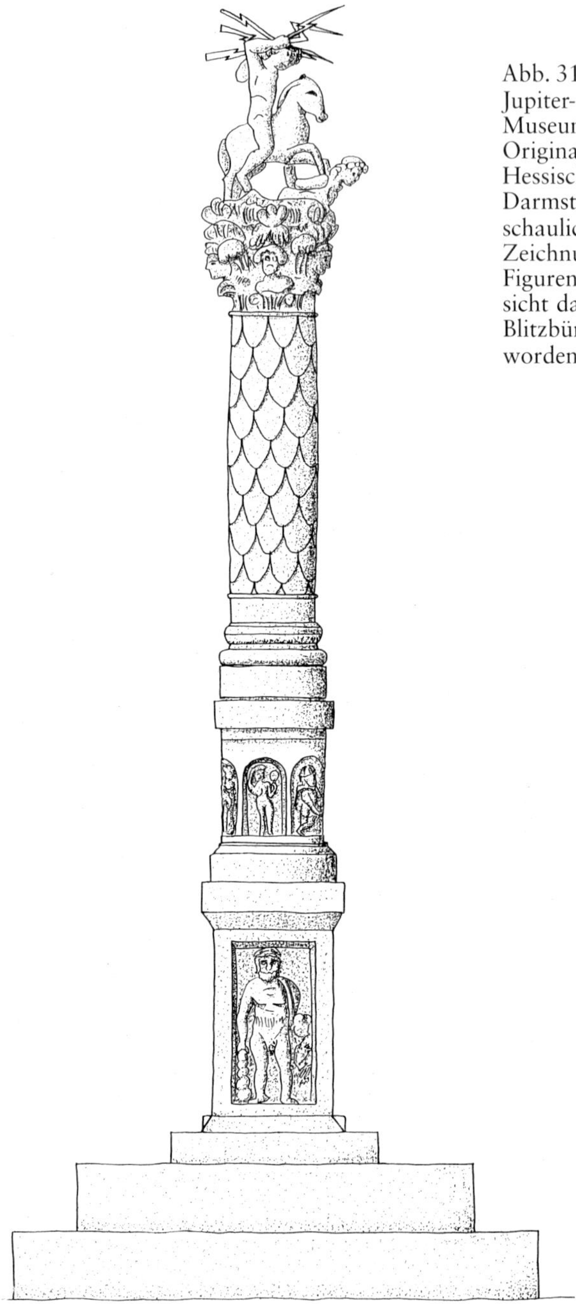

Abb. 31. Nachbildung einer Jupiter-Gigantensäule im Museumshof Butzbach. Das Original befindet sich im Hessischen Landesmuseum Darmstadt. Zur Veranschaulichung ist auf der Zeichnung die krönende Figurengruppe in Seitenansicht dargestellt und das Blitzbündel Jupiters ergänzt worden. Nach D. Wolf.

Abb. 32. Relief der Pferdegöttin Epona aus dem Kastell Kapersburg; wie das Mithraskultbild *Abb. 33* im Wetterau-Museum Friedberg.

Abb. 33. Das große Mithraskultbild aus dem Friedberger Mithräum I.

göttin der Pferde und Fuhrleute. Das ergänzte Relief einer zwischen Pferden sitzenden Epona vom Kastell Kapersburg ist heute im Wetterau-Museum in Friedberg zu sehen *(Abb. 32)*.

Aber auch orientalische und kleinasiatische Kulte, darunter besonders der ausschließlich Männern vorbehaltene Mysterienkult des Mithras, fanden viele Anhänger; in Nida wurden fünf Mithras-Heiligtümer nachgewiesen. In der Wetterau weiß man bis jetzt von einigen Mithräen, wobei allein in Friedberg drei Anlagen angenommen werden. In den Mithräen standen große Kultbilder, die die Tötung des Stieres zeigen *(Abb. 33)*, mit der die Entstehung unseres Planeten und des gesamten Kosmos symbolisiert wurde. Die in die Erde gebauten Heiligtümer waren farbig ausgemalt; ihre gewölbten Decken sollten den Kosmos darstellen. Die eingeweihten Anhänger, die Mysten, mußten sieben Weihegrade zur Erlangung der Priesterschaft durchlaufen.

Über Beginn und Ausbreitung des frühen Christentums in unserer Region weiß man nur wenig. Seit der Zeit Kaiser Konstantins, zu Beginn des 4. Jahrhunderts n. Chr., war die Ausübung dieser Religion nicht mehr verboten, und ab dem Jahre 392 galt das Christentum als Staatsreligion. Von da an wurde jeder der alten Götterkulte strengstens untersagt, doch zeigen Grabfunde, daß die Menschen sich auch noch weiterhin, bis in die Spätantike und das frühe Mittelalter, unter den Schutz ihrer persönlichen Gottheit stellten.

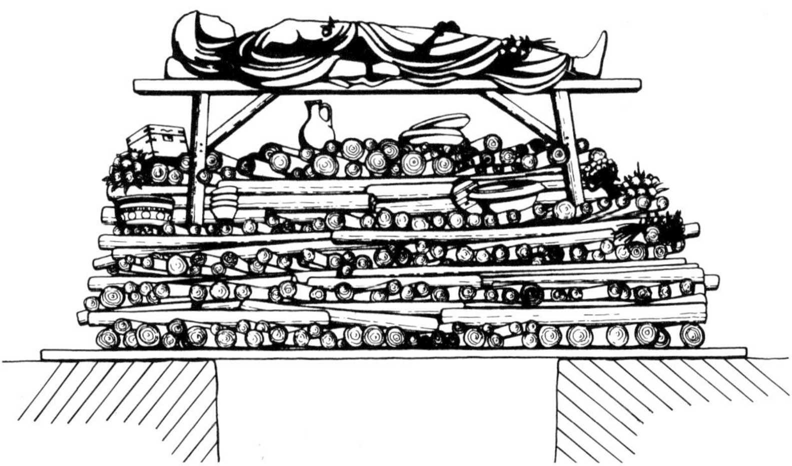

Abb. 34. Römische Brandbestattung (*bustum*). Rekonstruktion nach P. Fasold.

Abb. 35. Gräberfeld eines römischen Gutshofes bei Wölfersheim-Wohnbach während der Ausgrabung; im Vordergrund das kreisrunde Fundament eines der Tumulusgräber.

Eng verbunden mit der religiösen Vorstellung der Menschen war das Totenbrauchtum. Der Glaube an ein Leben nach dem Tode verlangte, daß den Verstorbenen Beigaben mit ins Grab gegeben wurden. Bisweilen kann man aufgrund dieser Beigaben Rückschlüsse auf den sozialen Status der Bestatteten ziehen.

In der frühen und mittleren Kaiserzeit, bis in das 3. Jahrhundert n. Chr. hinein, war Brandbestattung üblich. Man verbrannte die Verstorbenen auf Scheiterhaufen, der Leichenbrand wurde ausgelesen, gewaschen und in Urnen aus Keramik oder Glas, kleinen Steinkisten oder in einem Behältnis aus organischem Material deponiert. Hinzu kamen vielerlei Beigaben wie Eß- und Trinkgeschirr, Speisen und ganz persönliche Dinge, die die Reise in die Unterwelt erträglicher machen sollten. Befand sich der Scheiterhaufen direkt über einer Grube, die gleichzeitig als Grab diente, so nennt man diese Form der Bestattung *bustum (Abb. 34)*. Es gab aber auch die Möglichkeit, den Toten auf einem besonderen Verbrennungsplatz (*ustrina*) zu verbrennen und die sterblichen Überreste mit den Beigaben in einer gesonderten Grabgrube zu bestatten. Körperbestattung setzte sich nur langsam durch.

Die Gräberfelder lagen immer außerhalb der Siedlungen an den Straßen. Ein kleines Gräberfeld, das zu einer großen Villa rustica gehörte, kam in der Gemarkung von Wölfersheim-Wohnbach zutage. Es lag an der Römerstraße Friedberg – Arnsburg und wurde erst kürzlich von Jörg Lindenthal bei einer Befliegung entdeckt und ausgegraben. Hier fand man neben den üblichen Gräbern die im rechtsrheinischen Gebiet äußerst seltenen Tumulusgräber, Grabanlagen, die sonst fast ausschließlich im Trierer Gebiet bis nach England und an der Donau gebräuchlich waren. Diese Bestattungssitte kam mit den Römern in die Wetterau und hat keinen Bezug zu den vorgeschichtlichen Grabhügeln. Bei den Ausgrabungen konnten die Mauerfundamente der kreisförmigen Anlagen mit den zentral gelegenen Bestattungen freigelegt werden *(Abb. 35)*. Der größte Tumulus hatte einen Durchmesser von etwa 6,50 m.

Große Grabmonumente wohlhabender römischer Bürger waren in den Gräberfeldern vor den Toren der Städte errichtet. Die zum Teil riesigen Pfeiler waren reich mit Bildern aus dem Leben der Verstorbenen verziert und mit Inschriften versehen. Sie wurden oftmals bereits zu Lebzeiten errichtet, und schon der römische Schriftsteller Petronius schreibt im 1. Jahrhundert n. Chr. in seinem Werk „Satiricon", 71, Gastmahl des Trimalchio: „Ich will", so sagt der trunkene Trimalchio, „daß meine Asche von allen möglichen Arten von Früchten und Reben in Fülle umgeben ist. Nichts ist unverständlicher, als zu Lebzeiten ein wohlbestelltes Haus zu besitzen und sich nicht um die Wohnung zu kümmern, in der man viel länger wohnen wird."

Abb. 36. Römische Fundstücke aus der Wetterau im Oberhessischen Museum Gießen.

Römischer Handel und Verkehr

Während der gesamten Besetzung des römischen Provinzgebietes spielten Handel und Handwerk eine herausragende Rolle. Die fern ihrer Heimat lebenden römischen Bürger, die nicht auf gewohnte Speisen und Vorlieben verzichten wollten, sorgten für lebhafte Handelsbeziehungen. Während Olivenöl, Fischsoßen und Gewürze aus den Mittelmeerländern importiert werden mußten, kamen Glas- und Bronzegefäße und feine Keramik aus Gallien und dem Rheinland sowie aus heimischer Produktion *(Abb. 36)*. Grobe Hauskeramik wurde in einer der vielen heimischen Töpfereien, die es in der Civitas Taunensium gab, hergestellt, z.B. im antiken Nida, in Friedberg, Echzell und Heldenbergen.

Über mehrere Limesdurchgänge, die von Kleinkastellen oder Turmstellen überwacht wurden, verliefen wichtige Routen, die einen regen Handel mit den in Germanien lebenden Stämmen ermöglichten. Ein bedeutender Limesübergang befand sich z.B. beim Kastell Butzbach und wurde durch das Kleinkastell Degerfeld überwacht. Von hier aus führte eine Strecke ins nordwestlich gelegene Lahntal, wo durch Oberflächenfunde und neuere Ausgrabungen mehrere germanische Siedlungen des 2. und 3. Jahrhunderts n. Chr. bekannt wurden. Weitere Übergänge sind am nördlichen Limesbogen über das Gießener Becken nach

Norden und in der östlichen Wetterau zu erwarten, wo Handelsrouten sicher bis in das Thüringer Becken führten.

Zwar wurde immer versucht, verderbliche Güter ohne lange Transportwege in der Nähe einzukaufen, doch konnten mit der Verlagerung des Transportes auf Schiffe die zeitraubenden und mühevollen Straßentransporte oftmals vermieden und dem Handel dadurch ein gewaltiger Aufschwung gegeben werden. Neben den großen Flüssen wie Rhein und Main wurden auch kleinere Gewässer als Transportwege genutzt. Mit flachen Kähnen, die auch noch bei niedrigen Wasserständen eingesetzt werden konnten, beförderte man erheblich schneller und deshalb kostengünstiger als auf dem Landweg.

Händler (*negotiatores*) und Handwerker (*fabres*) aller Art – meist aus Inschriften bekannt – hatten in Städten und Dörfern ihre Läden und Betriebe, und die Soldaten in den Kastellen mit ihren geregelten Soldzahlungen bildeten einen wichtigen Faktor zur Belebung des Handels. Man kann davon ausgehen, daß regelmäßig Märkte (*nundinae*) abgehalten wurden, und das sich im Laufe des 2. Jahrhunderts n. Chr. stets verbessernde Münzsystem brachte große Geldmengen in Umlauf und trug maßgeblich zu einem wirtschaftlichen Aufschwung bei *(Abb. 37)*. Die verschiedenen Händler (Getreide, Geschirr, Salz, Fischsoße, Gewürze, Textilien usw.) hatten sich zu Kooperationen zusammengeschlossen und waren manchmal sehr reich, wie z. B. Dativius Victor, Ratsherr und Getreidehändler aus der Civitas Taunensium, der der Stadt Mainz (*Mogontiacum*) einen Ehrenbogen mit Säulenhalle stiftete. Handwerker waren oftmals in Kollegien organisiert, die in erster Linie soziale und religiöse Aufgaben wahrnahmen. Aus dem Civitas-Hauptort Nida ist beispielsweise ein *collegium fabrum tignariorum* der Zimmerleute bekannt.

Besonders wichtig war natürlich die Versorgung mit Baumaterialien, die weitgehend aus einheimischen Rohstofflagern gedeckt werden konnte: Steinbrüche, Kalkbrennöfen, Sand- und Lehmgruben, alles lag in nächster Nähe, ebenso die zugehörigen Verarbeitungsbetriebe. Holz spielte nicht nur als Baustoff eine wichtige Rolle, sondern war – im gesamten Altertum – einziger Energieträger; durch Umwandlung in Holzkohle konnte die Heizleistung später verbessert werden.

Unerläßlich für Handel und Verkehr ist ein gut ausgebautes Straßensystem mit Brücken und Dämmen, und auch hierin waren die Römer Meister. Die zu Beginn der römischen Besetzung vor allem für militärische Zwecke angelegten Straßen wurden schon bald zu Handelsrouten, deren Verlauf im Gelände heute oft noch zu erkennen ist. Aus

Abb. 37. Auswahl römischer Münzen aus dem Museum Echzell.

Kostengründen baute man, wann immer möglich, gerade Strecken, und bei einer Breite von etwa 6 m war auch mit größeren Fahrzeugen Gegenverkehr möglich (vgl. *Abb. 110*).

Fußgänger, Reiter, Lasttiere, Transport- und Reisewagen auf den Straßen, ergänzt von der Flußschiffahrt, die vor allem auch die Beförderung schwerer Güter erheblich erleichterte: das Ineinandergreifen beider Transport- und Verkehrswege machte letztlich die Effizienz des römischen Handels und Verkehrs aus. Raststationen entlang der Straßen ermöglichten den Reisenden Pferdewechsel und Unterkunft. Seit der Zeit Vespasians, also etwa ab 69 n. Chr., waren zur Überwachung der wichtigsten Fernstraßen und Knotenpunkte Benefiziarier-Stationen eingerichtet worden, die Händlern, Kaufleuten und sonstigen Reisenden eine gefahrlose Passage ermöglichten.

Wanderstrecke 1

Rundwanderweg vom Wachtposten Wp 4/1 im Köpperner Tal am Limes entlang zum Kastell Kapersburg

Wanderstrecke: rund 15 km (dazu Karte in der vorderen Umschlagseite)

Wanderzeit: etwa 5 Stunden

Zugang: Ausgangspunkt der Wanderstrecke ist der Parkplatz am Bahnhof Saalburg. Eine Zufahrtsmöglichkeit zum Parkplatz besteht über eine schmale Straße, die von der Landesstraße L 3041 Köppern–Wehrheim gut ausgeschildert abzweigt.

Topographische Karten: 1:25 000 Blatt 5617 Usingen und Blatt 5717 Bad Homburg vor der Höhe; 1:50 000 Blatt L 5716 Bad Homburg vor der Höhe. Deutsche Generalkarte 1:200 000 Blatt 13 (auf allen Karten Eintrag des Limesverlaufs).

Hinweise: Längere Wegstrecke mit Steigungen, für ausdauernde Wanderer. Überwiegend Wald.

Wanderweg: Die Wanderstrecke beginnt beim römischen Wachtposten Wp 4/1 im Köpperner Tal, führt am Limes entlang mit einem Umweg um das militärische Sperrgebiet zum Numeruskastell Kapersburg, weiter durch den Rosbacher Wald zurück zum Limes und wieder zum Parkplatz. Durch die Vielzahl der Wachtposten und das Kastell Kapersburg höchst interessante Wegstrecke.

Vom Parkplatz am Bahnhof Saalburg (**Punkt 1 der Karte**, nicht zu verwechseln mit dem Kastell Saalburg) führt die Wanderstrecke über die Bahngleise und dann nach links zur „Limesstraße“. Hier trifft man nach wenigen Metern auf den gut erhaltenen Limeswall, dessen weiterer Verlauf ab diesem Punkt als Limesstrecke 4 bezeichnet wird. Ein Gedenkstein am Straßenrand macht auf diese Zählung aufmerksam. Ab Wachtposten Wp 4/2 bis über das Kastell Kapersburg hinaus bildete der Limesverlauf auch die ehemalige hessisch-nassauische Landesgrenze. Grenzsteine sind im Limesgraben an vielen markanten Stellen aufgestellt und noch erhalten. Die Reichs-Limeskommission setzte im Jahr 1893 auf damaligem preußischem Gebiet den Bad Homburger Architekten und späteren Direktor der Saalburg Louis Jacobi (1836–1910) und auf dem hessischen Gebiet Friedrich Kofler (1830–1910)

Abb. 38. Die Fundamentreste des Wachtpostens Wp 4/1 am Beginn der Limesstrecke 4 zeichnen sich als Schutthügel im Gelände ab.

als Streckenkommissare ein, die insbesondere die Steintürme untersuchten und von einem Architekten vermessen ließen. Zwei Jahre später konzentrierte sich schließlich der Darmstädter Lehrer Eduard Anthes (1859–1922) auf die älteren Holzturmstellen, nachdem man entlang der Limesstrecke 3 auf diese ältere Phase der Grenzbefestigung aufmerksam geworden war.

Grundsätzlich wird die Suche der Turmstellen erheblich erleichtert, wenn man nach Auffinden eines Postens immer wieder zum Limes selbst zurückkehrt und von dort aus weitersucht.

Der Wanderweg führt zunächst hangaufwärts zum ersten Wachtposten Wp 4/1 an der Limesstrecke, 29 m hinter der Wallkrone (**Punkt 2**). Die Turmstelle liegt im Köpperner Gemeindewald an einem Waldweg, der einige Meter östlich des Walles parallel zu ihm verläuft. Sie ist im Gelände sehr gut zu finden, da der Schutthügel des Turmes noch etwa 1 m hoch erhalten ist *(Abb. 38)*. Der Steinturm mit 5,28×5,40 m Seitenlänge und rund 0,90 m Mauerstärke wurde im Jahr 1893 von Louis Jacobi ausgegraben. Ein älterer Holzturm mit Ringgraben ist vom Limeswall vollständig bedeckt und nicht mehr auszumachen.

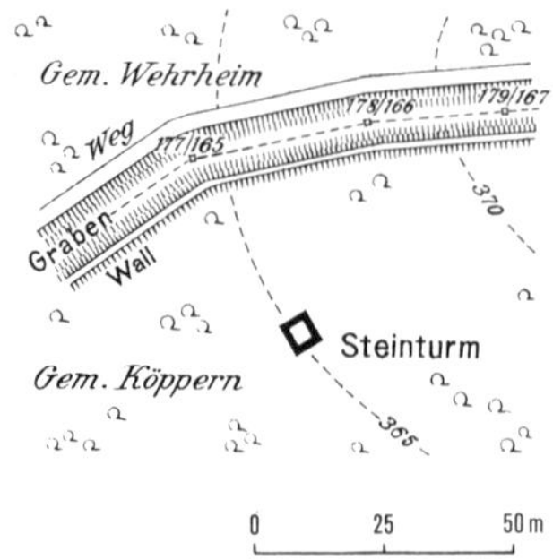

Abb. 39. Wachtposten Wp 4/2 im Köpperner Wald. Nach ORL. M. 1:2500.

Weiter führt der Wanderweg zum Wachtposten Wp 4/2 am Grauen Berg, der in einem Knick der Limesstrecke liegt (**Punkt 3**) und in letzter Zeit durch Wühlereien stark beschädigt worden ist. Die Stelle läßt sich durch die Grenzsteine 177/165 und 178/166 gut finden; sie liegt 25 m hinter der Wallkrone in recht dichtem Unterholz *(Abb. 39)*. Der ebenfalls von Louis Jacobi untersuchte quadratische Steinturm hatte eine Seitenlänge von rund 4,50 m. Bei der Ausgrabung der Turmstelle war das Mauerwerk noch 1,50 m hoch erhalten. Auch fanden die Ausgräber Reste des ehemaligen Verputzes mit angedeuteter Quaderung, deren Fugen mit roter Farbe nachgezogen waren. Die Grabung brachte an dieser Stelle keinen Holzturm zum Vorschein.

Der Pfahlgraben knickt hier von seiner bisher nordöstlichen in fast genau östliche Richtung ab, der Grenzverlauf folgt jetzt den Geländeformationen, stellt also keine schnurgerade Strecke dar. Um einen optimalen Blickkontakt zu gewährleisten, ergaben sich zwangsläufig recht unterschiedliche Entfernungen der Wachtposten zueinander.

Auf diesem Abschnitt der Wanderstrecke ist es möglich, sowohl auf der Wallkrone wie auch auf beiden Seiten des Limes auf gut begehbaren Wegen zu laufen. Empfehlenswert ist jedoch weiterhin der breite Weg links des Pfahlgrabens. Ein kurzes Stück bis zum Wachtposten Wp 4/3 folgt er dem Rundwanderweg Nr. 20 des Zweckverbandes Naturpark Hochtaunus, gekennzeichnet mit dem Wegezeichen „Geweih“, und einem Teilstück des Limeswanderweges des Taunusklubs mit dem „Limesturm“.

Das nun vor uns liegende reizvolle Wegstück zum Wachtposten Wp 4/3 führt durch lichten Buchenwald. Linker Hand öffnet sich ein herrlicher Blick über die Taunuswälder bis hin zum Feldberg, kenntlich an den beiden Sendetürmen auf seinem Plateau. Der Pfahlgraben orientiert sich hier mit seinen zahlreichen Knicken und Biegungen am Verlauf des Abhanges des Grauen Berges. Die Turmstelle Wp 4/3 (**Punkt 4**) befindet sich unterhalb des Berges etwa 25 m hinter dem Wall im Rodheimer Wald und ist als etwa 2 m hoher Hügel mit zahlreichen umherliegenden Steinen recht gut zu erkennen. Friedrich Kofler stellte bei seinen 1872 und 1893 stattfindenden Untersuchungen einen quadratischen Innenraum von 14 m² (3,78×3,75 m) fest. In römischer Zeit umschloß ein schmaler Ringgraben den Steinturm und sorgte für die Entwässerung der Stelle.

Von Wachtposten Wp 4/3 bis Wachtposten Wp 4/4 ist eine Strecke von nur etwa 350 m zurückzulegen. Man befindet sich jetzt in der Waldabteilung 36 der Stadt Rosbach vor der Höhe, Gemarkung Rodheim. Die Turmstelle Wp 4/4 ist auf einer natürlichen Terrasse bereits von weitem gut zu sehen, der Schutthügel dieses mit 7,70×6,10 m ungewöhnlich großen Steinbaues ist mindestens 2 m hoch (**Punkt 5**). Eine sehr großflächige Turmstelle, die sich von den meisten anderen durch ihre Ausmaße erheblich unterscheidet. Im weiten Umfeld liegen unzählige Mauersteine verstreut. Wie schon bei den vorausgehenden Wachtposten Wp 4/2 und Wp 4/3 ist auch hier kein Vorgängerbau aus Holz nachgewiesen.

Zwischen den Turmstellen Wp 4/4 und Wp 4/5 wird nun der ältere Waldbestand verlassen, der langsam ansteigende Wanderweg führt zu einer dichten Nadelholzschonung. Wachtposten Wp 4/5 liegt 35 m hinter dem Limes mitten in dichtem Unterholz auf der Nordseite des Grauen Berges auf einer Höhe von 420 m über dem Meeresspiegel (**Punkt 6**). Diese Turmstelle wurde im Jahr 1896 von Eduard Anthes eingehend untersucht *(Abb. 40)*. Am besten erhalten ist der nächst dem Pfahl liegende Schutthügel des Steinturmes, der einst eine Grundfläche von 5,85×5,75 m aufwies. Friedrich Kofler fand in den 70er Jahren des vorletzten Jahrhunderts im Innern eine Münze Kaiser Hadrians (117–138), weitere Münzen unbestimmbarer Zeitstellung, Lanzenspitzen, verschiedene Steinwerkzeuge und größere Mengen verschiedener Nägel. Bei neueren Grabungen in den 70er Jahren letzten Jahrhunderts fanden die Ausgräber Münzen der Kaiser Vespasian (69–79) und Antoninus Pius (138–168), außerdem Wandverputz und Keramik römischer Zeitstellung.

Die beiden älteren Holzturmstellen (A und B) von Wachtposten Wp 4/5 mit einem bzw. zwei Ringgräben, in denen bei Untersuchungen vereinzelte römische Scherben zutage kamen, liegen etwas weiter süd-

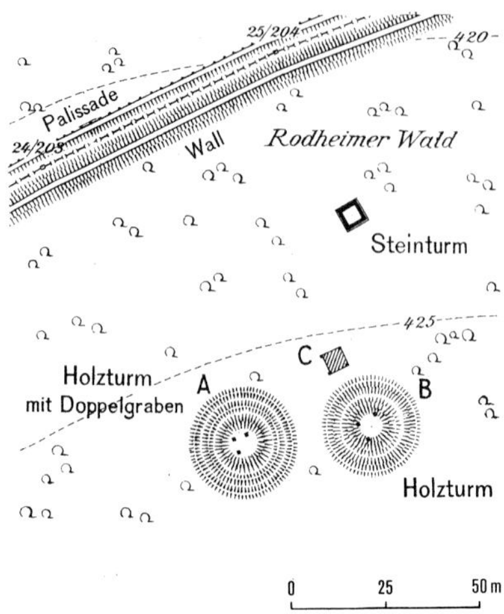

Abb. 40. Wachtposten Wp 4/5 am Grauen Berg. A und B Holztürme, C Nebengebäude. Nach ORL. M. 1:2 500.

westlich. Ein weiterer Schutthügel in unmittelbarer Nähe (C) wird als Nebengebäude gedeutet, das aus Trockenmauerwerk und Holz errichtet war. Die gesamte Turmstelle liegt in undurchdringlichem Buschwerk, ist schwer zu finden und sollte von einer Besichtigung ausgenommen werden.

Weiter auf dem breiten Waldweg erreicht man nach rund 650 m ein militärisches Sperrgebiet mit umlaufendem, hohem Zaun. Innerhalb dieses Sperrgebietes liegen die Turmstellen Wp 4/6 „Junge Buchen" und Wp 4/7 „Am Käspfad", zwei zur Zeit der Abfassung dieses Führers unzugängliche Steinturmstellen. Der Limes ist in diesem nach dem Zweiten Weltkrieg abgesperrten Gelände außerordentlich gut erhalten und fast 2,50 m hoch. Die Steintürme weisen noch eine stattliche Höhe aufgehenden Mauerwerks auf. Wachtposten Wp 4/6 wurde 1893 von Friedrich Kofler untersucht; seine Größe wird mit 5,66×5,45 m angegeben, die Mauern waren noch 1 m hoch. Der quadratische Steinturm von Wp 4/7 hatte eine Seitenlänge von 5,40 m; Kofler fand in seinem Inneren zahlreiche Scherben, Reste von Bronzegefäßen und Eisenteile.

Die folgenden Wachtposten Wp 4/8 „Rittergräber" und Wp 4/9 „Am Wellen-Berg" befinden sich zwar wieder außerhalb des Sperrgebietes, liegen aber in einer Schonung und sind schwer zu erreichen. Daher wurden sie nicht in die Wanderstrecke einbezogen. Wachtposten

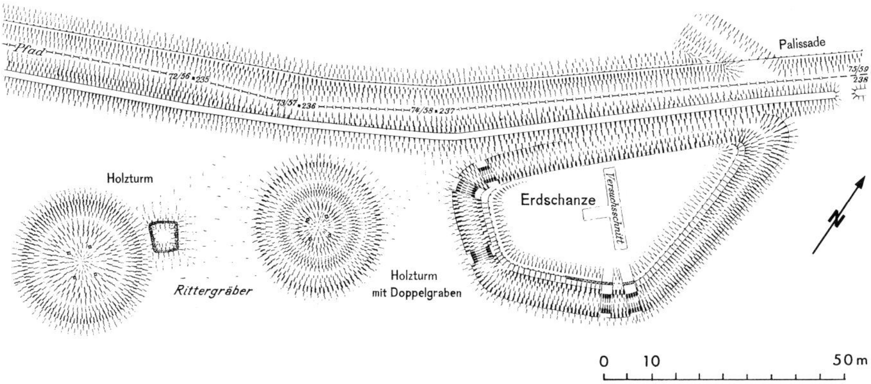

Abb. 41. Wachtposten Wp 4/8 „Rittergräber" am Wellen-Berg besteht aus zwei Holztürmen, einem Nebengebäude und einer Schanze. Nach ORL. M. 1:1 500.

Wp 4/8, eine Gruppe ähnlich Wachtposten Wp 4/5, besteht wie dieser aus zwei Holzturmstellen mit Ringgräben, einem kleinen Nebengebäude und zusätzlich einer älteren römischen Erdschanze *(Abb. 41)*. Einen Steinturm gab es hier allerdings nicht, wahrscheinlich löste Wachtposten Wp 4/7 „Am Käspfad" den jüngeren Holzturm ab. Wachtposten Wp 4/9 „Am Wellen-Berg", die letzte Turmstelle südlich der Kapersburg, liegt 30 m hinter dem Pfahlgraben. Der quadratische Steinturm hatte nach Friedrich Kofler eine Seitenlänge von 5,65 m und 1,15 m starke Mauern mit Quaderverputz.

Der Wanderer wendet sich bei **Punkt 7** nach links/Westen und läuft am Zaun entlang auf dem Wanderweg des Taunusklubs, um auf diesem Umweg zum Kastell Kapersburg zu gelangen. Schon bald macht dieser Weg einen scharfen Knick nach Norden (**Punkt 8**); er hat hier den Namen „Streicherweg" und führt nun lange Zeit immer am Rand des Sperrgebietes entlang nach Nordosten, weiterhin als der offiziell ausgewiesene Wanderweg des Taunusklubs mit dem Limesturm als Markierung. Nach knapp zwei Stunden Wanderzeit ab Ausgangspunkt ist **Punkt 9** erreicht, der Wanderweg biegt nun scharf nach rechts/Osten ab und mündet nach etwa 900 m in das Gelände des Limeskastells Kapersburg; vorher wird der Limes überquert. Der Verlauf der weiteren Wanderstrecke entlang dem Limes nach Norden entspricht dem Bereich der Wanderstrecke 2 dieses Führers.

Im Umfeld des Kastells fällt zunächst eine Wanderhütte der Wandervereinigung Friedberg/Bad Nauheim ins Auge (**Punkt 10**), die norma-

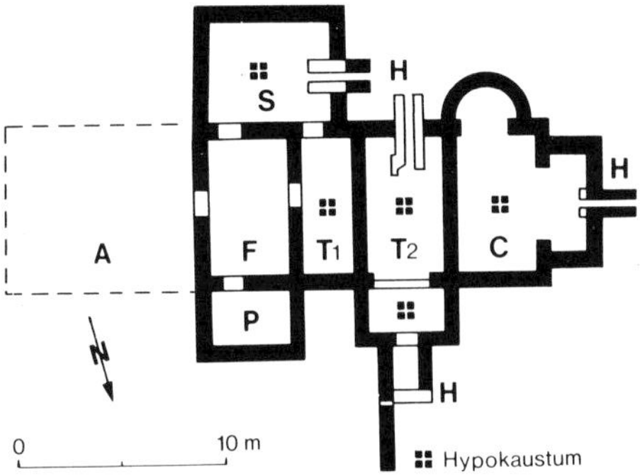

A Umkleideraum (apodyterium),
F Kaltbad (frigidarium) mit
P Kaltwasserwanne (piscina),
S Schwitzbad (sudatorium),
T_1 und T_2 lauwarme Bäder (tepidarium),
C Warmbad (caldarium),
H Heizstellen.

Abb. 42. Grundriß des Kastellbades der Kapersburg. Nach B. Beckmann. M. 1:500.

lerweise verschlossen ist. Nur wenige Meter nördlich wird der Wachtposten Wp 4/10 vermutet. Einige Schritte weiter erreicht man das erste römische Gebäude, das Bad des Limeskastells *(Abb. 42)*, dessen Steinfundamente, westlich zum Limes hin liegend, konserviert sind *(Abb. 43)*. Der ehemals aus Holz (Fachwerk) errichtete große Umkleideraum an der Ostseite ist heute nicht mehr erhalten; gefunden wurde nur noch der Fußbodenbelag. Die Anlage wurde einst von einer noch heute fließenden Quelle gespeist.

Die römischen Kastellbäder waren, wie auch hier gut zu erkennen, fast immer außerhalb der Kastellmauern angelegt, die Anordnung ihrer Räumlichkeiten von der Funktion her vorgegeben (siehe S. 52f. mit *Abb. 23*). Die Badeanlagen dienten nicht allein der Körperpflege, sondern stellten eine Freizeiteinrichtung dar, die den Soldaten die Annehmlichkeiten bot, die ihnen ihre kargen Unterkünfte im Kastellinneren versagten. Sie waren über die Hypokaustanlagen gut geheizt, hatten warmes und kaltes Wasser, besaßen Glasfenster und waren oft durch farbige Wandmalereien geschmückt. Zu bestimmten Tageszeiten nutzten die Bewohner des Kastelldorfes die Badeeinrichtung. Nachmittags war für die Soldaten üblicherweise dienstfrei, und ganz besonders in den kalten Zonen darf man davon ausgehen, daß die Mannschaft den Rest des Tages hier verbrachte.

Durch das Westtor (3) gelangt man nun ins Innere der Anlage *(Abb. 44)*. Das Numeruskastell Kapersburg, im Volksmund einst schlicht „die Burg" genannt, verdankt vielleicht seinen Namen einer alten Sage über eine Räuberbande, die „Capers", die hier im 18. Jahr-

Abb. 43. Restaurierte Fundamente der Badeanlage des Kastells Kapersburg.

hundert ihr Unwesen trieb; der römische Name des Kastells ist nicht bekannt. Es liegt dicht am Limes auf einer Höhe, von der der gesamte Limesbogen bis zur Saalburg und dem kleinen Feldbergkastell überwacht werden konnte. Es wurde in drei Bauphasen errichtet: ein Holzkastell von ca. 0,8 ha Fläche vom Ende des 1. Jahrhunderts n. Chr. (a), das Mitte des 2. Jahrhunderts n. Chr. durch ein 1,3 ha großes Steinkastell (b) ersetzt wurde. Seine Mauern waren in Holz-Stein-Bauweise errichtet, ähnlich wie auch auf der Saalburg. Gegen Ende des 2. Jahrhunderts n. Chr. wurde die Anlage auf 1,6 ha erweitert und erhielt nun eine vermörtelte Steinmauer mit Spitzgraben (c), wie man sie noch heute vorfindet.

Von Beginn an war das Nordtor (1) das Haupttor, nicht das zum Limes führende Westtor (3). Da die Geländeerweiterungen auf der Kapersburg immer nur nach Süden und Osten erfolgten, liegt das einstmals – wie auch bei anderen Kastellen – in der Mitte errichtete Stabsgebäude (P) nun in der westlichen Hälfte der Anlage. Erhalten und heute zu sehen sind die Fundamente des Fahnenheiligtums (F) mit danebenliegenden Schreibstuben, ursprünglich wohl die einzigen aus Stein errichteten Gebäudeteile innerhalb der Mauern. Hier wurde auch die Statue eines Genius aus Basalt gefunden, die heute im Wetterau-

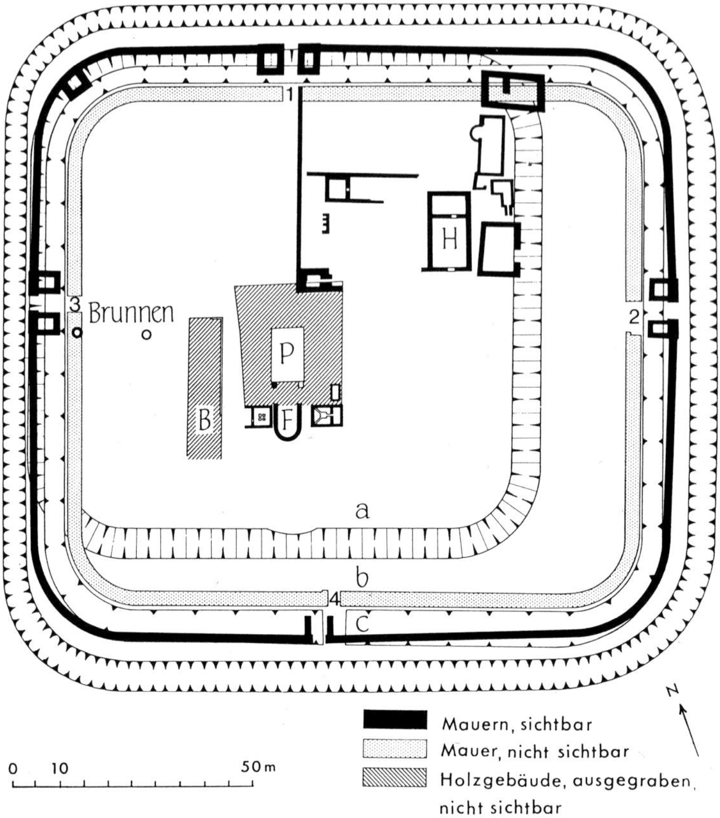

Abb. 44. Numeruskastell Kapersburg. Plan der Grabungsbefunde. a–c Bauphasen, 1–4 Tore, P Principia mit F Fahnenheiligtum, H Magazingebäude (*horreum*), B Mannschaftsbaracke. Nach B. Beckmann. M. 1:1500.

Museum Friedberg ausgestellt ist *(Abb. 45)*. Dicht bebaut war das Innere weiterhin mit Mannschaftsbaracken aus Fachwerk (eine davon B) und einem Horreum, einem Speichergebäude (H). Eine Inschrift aus den Jahren 208/209 n. Chr., heute ebenfalls im Wetterau-Museum, nennt den Namen des obergermanischen Statthalters Quintus Aiacius Modestus, der das Horreum unter Kaiser Septimius Severus (193–211) und seinen Söhnen erbauen ließ *(Abb. 46)*. Weitere konservierte Steinfundamente im Nordostteil stammen von Gebäuden, die in ihrer Funktion nicht sicher bestimmbar sind.

Abb. 45. Genius (Schutzgeist des Ortes) aus dem Fahnenheiligtum des Kastells Kapersburg im Wetterau-Museum Friedberg.

Die Besatzung des Kastells, ein *numerus Nidensium*, also eine einheimische Einheit, kam aus der Gegend um den Hauptort des römischen Gebietes der Civitas Taunensium, Nida (Frankfurt am Main-Heddernheim). Sie war durch eine Abteilung Reiter verstärkt, zusammen etwa 120–150 Mann. Ausgrabungen im Bereich der Kapersburg begannen bereits Mitte des vorletzten Jahrhunderts, nachdem das Lager bis dahin von den umliegenden Ortschaften als Steinbruch genutzt worden war. Unsere heutigen Kenntnisse verdanken wir den Grabungen der Reichs-Limeskommission von 1896/97 durch Louis Jacobi und 1901–1914 durch Paul Helmke. Die Funde aus diesen Grabungen sind zum größten Teil im Wetterau-Museum Friedberg zu sehen, neben dem schönen Genius *(Abb. 45)* ein Altar aus dem Fahnenheiligtum und ein

Relief der Pferdegöttin Epona mit Inschrift *(Abb. 32)* aus einem der Ecktürme der Umfassungsmauer.

Am Osttor (2) verläßt man nun die Kapersburg (**Punkt 11**). Im Gelände zwischen Buchen und Eichen liegen die Reste des zivilen Lagerdorfes, in römischer Zeit *vicus* genannt. Zu erkennen sind Fundamente unter dem Waldboden und die verbliebenen Abraumhügel verschiedener Ausgrabungen der Reichs-Limeskommission. Eine gut ausgeschilderte Wegstrecke, der sogenannte „Hühnerpfad", die von Wanderern jedoch nicht stark frequentiert ist, führt nun nach rechts geradeaus nach Süden in Richtung Köppern durch einen schönen alten Nadelholzbestand zu **Punkt 12**. Ab hier befindet man sich in der Waldabteilung 126 „Dachsbau" der Stadt Rosbach vor der Höhe. Nach wenigen Metern, einmal bergauf, einmal bergab, läuft man sich an einer großen, ein Dreieck bildenden Wegekreuzung (**Punkt 13**) weiterhin nach Süden durch einen dichten jungen Mischwald in Richtung **Punkt 14**. Rechter Hand liegt der Wellen-Berg in der Waldabteilung 130 „Burg" der Stadt Rosbach vor der Höhe, anschließend kommt Abteilung 131 „Hochwald" ins Blickfeld. Hinter dem nächsten Querweg ist eine große Wildäsungsfläche ausgewiesen, die für Fußgänger, Reiter, Radfahrer und Fahrzeuge aller Art gesperrt ist.

Weiter geht es den Wanderweg entlang, immer auf der ausgebauten, geschotterten Strecke, vorbei an einer schön gelegenen Schutzhütte mit dem Namen „Roterstoß" (**Punkt 14**), die zur Rast einlädt. Man befindet sich jetzt auf der Wanderstrecke Hessenweg Nr. 4, der von Neckarsteinach 395 km weit nach Norden bis Marsberg führt. Links des Weges befindet sich die Waldabteilung 134 „Roterstoß", rechts die Abteilung 132 „Hochwald". Die großen baumfreien Flächen in diesem Bereich sind auf Bodenverdichtungen durch militärische Übungen der US-Streitkräfte zurückzuführen.

An der nächsten großen Kreuzung (**Punkt 15**) folgt man nicht dem geschotterten Weg weiter hangabwärts, sondern nimmt den äußerst rechten Weg mit der Limesturm-Markierung des Taunusklubs zur Lochmühle hangaufwärts. Linker Hand liegt die Waldabteilung 22 „Wellenberg". Am nächsten Abzweig bei **Punkt 16** geht es weiter nach links/Südwesten über die sogenannte „Rabenschneise", man läuft den schnurgeraden Weg hinunter zur Straße von Köppern zum Militärgebiet und kreuzt diese bei **Punkt 17**. Weiter geradeaus führt der Weg zu **Punkt 18** und dort scharf nach rechts/Westen über die sogenannte „Mittelschneise" durch die Waldabteilungen „Alter Schlag" und „Grauberg".

Abb. 46. Bauinschrift vom Speichergebäude des Kastells Kapersburg. Hier die Nachbildung im Kastell Saalburg, das Original befindet sich im Wetterau-Museum Friedberg. Genannt werden Kaiser Septimius Severus und seine Söhne Marcus Aurelius Antoninus (Caracalla) und Publius Septimius Geta. Hieraus ergibt sich eine Bauzeit für das Horreum zwischen 198 und 209 n. Chr.

In dem Altholzbestand der Abteilung 30 befindet sich unweit des Wanderweges der „Grauborn“ (siehe Karte). Es handelt sich um einen in früheren Zeiten angelegten Sickerbrunnen, der zur Versorgung der Waldarbeiter und des Weideviehs mit Wasser diente. Etwa 200 m oberhalb, keine 20 m südlich des Wanderweges, befinden sich die Reste des früheren Rodheimer Jagdhauses. An der Wegstrecke liegt links der 455 m hohe Graue Berg, rechts eine große, idyllische Waldwiese. Der Weg führt jetzt schnurgerade hinauf zum Limes, der bei **Punkt 19** erreicht wird. Man befindet sich hier zwischen den Turmstellen Wp 4/4 und Wp 4/5, wendet sich nach links und geht die erste Wegstrecke dieser Limeswanderung wieder hinunter zu **Punkt 1** der Karte, dem Parkplatz am Bahnhof Saalburg.

Wanderstrecke 2

Rundwanderweg vom Kleinkastell Kaisergrube bei Ober-Mörlen am Limes entlang zum Kleinkastell Ockstädter Wald

Wanderstrecke: rund 10 km (dazu Karte auf S. 85)

Wanderzeit: etwa 3 Stunden

Zugang: Ausgangspunkt der Wanderstrecke ist der Parkplatz etwa 300 m vom Gasthaus „Forsthaus Winterstein" entfernt, den man aus Richtung Ober-Mörlen erreicht. Dazu nimmt man die nach Süden aus dem Ort führende Hasselhecker Straße, fährt am Reiterhof Tannenhof vorbei bergauf, quert eine betonierte Straße eines militärischen Übungsgeländes und erreicht hinter einer leichten Rechtskurve den Parkplatz.

Topographische Karten: 1:25 000 Blatt 5617 Usingen; 1:50 000 Blatt L 5716 Bad Homburg vor der Höhe. Deutsche Generalkarte 1:200 000 Blatt 13 (auf allen Karten Eintrag des Limesverlaufs).

Hinweise: Wanderung mit geringen Steigungen, meist durch Waldgebiet, bei schlechtem Wetter z. T. morastige Wege. Ausflugslokal „Forsthaus Winterstein" (montags geschlossen) am Beginn der Strecke.

Wanderweg: Die erste Hälfte der Strecke führt kurz hinter dem römischen Kleinkastell Kaisergrube auf dem Limes entlang bis zum Limeskastell Kapersburg, eine wenig begangene Strecke; auf der gesamten Wanderung trifft man deshalb nur gelegentlich auf Ausflügler. Auf der zweiten Hälfte besichtigt man ein großes, vorzüglich erhaltenes Grabhügelfeld aus vorgeschichtlicher Zeit. Die Wanderung ist an einem sonnigen Wintertag, wenn in der Nacht zuvor Neuschnee gefallen ist, ganz besonders reizvoll.

Vom Parkplatz nahe der Gaststätte „Forsthaus Winterstein" (**Punkt 1 der Karte**) läuft der Wanderer auf der für den öffentlichen Verkehr gesperrten alten Pfaffenwiesbacher Straße nach Westen. Man vermeidet einen Abzweig nach links, läuft etwa eine halbe Stunde geradeaus nach Westen bis zu einer großen Straßenkreuzung (**Punkt 2**). Hier geht es weiter nach links/Süden, und nach wenigen Schritten liegen seitlich im Wald die Reste des römischen Kleinkastells Kaisergrube (**Punkt 3**), die im stark durchwühlten Gelände nicht ganz leicht zu identifizieren sind.

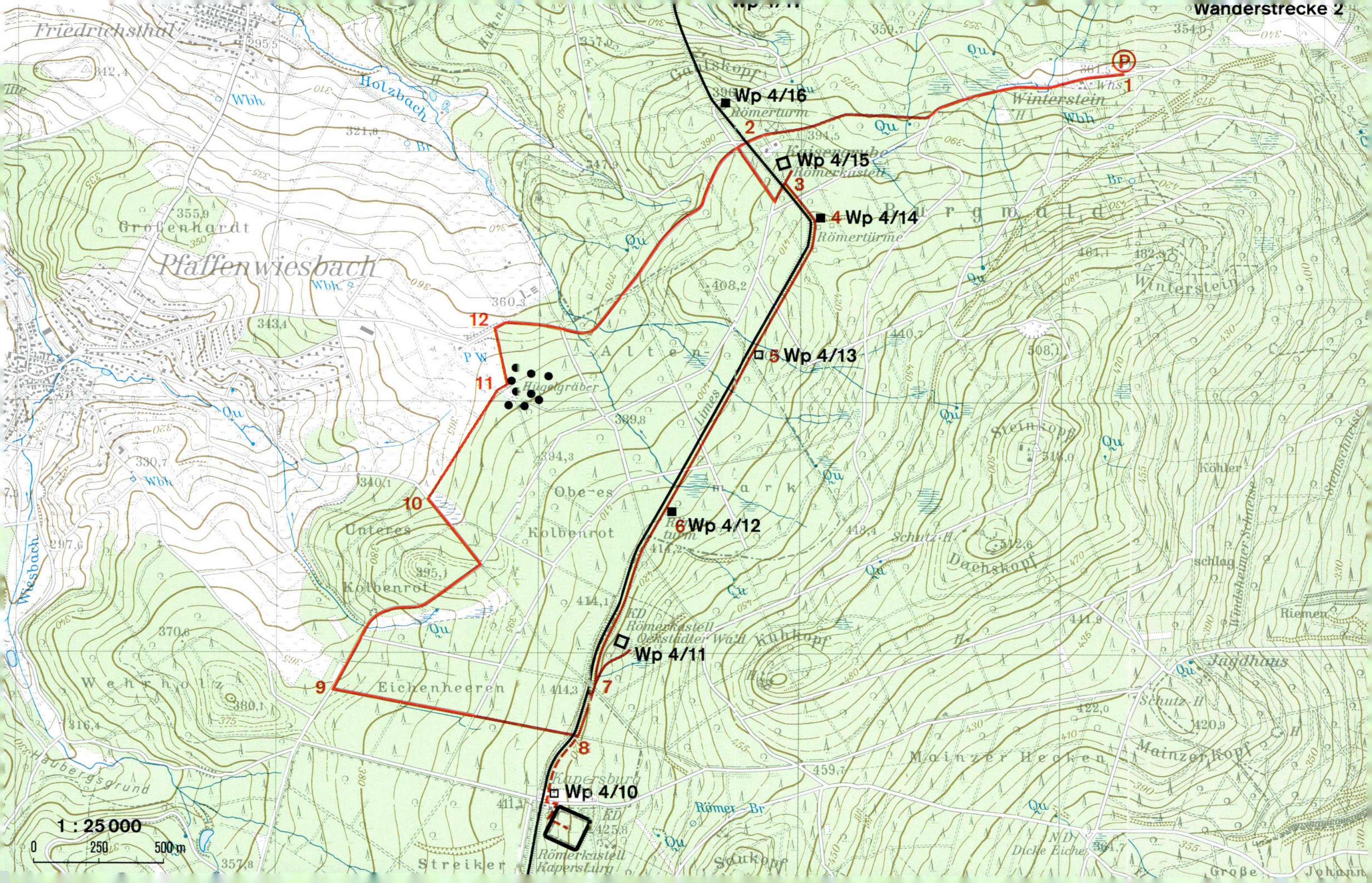

Wanderstrecke 2
Wp 4/16
Römerturm
Wp 4/15
Römerkastell
Wp 4/14
Römertürme
Wp 4/13
Wp 4/12
Wp 4/11
Römerkastell
Wp 4/10
Kapersburg
Römerkastell Kapersburg
1
2
3
4
5
6
7
8
9
10
11
12
Winterstein
Gaulskopf
Friedrichsthal
Holzbach
Großenhardt
Pfaffenwiesbach
Wiesbach
Hügelgräber
Limes
Alten
Unteres Kolbenrot
Kolbenrot
Eichenheeren
Wehrholz
Haubergsgrund
Streiker
Steinkopf
Dachskopf
Kuhkopf
Jagdhaus
Mainzer Kopf
Mainzer Hecken
Windsheimer Schneise
Dicke Eiche
Römer-Br
1 : 25 000
0
250
500 m

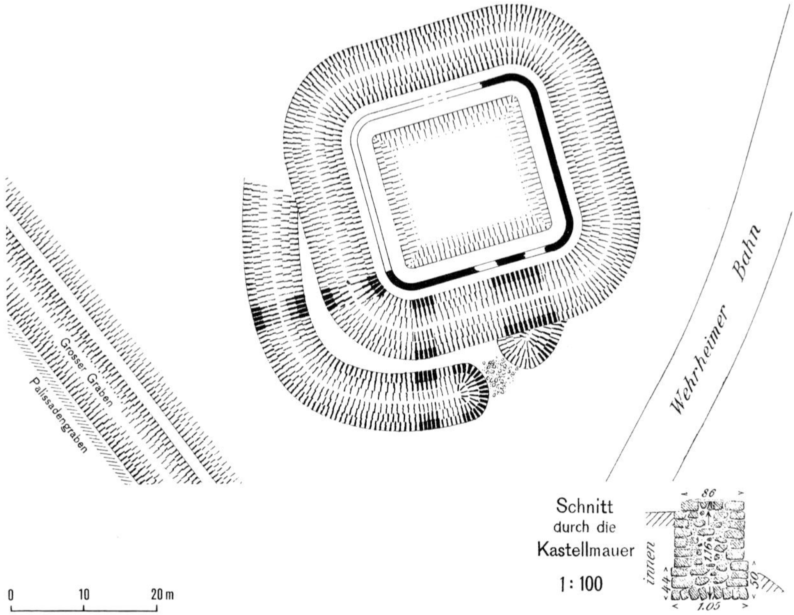

Abb. 47. Kleinkastell Kaisergrube, das auch als Wachtposten Wp 4/15 zählt. Nach ORL. M. 1:1000.

Die kleine steinerne Militäranlage *(Abb. 47)*, die als Wachtposten Wp 4/15 zählt, hatte einen Vorgängerbau aus Holz, von dem keine Spuren erhalten sind. Die spätere Umwehrung aus Stein umschloß eine Fläche von 730 m^2. Die Innenbebauung war in Holz/Fachwerk ausgeführt, bei den Grabungen fanden sich verbrannte Holz- und Lehmbrocken, wohl Reste der Barackenbauten. Obwohl schon im Jahr 1862 große Teile der Steinmauern zur Errichtung der nahegelegenen Bergwerksbauten ausgebrochen worden waren, fand der Streckenkommissar der Reichs-Limeskommission, Friedrich Kofler, bei seinen Grabungen 1893 noch Reste der Umfassungsmauer bis zu einer Höhe von 1,30 m mit gut erhaltenen, abgerundeten Ecken.

Das Kleinkastell ist etwas größer als das im Holzheimer Unterwald (siehe Wanderstrecke 7), für das eine Mannschaftsstärke von 20–30 Soldaten angenommen wird. Am besten zu sehen sind heute Wall und Graben der Südseite des kleinen Lagers. Große Teile fehlen, weil ein altes Blei- und Silberbergwerk die Anlage beschädigt und z. T. überdeckt hatte. Man nahm früher an, daß die Kaisergrube bereits in

Abb. 48. Herbstlicher Wald auf der Wanderstrecke 2.

römischer Zeit ausgebeutet wurde, da man im nahe vorbeiziehenden Limes römisches Werkzeug fand, das als Bergbaugerät gedeutet wurde. Auch wurde ein alter Stollen, auf den man im 19. Jahrhundert stieß, aufgrund seiner Bauart als römisch angesehen. Mittelalterlicher Bergbau ist an dieser Stelle nicht bezeugt. Aus welcher Zeit die ältesten Schächte stammen, konnte bis heute nicht geklärt werden.

Erste Urkunden des neuzeitlichen Bergwerkes stammen von 1837, als trichterförmige Erdeinstürze im Ober-Mörler Wald an die Existenz der alten Stollen erinnerten. Der hessische Berginspektor August Storch begann als erster mit dem Vortrieb neuer Stollen und hatte zunächst mit der Anlage des über 23 m tiefen Mathildenschachts im Jahre 1854 kleine Erfolge. Die Grube wurde fortan „Alte Kaisergrube" genannt. Drei Jahre später gründete er die Taunusbergbaugesellschaft, die schon nach kurzer Zeit in der Gewerkschaft Kaisergrube aufging. Aber erst sein Sohn Ludwig hatte mit der Anlage des Wilhelminenschachts mehr Glück und förderte größere Mengen Erz. Es wurden vor allem Bleierze gewonnen, der Silbergehalt war jedoch gering. Im Jahre 1891 entschloß man sich daher endgültig zur Schließung der Gruben. Von den alten Gebäuden steht heute nur noch ein Wohnhaus, das privat genutzt wird.

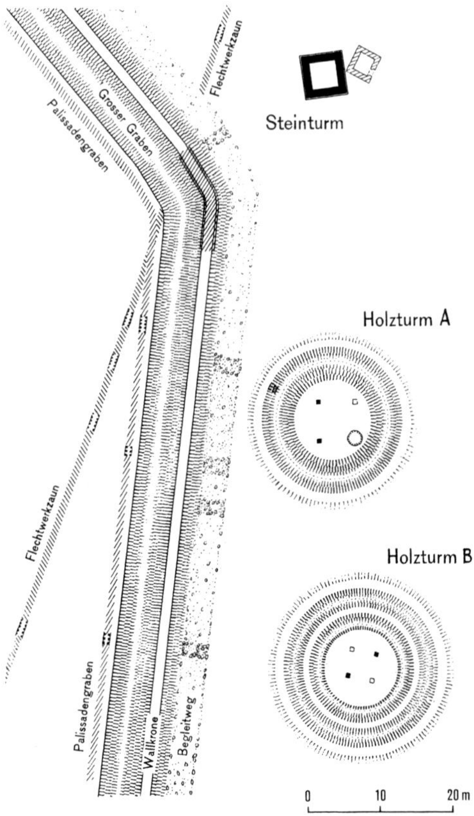

Abb. 49. Die drei Turmstellen von Wachtposten Wp 4/14 (zwei ältere Holztürme, ein Steinturm) im Friedberger Burgwald Winterstein. Östlich des Steinturmes stießen die Ausgräber auf ein gemauertes Viereck, dessen Zeitstellung unklar ist. Nach ORL. M. 1:1000.

Vom Kleinkastell Kaisergrube geht es nun zurück zum Limes, der hier durch seinen noch hohen Wall gut zu erkennen ist; die Wanderstrecke verläuft teilweise direkt auf dem Limeswall weiter. Nach rund 200 m erreicht man den Wachtposten Wp 4/14 „Im Friedberger Burgwald Winterstein“ (**Punkt 4**), eine Gruppe von insgesamt drei Türmen, direkt an einem markanten Limesknick gelegen *(Abb. 49)*. Hier befindet sich zunächst der stark durchwühlte, hohe Schutthügel des quadratischen Steinturms von etwa 5,50 m Seitenlänge, aus dem Friedrich Kofler 1892 u.a. die Reste einer Inschrift des im Kastell Kapersburg

Abb. 50. Reste einer Bauinschrift des *numerus Nidensium* aus dem Steinturm von Wachtposten Wp 4/14. Nach ORL. M. 1:6.

stationierten Numerus Nidensium barg *(Abb. 50)*. Zur Kapersburg siehe Wanderstrecke 1. Auf der Ostseite des Steinturmes stellten die Ausgräber ein gemauertes Viereck fest, das nicht gedeutet werden kann.

Wenige Meter weiter südlich findet man die Kreisgräben der beiden älteren Holztürme, die bereits bei den planmäßigen Untersuchungen in der zweiten Hälfte des 19. Jahrhunderts stark durchwühlt vorgefunden worden waren. Spuren der Holzpfosten und wenige schlecht erhaltene römische Scherben konnten gesichert werden, außerdem stellte man etwa 46 m nordwestlich der Holzturmstellen auch hier den Verlauf des Zaungräbchens fest, das als Vorläufer der späteren Palisade gedeutet wird (siehe S. 41).

Der Limes läuft nun geradlinig nach Süden weiter. Im Gelände passiert man etwa dort, wo der Wall den kleinen Holzbach überquert, die vermutete Stelle von Wachtposten Wp 4/13 (**Punkt 5**). Diese Turmstelle konnte im unübersichtlichen Waldgelände bis heute nicht eindeutig erkannt werden. Die Wanderstrecke *(Abb. 48)* kreuzt nun einen ausgebauten Waldwirtschaftsweg, durchquert auf gerader Strecke eine sehr schön gelegene Nadelholzschonung und gelangt zu Wachtposten Wp 4/12 „Unkenkippel", einem flachen, stark durchwühlten Steinturmhügel, der im Gelände nicht ganz einfach zu finden ist (**Punkt 6**). Schon Friedrich Kofler fand bei seinen Untersuchungen nur noch Reste des Fundamentes und große Mengen Mörtel- und Verputzbrocken vor. 1829 sollen die Steine zur Pflasterung der Straßen von Pfaffenwiesbach ausgebrochen worden sein.

Weiter dem Limeswall bis **Punkt** 7 folgend erreicht man die Stelle, wo ein Weg nach Osten abzweigt und zum Kleinkastell Ockstädter Wald führt, das etwa 60 m hinter dem Limes etwas versteckt auf einer kleinen Lichtung liegt. Diese befindet sich inmitten einer älteren Nadelholzschonung und ist vom Forstamt Butzbach als Naturschutzzone eingerichtet.

Die Umfassungsmauer des kleinen Kastells, ein fast regelmäßiges Quadrat mit abgerundeten Ecken von 35×35 m, wurde als eine der ältesten Anlagen dieses Limesabschnitts in Holzbauweise errichtet *(Abb. 51)*. Die Umwehrung ist noch als flacher Erdwall von etwa einem Meter Höhe (A) mit dem Tor auf der Ostseite (B) im Gelände zu sehen, ebenso die Schutthügel mehrerer Holz- und Steinturmstellen im Kastellinnern, die z.T. die Außenmauern überschneiden, also jünger sind: In der Nordwestecke des zu dieser Zeit bereits aufgegebenen Kastells entstand als erstes ein Holzturm mit Ringgraben (C), der als Wachtposten Wp 4/11 zählt und wiederum etwas später von einem 5,10×4,65 großen Steinturm abgelöst wurde (D). Die Fundamente eines weiteren Steinbaues mit sechseckigem Grundriß, am Limes äußerst selten anzutreffen, befinden sich in der Mitte der Anlage und sind als flacher Hügel zu erkennen (E). Münzen der Kaiser Traian und Hadrian datieren dieses ungewöhnliche Gebäude, das zu ebener Erde keinen Zugang hatte und daher wohl als Wachtturm angesprochen werden kann, in die erste Hälfte des 2. Jahrhunderts n. Chr.

Das nach Südosten ausgerichtete Kleinkastell orientierte sich wahrscheinlich an der wichtigen Straße nach Friedberg, wendet sich also vom Limes ab. Bis zum Kastell Kapersburg sind es noch etwa 700 m, man könnte beim Kleinkastell im Ockstädter Wald, dem ältesten Bauwerk dieser Gegend überhaupt, an einen Vorgängerbau des Kastells Kapersburg denken. Die erste Bauphase der Kapersburg gegen Ende des 1. Jahrhunderts n. Chr. könnte dann das Ockstädter Kleinkastell, das zu dieser Zeit nur noch als normaler Wachtposten genutzt wurde, ersetzt haben. Zwischen Pfahlgraben und Kleinkastell fand man bei den Grabungen auch hier ein kurzes Stück des Zaungräbchens oder Flechtwerkzaunes (zum Zaungräbchen siehe S. 41).

Weiter auf dem Weg erreicht man **Punkt 8**; von hier aus hat man einen großartigen Blick nach Osten auf den 490 m hohen Kuhkopf. Es besteht außerdem die Möglichkeit, nach wenigen Gehminuten in südlicher Richtung das Kastell Kapersburg zu erreichen (Beschreibung siehe Wanderstrecke 1). Unser Wanderweg führt jedoch nach Westen, wo man sich nach einer schnurgeraden Wegstrecke durch den Wald-

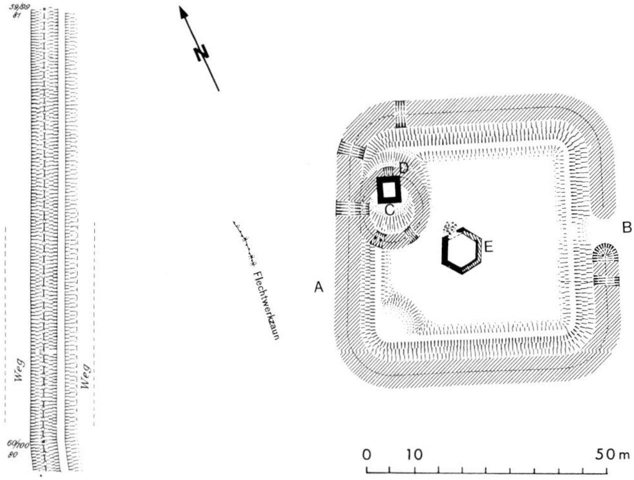

Abb. 51. Kleinkastell Ockstädter Wald mit den späteren Turmstellen des Wachtpostens Wp 4/11. A Kleinkastell, B Tor, C Stelle des Holzturms mit Ringgraben, D Steinturm, E Steinturm mit sechseckigem Grundriß. Nach ORL und B. Beckmann. M. 1:1500.

bezirk „Eichenheeren" am **Punkt 9** nahe einem großen militärischen Sperrgebiet befindet. Hier biegt der Wanderweg scharf nach Norden ab hinauf zum „Unteren Kolbenrot", einer 395 m hohen Erhebung oberhalb von Pfaffenwiesbach. Das ehemals dichte Waldgebiet wurde durch Sturmschäden im Winter 1990 stark geschädigt und inzwischen mit Laubmischwald wieder aufgeforstet. An der nächsten großen Kreuzung biegt man vom Hauptweg scharf nach links in nordwestliche Richtung ab.

Ab **Punkt 10** geht die Wegstrecke nun am Waldrand weiter und gibt den Blick frei auf schön gelegene Waldrandwiesen, wie man sie nicht mehr allzu oft in unserer Gegend findet; sie werden durch gezielte Beweidung offengehalten. Leider wird der schöne Eindruck dieser Landschaft durch private Fichtenanpflanzungen gestört. An einer Stelle, an der der Weg etwas einknickt, befindet sich in der Flur „Altenmark" eine außerordentlich gut erhaltene Hügelgräbergruppe mit 13 Grabhügeln (**Punkt 11**), deren Zeitstellung nicht bekannt ist. Diese Gräber gehören zu den besterhaltenen entlang unserer Wanderstrecken und sind vom Weg aus recht deutlich zu sehen. Erhalten sind sie noch bis zu einer Höhe von etwa zwei bis drei Metern *(Abb. 52)*.

Abb. 52. Die vorgeschichtliche Grabhügelgruppe „Altenmark" östlich von Pfaffenwiesbach.

Einzelne Grabhügel oder auch Gruppen von Grabhügeln sind heute fast nur noch im Wald gut sichtbar. Immer sind sie Zeugnis von in der Nähe liegenden Siedlungen, deren Spuren aber, meist im fruchtbaren Acker- oder Weideland liegend, längst vom Pflug zerstört wurden. Schon in der Jungsteinzeit wurden die Toten unter Hügeln bestattet, und noch im frühen Mittelalter war die Sitte bekannt. Um die Mitte des 2. Jahrtausends v. Chr. gaben diese unter Hügeln angelegten Gräber einem ganzen Kulturabschnitt ihren Namen, der Hügelgräberbronzezeit, wie die mittlere Bronzezeit in Mitteleuropa auch genannt wird. Aber auch während der frühen Eisenzeit, der Hallstattzeit vom 8. bis 6. Jahrhundert v. Chr., war die Bestattung unter Hügeln üblich.

In der Regel wurde das Grab zunächst für eine Einzelbestattung errichtet *(Abb. 53)*. Der Tote wurde gewöhnlich in der Mitte des Hügels niedergelegt. Zu diesem Zweck wurde die Erdoberfläche gereinigt, manchmal auch planiert oder mit Lehmputz oder Pflaster versehen. Zu diesem Zentralgrab – ob Körper- oder Urnenbestattung, mit oder ohne Grabkammer oder Sarg – kamen oft mehrere Nachbestattungen, häufig Urnen, die auf etwas höherem Hügelniveau in die Erde eingebracht wurden. Kreisgräben, Holzpfosten, Steinkreise oder Trocken-

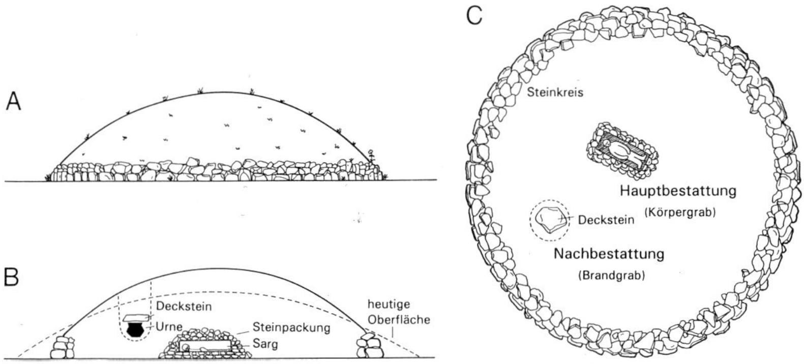

Abb. 53. Schematische Darstellung eines bronzezeitlichen Grabhügels der Zeit um 1500 v. Chr. A Seitenansicht, B Querschnitt, C Grundriß. Nach K. Sippel.

mauern bildeten manchmal die äußere Umgrenzung, oft krönte eine Stele aus Holz oder Stein den Hügel.

Ohne wissenschaftliche Grabung ist es praktisch unmöglich, das Alter eines Grabhügels und seiner Bestattungen zu bestimmen. Beigaben, die man zu allen Zeiten den Toten mit ins Grab gab, lockten oft schon kurz nach der Bestattung Grabräuber an. Auch heute noch sind Grabhügel beliebtes Ziel zerstörerischer Raubgrabungen.

Am Waldrand entlang nach Norden laufend, erreicht man bei **Punkt 12** eine Stelle mit herrlichem Ausblick in Richtung Friedrichstal, Maibach und die westlichen Taunusausläufer, den man ausgiebig genießen sollte. Der Wanderweg führt jetzt weiter auf der gut ausgebauten alten Pfaffenwiesbacher Straße zurück in östlicher, später nordöstlicher Richtung durch den Wald hinauf zum Limes bei **Punkt 2**. Wer den Wachtposten Wp 4/16 am Gaulskopf mit dem rekonstruierten Turm auf dieser Strecke besichtigen möchte, kann dem Limes von hier aus noch ein kurzes Stück nach Norden folgen, wo der Turm schon nach wenigen Schritten zwischen dem lichten Baumbestand sichtbar wird (Wachtposten Wp 4/16 am Gaulskopf siehe Wanderstrecke 3). Vom Limes erreicht man schließlich nach etwa 30 Minuten den Ausgangspunkt am Parkplatz.

Das Gasthaus „Forsthaus Winterstein“ ist unter der Telefonnummer 06002/303 zu erreichen.

Wanderstrecke 3

Rundwanderweg vom Parkplatz Vogeltal bei Ober-Mörlen–Langenhain zum rekonstruierten Limesturm WP 4/16 auf dem Gaulskopf

Wanderstrecke: rund 8 km (dazu Karte auf S. 95)

Wanderzeit: etwa 3 Stunden

Zugang: Ausgangspunkt der Wanderstrecke ist der große Parkplatz „Vogeltal" unmittelbar an der Bundesstraße B 275, den man aus Richtung Ober-Mörlen kommend kurz vor der Ortschaft Langenhain-Ziegenberg erreicht.

Topographische Karten: 1:25 000 Blatt 5617 Usingen; 1:50 000 Blatt L 5716 Bad Homburg vor der Höhe. Deutsche Generalkarte 1:200 000 Blatt 13 (auf allen Karten Eintrag des Limesverlaufs).

Hinweise: Zum Teil erhebliche Steigungen für anspruchsvolle Wanderer. Das Teilstück auf dem Limeswall ist nicht ganz leicht zu begehen. Auf dieser Strecke – wie überhaupt im gesamten Wintersteingebiet – befindet man sich im Bereich eines militärischen Übungsgeländes und muß mit Störungen durch Militär, mit Abfall und schlechten Wegstrekken rechnen.

Wanderweg: Die Route führt zunächst unterhalb des Eichkopfes auf einer gewundenen Wegstrecke zum Limes. Von Wachtposten Wp 4/17 geht es steil aufwärts zum rekonstruierten und begehbaren Römerturm Wp 4/16 auf dem Gaulskopf. Wer eine Rast einlegen möchte, dem sei das weithin bekannte Gasthaus „Forsthaus Winterstein" empfohlen (montags geschlossen). Auf dem abwechslungsreichen Rückweg kommt man an den hohen Mauerresten von Wachtposten Wp 4/18 vorbei und erreicht durch das schöne Vogeltal wieder den Ausgangspunkt.

Von Ober-Mörlen kommend liegt kurz vor Beginn des Ortsteiles Langenhain-Ziegenberg, unmittelbar am Südrand der B 275, der Parkplatz „Vogeltal" (**Punkt 1 der Karte**). Hier parkt man den Wagen und beginnt die Wanderung auf einem schmalen, unbefestigten Pfad, der parallel zur Bundesstraße in südöstlicher Richtung verläuft. Nach etwa 100 Metern wählt man an einem Abzweig die geschotterte Strecke, die geradeaus bergauf führt, ein Rundwanderweg des Zweckverbandes Naturpark Hochtaunus, der mit einem braunen Eichhorn ausgeschil-

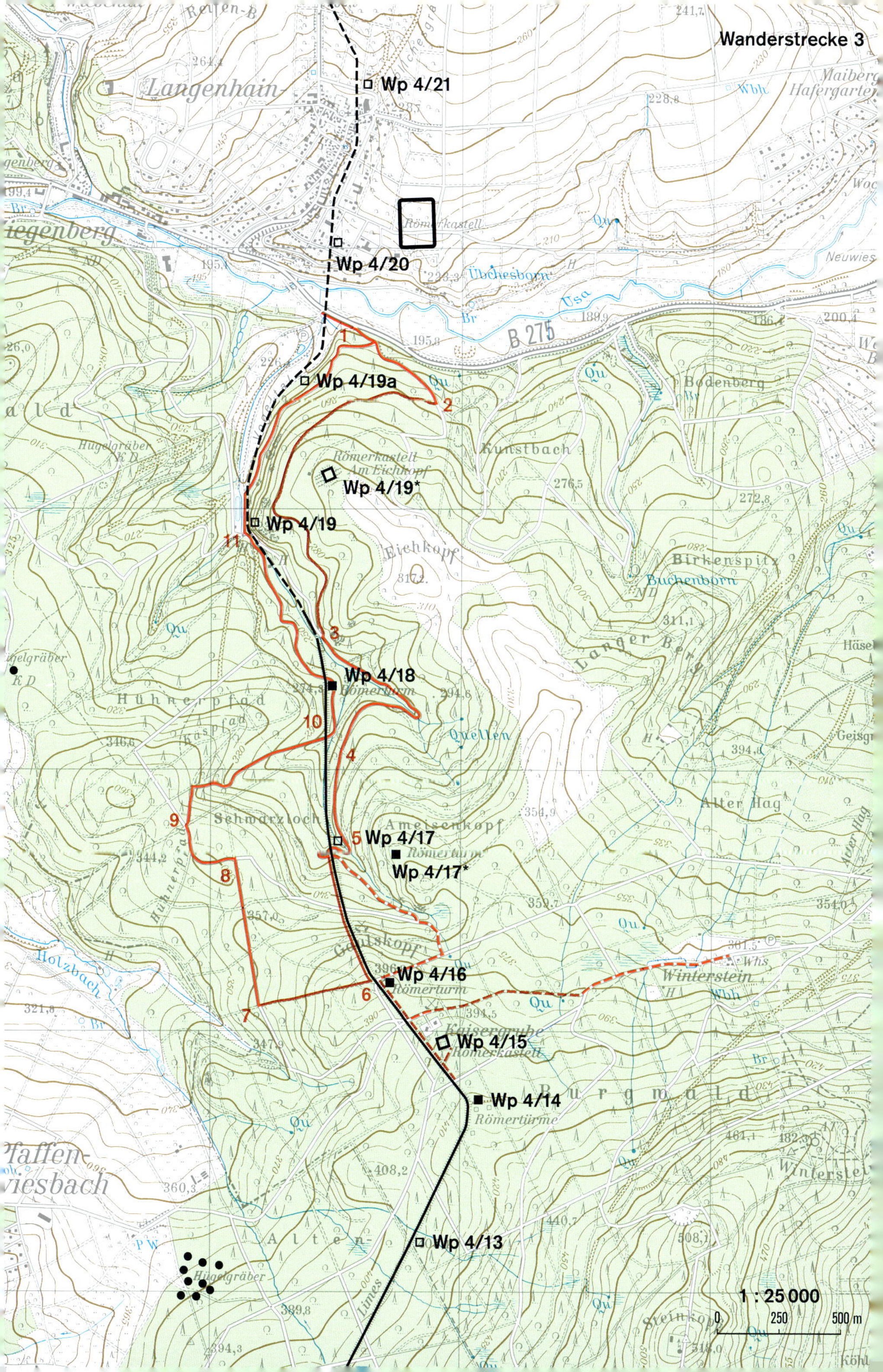
Wanderstrecke 3
Wp 4/21
Wp 4/20
Wp 4/19a
Wp 4/19*
Wp 4/19
Wp 4/18
Wp 4/17
Wp 4/17*
Wp 4/16
Wp 4/15
Wp 4/14
Wp 4/13
1 : 25 000
0
250
500 m
Langenhain
Römerkastell
Üchesborn
Usa
B 275
Bodenberg
Kunstbach
Römerkastell Am Eichkopf
Eichkopf
Birkenspitz
Buchenborn
Langer Berg
Römerturm
Hühnerpfad
Quellen
Schwarzloch
Ameisenkopf
Alter Hag
Gaulskopf
Winterstein
Kaisergrube
Römertürme
Burgwald
Holzbach
Pfaffen-Wiesbach
Hügelgräber
Limes
Steinkopf
Alten

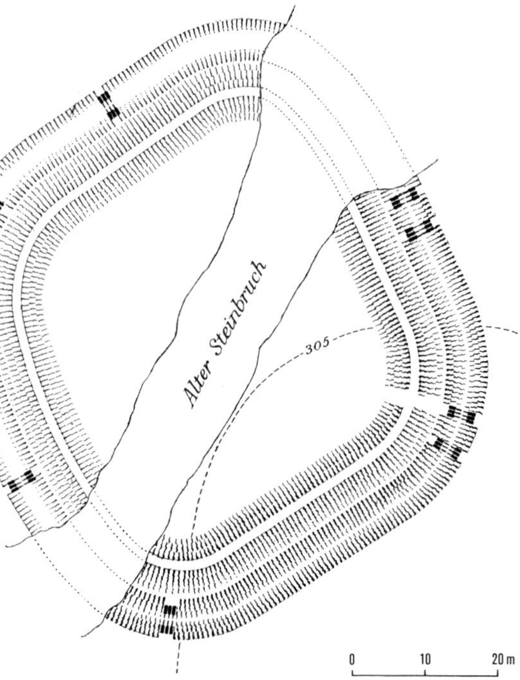

Abb. 54. Das Kleinkastell Eichkopf, ein Holzkastell der älteren Limeslinie. Nach ORL. M. 1:1000.

dert ist. Bei **Punkt 2** wendet man sich nach rechts/Westen und folgt weiter dem Eichhorn. Der Wanderweg verläuft hier auf einer idyllischen Wegstrecke durch einen Buchen-Eichen-Mischwald mit Heckenrosen, Ginster und Brombeersträuchern beiderseits des Weges; der ziemlich schlechte, trockene Boden läßt anspruchsvollere Bäume wie die Buche nur langsam wachsen. Links oberhalb des Weges liegt auf der Bergkuppe das schwer zugängliche Kleinkastell „Am Eichkopf", ein Holzkastell der älteren Limeslinie von etwa 250 m^2 Ausdehnung, das auch als Wachtposten Wp 4/19* gezählt wird *(Abb. 54)*. Sichtbar ist die ehemalige Umwehrung als niedriger Wall; ein alter Steinbruch durchschneidet die Anlage diagonal von Südwesten nach Nordosten. Eduard Anthes stellte Ende des vorletzten Jahrhunderts den römischen Ursprung der Anlage durch mehrere Schnitte fest, konnte aber keine Spuren der Innenbauten sichern. Auch das Zaungräbchen der älteren Limesbefestigung (siehe dazu S. 41) wurde nicht gefunden.

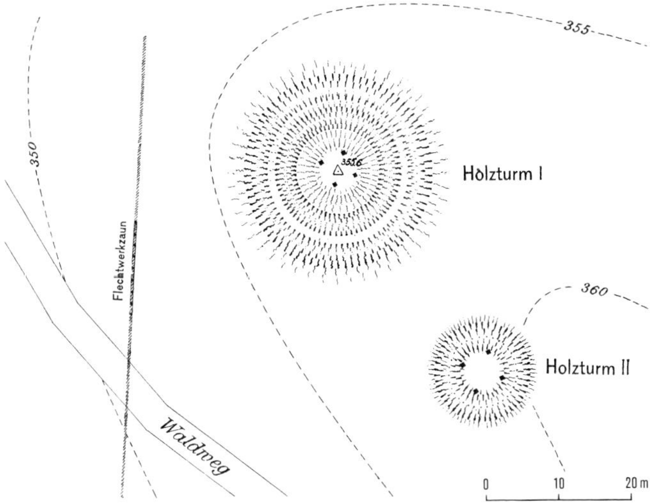

Abb. 55. Wachtposten Wp 4/17* „Am Ameisenkopf", eine Turmstelle der älteren Limeslinie mit zwei Holztürmen unterschiedlicher Zeitstellung. Nach ORL. M. 1:1000.

Der Wanderweg schlängelt sich weiter am Westhang des Eichkopfs entlang und trifft bei **Punkt 3** auf den Limes, der in der tiefen Schlucht nicht gut begehbar ist. Man läßt deshalb den Limes rechts liegen, verläßt die Markierung mit dem Eichhorn und befindet sich jetzt auf einem breiten, geschotterten Wirtschaftsweg, den Wanderwegen „Rotes Kreuz" und „Limesweg" des Taunusklubs, letzterer markiert durch einen schwarzen Wachtturm. Der Weg führt ab hier parallel zu einem kleinen Gewässer. Linker Hand türmen sich mächtige Felsen aus Schiefer auf. Nach wenigen Metern kommt eine kaskadenförmig angelegte und mit massiven Hölzern befestigte Entwässerung eines Militärgeländes ins Blickfeld. Auf diese Weise soll ein allzu schnelles Abfließen des Wassers verhindert werden. Nur wenig später, kurz vor einer Wegeschleife, kommt man zu einer zweiten Kaskade.

Bei **Punkt 4** wird rechter Hand im Tal wieder der Limes erreicht, der hier allerdings auf einem längeren Teilstück nicht mehr sichtbar ist. Man bleibt weiterhin auf dem Weg bis zur nächsten Schleife bei **Punkt 5**, wo sich einst wohl Wachtposten Wp 4/17 befand. Dieser Wachtposten ist nicht erhalten, er wird am Rande der steilen Schlucht des Schwarzlochs an einer Stelle vermutet, die etwa in der Mitte zwischen den Turmstellen WP 4/16 und WP 4/18 liegt.

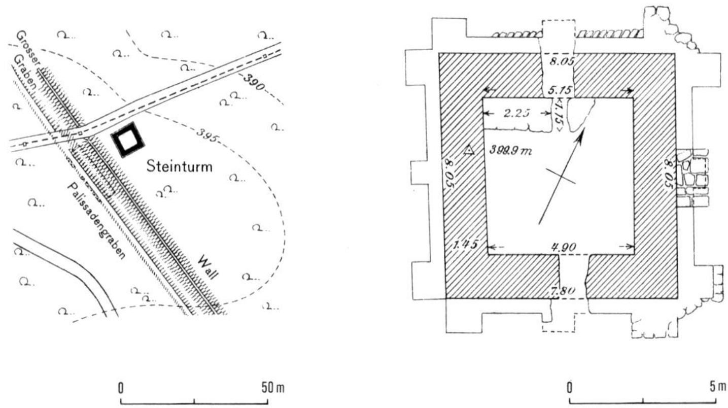

Abb. 56. Lageplan und Grundriß des großen Turmes von Wachtposten Wp 4/16 „Am Gaulskopf". Nach ORL. Lageplan M. 1:2 500; Grundriß M. 1:250.

Nur wenige hundert Meter in östlicher Richtung liegen in einem unwegsamen militärischen Übungsgelände die beiden Holzturmstellen von Wachtposten Wp 4/17* „Am Ameisenkopf" *(Abb. 55)*, im Volksmund „Ameisenkippel" genannt. Diese Turmstelle der älteren Limeslinie wurde 1896 von Eduard Anthes entdeckt und ausgegraben. Danach ist die Gesamtanlage des nördlichen Holzturms I mit zwei Ringgräben und etwa 26 m Durchmesser wesentlich größer als die des südlich gelegenen kleineren Holzturms II, der nur einen einfachen Ringgraben von etwa 15 m Durchmesser aufweist. Beide Türme bestanden nicht gleichzeitig, Holzturm I war der jüngere und wurde nach Abbruch des älteren Turmes II errichtet. Die Ausgrabungen erbrachten nur einige wenige Keramikscherben; bei beiden Turmstellen konnten die vier Eckpfosten der hölzernen Wachttürme gut erkannt werden. Etwa 30 m weiter westlich wurde der Verlauf des Zaungräbchens auf einer Länge von 60 m nachgewiesen.

Die Wanderstrecke schneidet bei **Punkt 5** den Limes. Wir empfehlen den Weg auf dem Limeswall, der steil bergauf zu Wachtposten Wp 4/16 führt (**Punkt 6**). Wer die steile Strecke umgehen will, folgt dem ausgebauten Wirtschaftsweg (siehe gestrichelte Markierung). Wp 4/16 „Am Gaulskopf" wurde im Auftrag der Reichs-Limeskommission von Friedrich Kofler 1893 und Eduard Anthes 1896 untersucht. Wegen

Abb. 57. Der rekonstruierte Turm des Wachtpostens Wp 4/16 „Am Gaulskopf", der 1926 neben den römischen Fundamentresten errichtet wurde.

seiner ungewöhnlich starken Fundamentreste beschloß man, wenige Meter seitlich davon eine Rekonstruktion zu errichten. Unter Leitung von Paul Helmke wurde deshalb der Turm im Jahre 1922 vollständig ausgegraben. Aus den Aufzeichnungen Helmkes geht hervor, daß der Bau einen annähernd quadratischen Grundriß von etwa 8 m Seitenlänge und eine Mauerstärke von 1,45 m aufwies. Er ruhte auf einem starken Sockel mit strebepfeilerartigen Widerlagern *(Abb. 56)*.

Die Turmrekonstruktion wurde 1923 von dem Deutsch-Amerikaner Dr. Gustav Oberlaender aus Reading, Pennsylvania/USA gestiftet. Über dem Eingang erinnert eine Inschriftentafel an diese großherzige Tat. Unter Leitung von Paul Helmke führte das Hochbauamt Friedberg den Wiederaufbau im Jahre 1926 durch, und das Ergebnis zählt zu den besten Rekonstruktionen aller römischen Signaltürme am obergermanischen Limes *(Abb. 57)*; allerdings fehlt der Außenverputz. Dieser ungewöhnlich große, auf 400 m Höhe gelegene Turm – ein vergleichbarer liegt auf dem Johannisberg bei Bad Nauheim und stellte die sonst nicht vorhandene Sichtverbindung vom Kastell Friedberg zur Limeslinie her – ermöglichte, bei niedrigerem Bewuchs, einen Ausblick über die gesamte Wetterau bis zum östlichen Limes und bot damit die Möglichkeit, optische oder akustische Signale in praktisch alle Richtungen auszusenden. Ein Holzturm befand sich nicht an dieser Stelle, da die ältere Limeslinie mit ihren Wachtposten aus Holz weiter östlich verläuft (siehe z. B. Wachtposten Wp 4/17* „Am Ameisenkopf").

Wir empfehlen, an dieser Stelle den Wanderweg kurz zu verlassen und einen kleinen Umweg von etwa 20 Minuten zur schön gelegenen Gaststätte „Forsthaus Winterstein" zu machen.

Die eigentliche Wanderstrecke führt von **Punkt 6**, von der Nordseite der Turmrekonstruktion, auf einem schmalen, geschotterten Weg immer geradeaus nach Westen; dieser Weg weist keine Wandermarkierung auf. An der nächsten Wegekreuzung bei **Punkt** 7 wählt man den breiten Wirtschaftsweg nach rechts/Norden und erreicht nach etwa 550 m **Punkt 8.** Hier hält man sich links und trifft nach wenigen Metern auf den „Hühnerpfad", der sich durch einen schattenspendenden Nadelholzbestand schlängelt. Ältere Einwohner berichten, daß man in früheren Zeiten auf diesem Weg Waren zu Fuß nach Bad Homburg zum Markt brachte. Bei **Punkt 9** an einer großen Wegespinne bleibt man auf dem befestigten Weg, der halbrechts weiter bergab führt und schon nach etwa 150 m scharf nach rechts abknickt. Auf diesem geht es weiter in östlicher Richtung bis zum Limes bei **Punkt 10.** Eine kurze Strecke verläuft der Wanderweg östlich des Limes und trifft schon bald

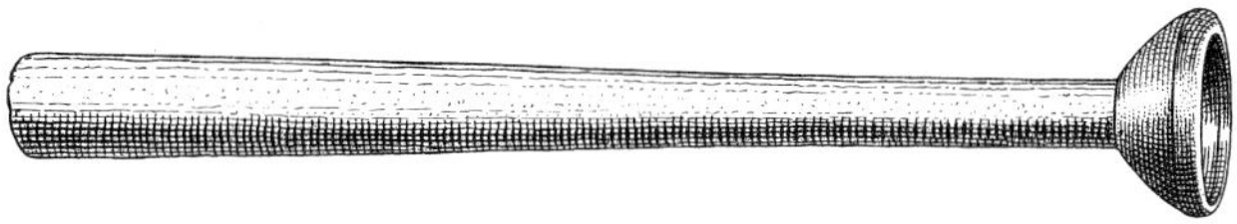

Abb. 58. Mundstück eines bronzenen Signalhorns oder Blasinstruments, das Friedrich Kofler bei seinen Grabungen im Wachtposten Wp 4/18 fand. Nach ORL. M. 1:2.

auf die bis zu einer Höhe von 1 m gut erhaltenen Mauerreste des Wachtpostens Wp 4/18 links des Weges. Der Wachtturm wurde hier an der einzig möglichen Stelle in dieser engen Schlucht erbaut. Friedrich Kofler fand bei seinen Untersuchungen einen quadratischen Bau von 5,10 m Seitenlänge, der aus dem hier anstehenden Tonschiefer errichtet war. Im Innern des Turmes entdeckte er das Mundstück eines bronzenen Signalhorns *(Abb. 58 und 59)*.

Abb. 59. Musiker mit verschiedenen Blasinstrumenten auf der Traianssäule in Rom. Anfang 2. Jahrhundert n. Chr. Nach C. Cichorius.

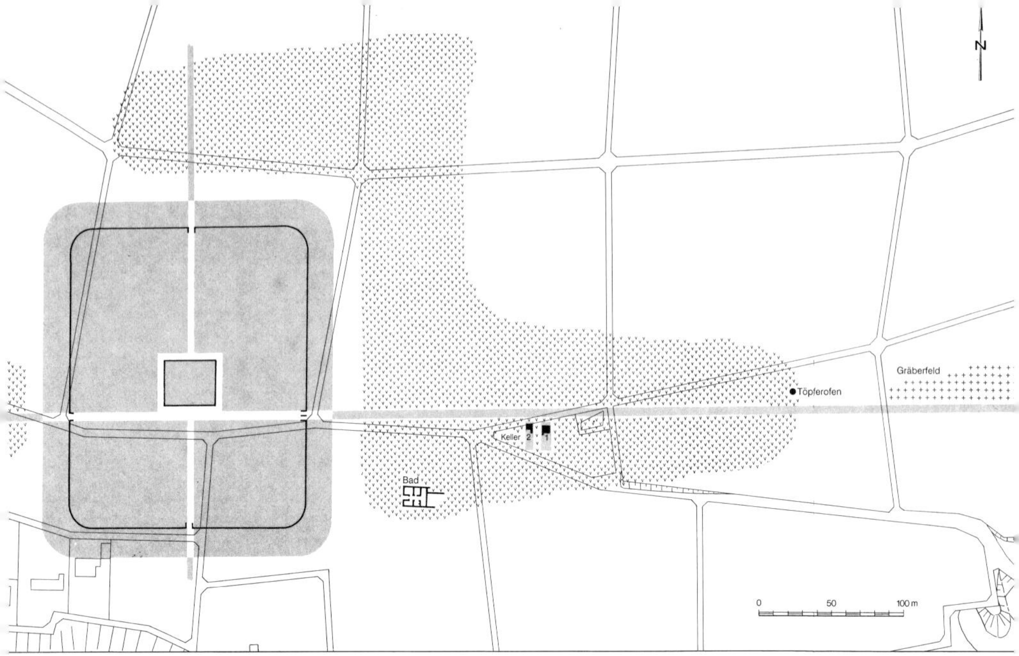

Abb. 60. Lageplan des Kastells Langenhain mit der bisher bekannten Ausdehnung des Lagerdorfes, dem Badegebäude und der Lage der beiden 1987/88 ausgegrabenen Erdkeller. Nach H.-G. Simon/H.-J. Köhler. M. 1:5000.

Die Wanderstrecke verläßt an dieser Stelle zunächst den Limes und schlängelt sich entlang der Hangkante, vorbei an einem Jagdhaus, auf einem besonders schönen Wegstück hinunter ins Vogeltal zu einem großen Fischteich bei **Punkt 11**, wo Wachtposten Wp 4/19 vermutet wird. Im Bereich des Vogeltales ist der Verlauf des Limes nicht bekannt, die genaue Lage der Turmstelle Wp 4/19a ist daher nicht gesichert. Weiter geht es geradeaus am rechten Ufer des Teiches entlang, vorbei an Felsgestein aus dicken Schieferplatten, auf dem mit grünem Eichenblatt und roter Schnepfe ausgeschilderten Teilstück der Wanderstrecke des Zweckverbandes Naturpark Hochtaunus. Nach wenigen Minuten erreicht man wieder den Parkplatz Vogeltal bei **Punkt 1**.

Jenseits der B 275, auf der Höhe östlich von Langenhain, liegt auf einer Fläche dicht über dem Usatal das Kohortenkastell Langenhain. Das 32000 m^2 große Militärlager, etwa 350 m hinter dem Grenzwall, lag einst an einer alten Verkehrsstraße. Friedrich Kofler konnte Ende des vorletzten Jahrhunderts Mauerzüge, Tore, Gebäudeteile und Gräben untersuchen; im Lagerdorf östlich des Kastells grub 1987/88 Heinz-Jürgen Köhler, RGK, zwei Erdkeller von Vicushäusern aus, deren einer das Depot eines Keramikhändlers enthielt. Oberirdisch ist von den Anlagen nichts mehr zu sehen. Stationiert war hier vom Beginn des 2. bis Mitte des 3. Jahrhunderts n. Chr. eine teilweise berittene Kohorte von 500 Mann Stärke, die *cohors Biturigum Aquitanorum equitata*. In der gotischen Dorfkirche von Langenhain fand sich ein sekundär verbauter Inschriftenstein der 22. Legion aus Mainz, die am Bau des Kastells beteiligt war; ein kleiner Vorgängerbau aus Holz, ähnlich dem der Saalburg, ist wahrscheinlich.

Das Gasthaus „Forsthaus Winterstein" ist unter der Telefonnummer 06002/303 zu erreichen.

Wanderstrecke 4

Rundwanderweg zu den vor- und frühgeschichtlichen Wallanlagen Brüler Berg und Hausberg bei Butzbach

Wanderstrecke: kurze Strecke 5,5 km, lange Strecke 7,5 km (dazu Karte auf S. 105)

Wanderzeit: kurze Strecke etwa 2 Stunden, lange Strecke etwa $3\,^1/_2$ Stunden

Zugang: In der Ortschaft Hoch-Weisel, einem Stadtteil von Butzbach, zweigt vor der Kirche die Langgasse ab, die in die Hausbergstraße mündet. An der Ecke Hausberg-/Taunusstraße zeigt ein Wegweiser zum Parkplatz „Hausberg", auf den man nach 1200 m linker Hand trifft.

Topographische Karten: 1:25000 Blatt 5517 Cleeberg; 1:50000 Blatt L 5516 Wetzlar (auf beiden Karten Eintrag „Ringwälle"). Deutsche Generalkarte 1:200000 Blatt 13.

Hinweise: Abwechslungsreiche Wanderung mit Steigungen, besonders schönes Waldgebiet.

Wanderweg: Die Strecke ist teilweise mit zwei Rundwanderwegen des Zweckverbandes Naturpark Hochtaunus identisch und mit den Wanderzeichen „Hirschkäfer" und „Milan" ausgeschildert. Wer nur eine kurze Strecke laufen möchte, nimmt die Route um den Brüler Berg und den Hausberg bis **Punkt 16** der Karte. Wir empfehlen jedoch den gesamten Rundwanderweg, weil die längere Strecke um den Kleinen Hausberg zu den landschaftlich reizvollsten unserer Wanderstrecken gehört. Vor allem der letzte Teil führt am Waldrand entlang mit besonders schöner Aussicht über ausgedehnte Streuobstwiesen hinunter in die Wetterau. Ganz besonders zur Kirschen- und Apfelblüte lohnt hier ein Ausflug.

Vom Parkplatz „Hausberg" (**Punkt 1 der Karte**) folgt der Wanderer zunächst dem Weg mit dem Hirschkäfer nach Westen zum Brüler Berg. Schon nach kurzer Zeit zweigt ein Weg nach rechts ab (**Punkt 2**), die Wanderstrecke verläuft jedoch weiterhin in westlicher Richtung immer bergauf, vorbei an einer kleinen Gabelung. An der nächsten großen Kreuzung (**Punkt 3**) mit drei Wegeabzweigungen verläßt man den Hauptweg und nimmt den mittleren Zweig mit dem Hirschkäfer, also

Wanderstrecke 4

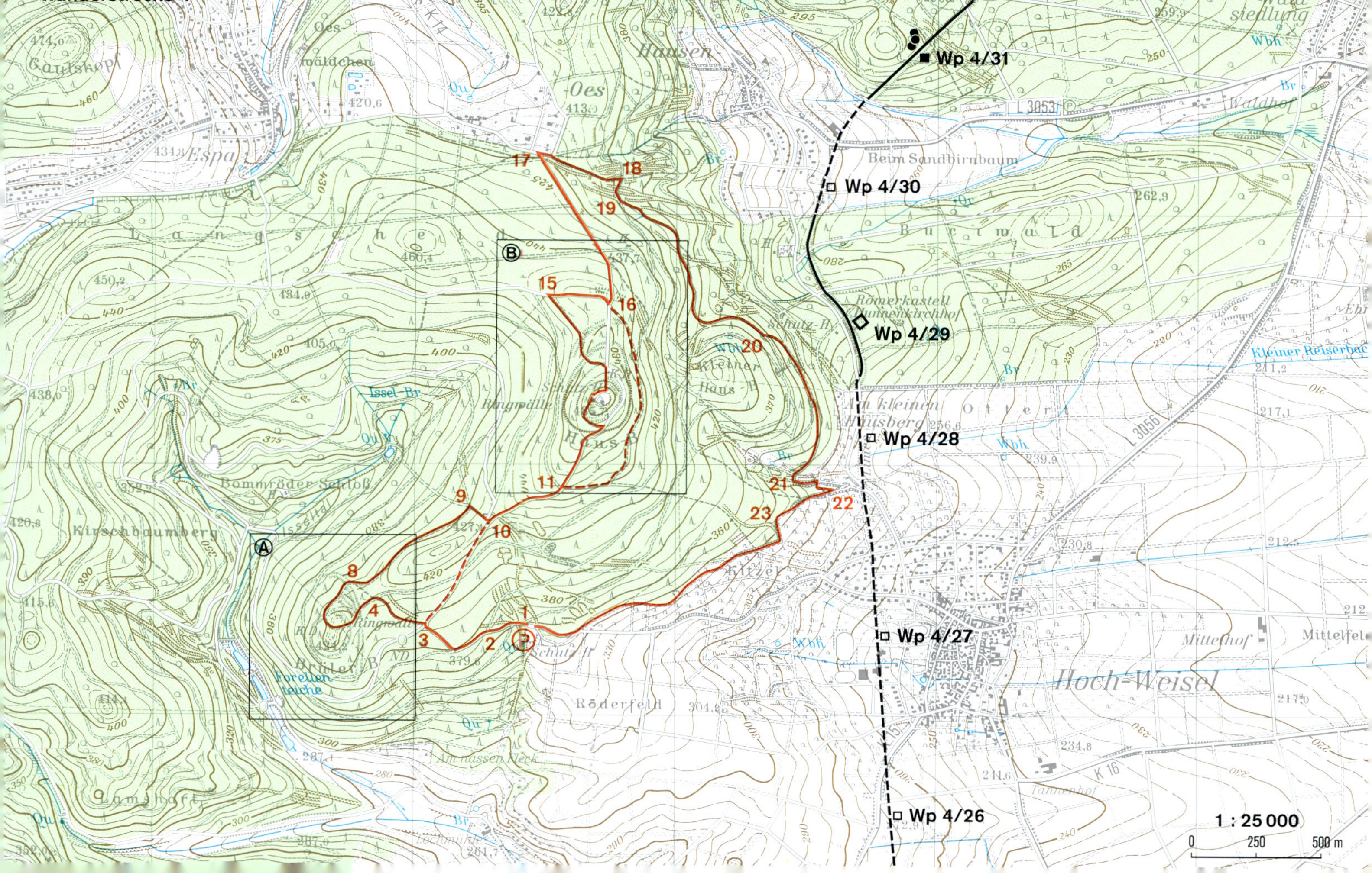

fast geradeaus. Dieser Weg ist nicht mehr befestigt, eine stämmige Eiche und ein hölzernes Schild weisen an dieser Ecke die Richtung zum Brüler Berg; eine Ruhebank lädt zur Rast.

Malerisch führt ein Pfad nun zum 424 m hohen Berg hinauf, vorbei an einer dichten Mischwaldschonung mit moosbewachsenem Untergrund. An einer Wegespinne (**Punkt 4**) nimmt man den linken Weg zur Ringwallanlage „Brüler Berg“, weiterhin mit dem Hirschkäfer markiert. Nach wenigen Metern schon kommt die gut erkennbare Anlage in Sicht, die seit 1881 wissenschaftlich bekannt, jedoch erst 1973 von Dietwulf Baatz eingehender beschrieben und mit einer Planskizze vorgelegt worden ist (siehe Kartenausschnitt A, *Abb. 61*).

Zunächst trifft man auf den äußeren Abschnittswall A (**Punkt 5**), der mit einer Länge von etwa 600 m die Bergkuppe im Norden und Osten einfaßt und im Gelände noch rund 2,50 m hoch erhalten ist. Dieser Wallabschnitt, der vermutlich in vorgeschichtliche Zeit gehört, aber nicht näher zu datieren ist, stellte niemals einen geschlossenen Ringwall dar, sondern war als Schutz gegen Angriffe von Nordosten und Osten, vor allem gegen den Bergsattel zum Hausberg hin, erbaut. Etwa in der Mitte des Walles, bei Höhenlinie 410, markiert eine verschobene Streckenführung wahrscheinlich eine Toranlage. An einigen Stellen auf der Westseite dieses Walles, also auf der Innenseite, ist noch die Mulde als Graben zu erkennen, aus der das Material für den Bau der Wehranlage entnommen wurde.

Die heute sichtbaren Wälle vor- und auch frühgeschichtlicher Befestigungsanlagen sind die Überreste verstürzter Mauern von befestigten Siedlungen. Sie waren, da man gemörtelte Mauern noch nicht kannte, als sogenannte Holz-Stein-Erde-Mauern errichtet. Tragendes Element solcher Mauern war ein Holzgerüst, das aus senkrechten Pfosten an Vorder- und Rückfront und verbindenden waagerechten Balken, aber auch aus einem nur waagerecht verlegten Holzkastenwerk bestehen konnte. An den Fronten waren die Zwischenräume der Pfosten mit Steinen ausgesetzt, oder es waren – im Falle eines Holzkastenwerks – Trockenmauern vorgeblendet. Im Innern waren sie, je nach verfügbarem Material, mit Steinen und Erde verfüllt und gefestigt *(Abb. 62)*. Die haltgebenden Holzteile vergingen im Laufe der Zeit, die Mauern stürzten zusammen und bilden teilweise noch sehr hohe Wälle.

Vom Abschnittswall A kommend erreicht man nach wenigen Schritten das südliche Ende von Abschnittswall B. Dieser kurze, leicht gebogene Wall von lediglich 100 m Länge ist noch hoch erhalten; man fol-

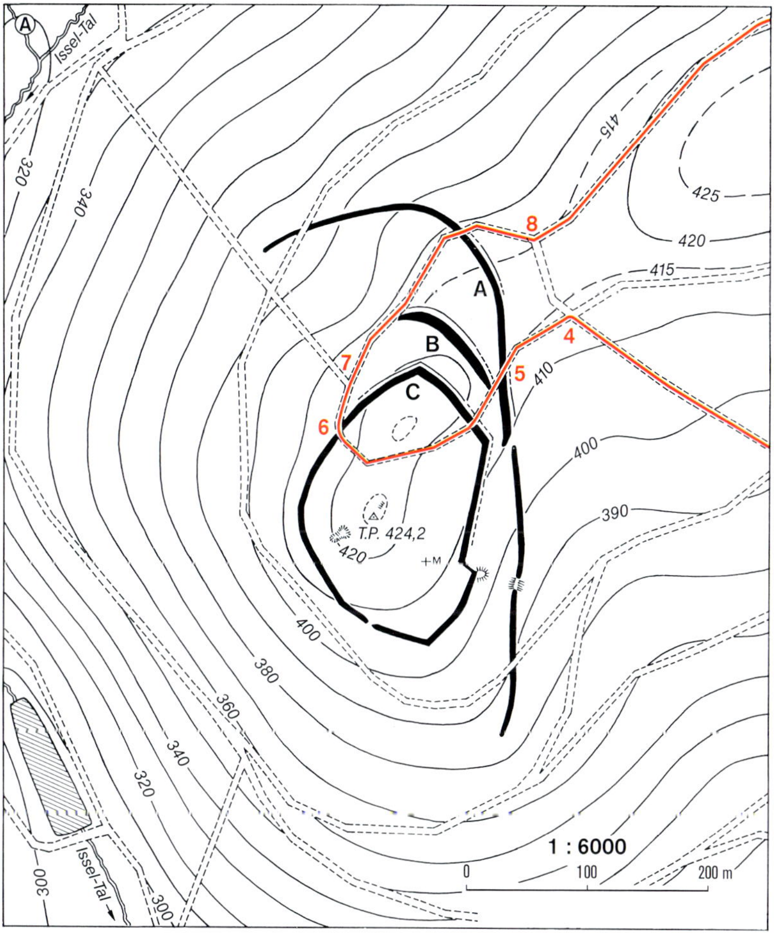

Abb. 61. Kartenausschnitt A. Die Wallanlagen auf dem Brüler Berg mit Verlauf der Wanderstrecke. Nach D. Baatz. M. 1:6 000.

gert daraus und aus seiner Lage, daß er jünger ist als Wall A. Nach 50 m gelangt man bereits zu Wall C, der als einziger der drei Wälle des Brüler Berges einen geschlossenen Ring von maximal 220 m Durchmesser bildet und möglicherweise aus dem frühen Mittelalter stammt (8./9. Jahrhundert n. Chr.). Diese Vermutung basiert nicht auf entsprechendem Fundmaterial, sondern auf der ungewöhnlichen Trassierung des Walles mit scharfen Ecken und Vorsprüngen. Wo in vorgeschichtlicher und vielleicht auch mittelalterlicher Zeit die Häuser der Bewohner standen, ist ungewiß. Da sie in Holzbauweise errichtet waren, haben sich keine sichtbaren Spuren erhalten; hier können nur archäologische Ausgrabungen Klarheit bringen. Es ist auch durchaus denkbar, wenn auch weniger wahrscheinlich, daß man diese befestigten Plätze nur im Fall einer Gefahr als Zufluchtsstätte nutzte.

Weiter nach nur etwa 120 m Wegstrecke ist der Innenbereich durchquert und man trifft auf den westlichen Rand von Wallanlage C, die an dieser Stelle sehr gut auszumachen ist (**Punkt 6**). Der Wall bildet auch hier eine deutliche Markierung im Gelände und ist noch etwa 1,50 bis 2 m hoch erhalten. Bei **Punkt 7** nimmt der Wanderer den Weg geradeaus (nicht nach links!) und gelangt schon bald an das nördliche Ende von Abschnittswall B, der hier in einer Höhe von 4 bis 5 m hervorragend erhalten ist. Diese malerische Ecke ist dicht mit Bäumen, Unterholz und Moos bewachsen.

Ein weiteres Mal wird nun Abschnittswall A überquert, der Materialgraben auf der Innenseite ist auch hier deutlich zu sehen. Der Weg führt von **Punkt 8**, wo man an einer Wegegabelung den linken Abzweig wählt, durch einen dichten Baumbestand weiter in Richtung Hausberg. Dieser schmale Waldweg ist bei Neuschnee im Winter besonders schön, aber auch im Sommer bietet er bei heißem Wetter ein angenehm kühles Umfeld.

Eine weitere Wegegabelung taucht auf (**Punkt 9**), man folgt dem rechten Abzweig bis zu **Punkt 10**. Von jetzt an führt der mit einem roten Milan gekennzeichnete befestigte Waldweg hinauf zum Hausberg. Hier befand sich einst eine eindrucksvolle keltische befestigte Höhensiedlung, die seit 1730 bekannt ist, aber erst 1969 von Fritz-Rudolf Herrmann ausführlich beschrieben wurde (siehe Kartenausschnitt B, *Abb. 63*). Sie besteht aus zwei niedrigen Ringwällen C und D mit den beiden vorgelagerten Abschnittswällen A und B. Die gesamte Anlage wurde, wie Keramik- und wenige Metallfunde belegen, wahrscheinlich während der älteren bis mittleren Latènezeit (4./3. Jahrhundert v. Chr.) errichtet. Zu den jüngeren Anlagen im Taunus, wie z. B. dem spätkeltischen Heidetränk-Oppidum, besteht keine zeitliche Verbindung.

Ausgrabungen von Ferdinand Kutsch in den Jahren 1911/12 erwiesen als ursprüngliche Befestigung in Wall C eine (nur) 3 m breite(?) Mauer, deren Vorder- und Rückfront aus Quarziten und Schieferplatten in Trockenmauertechnik aufgeführt waren; sicher zu vermutende Holzeinbauten wurden nicht festgestellt. Mehrere Toranlagen konnten

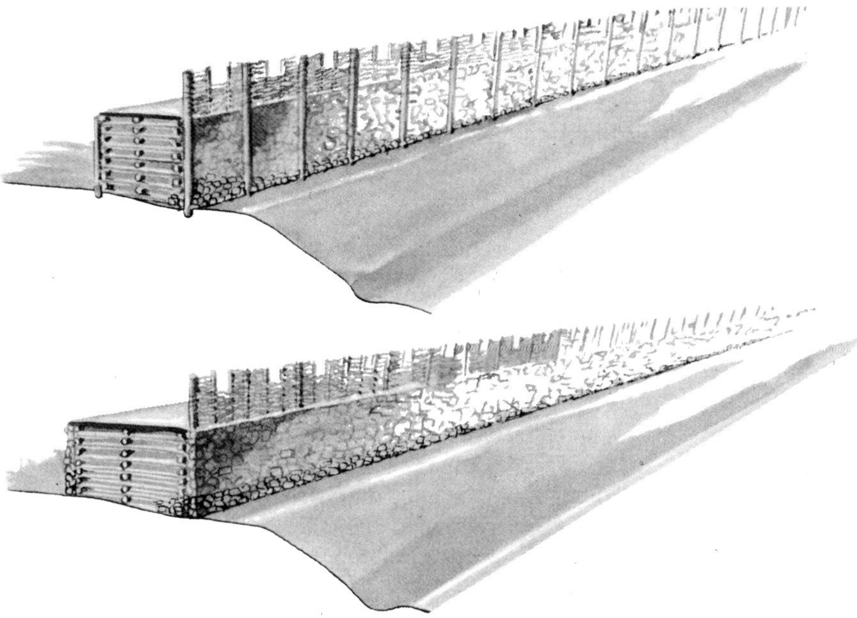

Abb. 62. Rekonstruktionsmöglichkeiten vor- und frühgeschichtlicher Befestigungen. Oben mit senkrechten Pfosten an Vorder- und Rückfront und verbindendem Holzgerüst; unten mit durchgehenden Trockenmauerfronten, die zur Haltbarkeit der Konstruktion im Innern aber auch ein Balkengerüst benötigten. Nach F.-R. Herrmann.

nachgewiesen werden und sind in *Abb. 63* als Wallunterbrechungen gekennzeichnet. Nach Auskunft des Fundmaterials fällt die erste Besiedlung in die späte Urnenfelderzeit (8. Jahrhundert v. Chr.); sie hat allerdings mit den keltischen Wehranlagen nichts zu tun.

Die Wanderstrecke schneidet zunächst den großen Ringwall C (**Punkt 12**). Von hier besteht die Möglichkeit, den Hausberg im Osten auf der markierten Strecke mit dem Milan zu umwandern. Wir empfehlen aber, an dieser Stelle unserem Wanderweg nach Westen/links zu folgen, wo er den Ringwall D kreuzt und auf das Gipfelplateau führt. Auf dem flachen Plateau lädt die Hausberg-Hütte zur Rast ein. Ohne die Bäume, die auf der linken Hangseite den Blick verstellen, hätte man von hier aus eine herrliche Sicht über das Isseltal. Vor 1941 wäre dieser Rundblick durch den damals noch vorhandenen Hausberg-Turm möglich gewesen. Dieser hölzerne Turm mit großer Aussichtsplattform wurde 1873 erstmals feierlich eingeweiht, zwei Jahre später schon durch einen Sturm umgeweht und 1876 wieder aufgebaut, bis er wegen Baufälligkeit 1941 endgültig abgerissen werden mußte. Der Taunusklub veranstaltete auf dem Plateau jahrzehntelang am Himmelfahrtstag, heute am 1. Mai, sein Hausbergfest mit feierlichem Gottesdienst unter freiem Himmel, beschwingter Tanzmusik und üppiger Bewirtung der Ausflügler.

Der Hausberg wurde früher „Hoinkopp“ oder „Hoinbornkopp“ genannt, was gleichbedeutend mit Bezeichnungen wie Heuneburg, Hunneburg und Hunnenkirchhof (früher „Hoinjerkirchhof“, siehe Wanderstrecke 5) ist. Der Volksmund leitete den Ursprung des Namens fälschlich von einer angeblichen alten Sage ab, in der von einem Gott Hoija und seiner Gemahlin Isola (namengebend für das Isseltal) die Rede ist. Wohl im 18. Jahrhundert, als aus dem Begriff „Hoin“ die Verballhornung „Hoink“ für Honig = Zwetschgenmus wurde, ersetzte man ihn durch den Namen „Hausberg“, der Berg bei Hausen.

Unsere Wanderstrecke führt nun über die baumlose Hochfläche hinweg und trifft auf der Nordseite des Plateaus (**Punkt 13**) auf einen steil abfallenden, in gerader Richtung nach Norden führenden Weg. Hier besteht die Möglichkeit, nach wenigen Schritten zwischen den Wällen D und C einen nach links abzweigenden Weg zu benutzen (**Punkt 14**), der ebenfalls, jedoch auf kleinem Umweg, die drei folgenden Wälle C, B und A kreuzt. Dieser schmale Pfad führt durch eine dichte Schonung mit Nadelwald; er vermittelt einen guten Eindruck von der Größe der Befestigung.

Der umfangreichste und stärkste der vier Wälle ist Ringwall C, den wir als nächstes Ziel erreichen. Dieser Wall umschließt ein Gebiet von 360×250 m Ausdehnung, hatte sowohl auf der West- wie auch auf der Ostseite ein Tor und bildet im Nordosten eine scharfe Ecke, in der eventuell einst eine Wasserstelle geschützt werden mußte. Wie alle vier Wallanlagen nutzt auch Ringwall C die gegebenen Geländeformen optimal aus, berücksichtigt vorhandene Terrassen und Stufen, die den Schutz durch die Mauern wirksam verstärkten. Auch der dritte Wall, Abschnittswall B, nutzt natürliche Geländestufen aus und zieht in einer Länge von etwa 260 m in Richtung Südwest-Nordost am Nordwesthang des Hausberges entlang. Der mit 430 m längere Abschnittswall A führt in weitem Bogen im Norden des Berges bereits im flacheren Gelände als äußerste der Befestigungen entlang.

Der Wanderweg knickt nach Überquerung aller Wallanlagen nach etwa 200 m bei **Punkt 15** scharf nach rechts, schneidet Abschnittswall

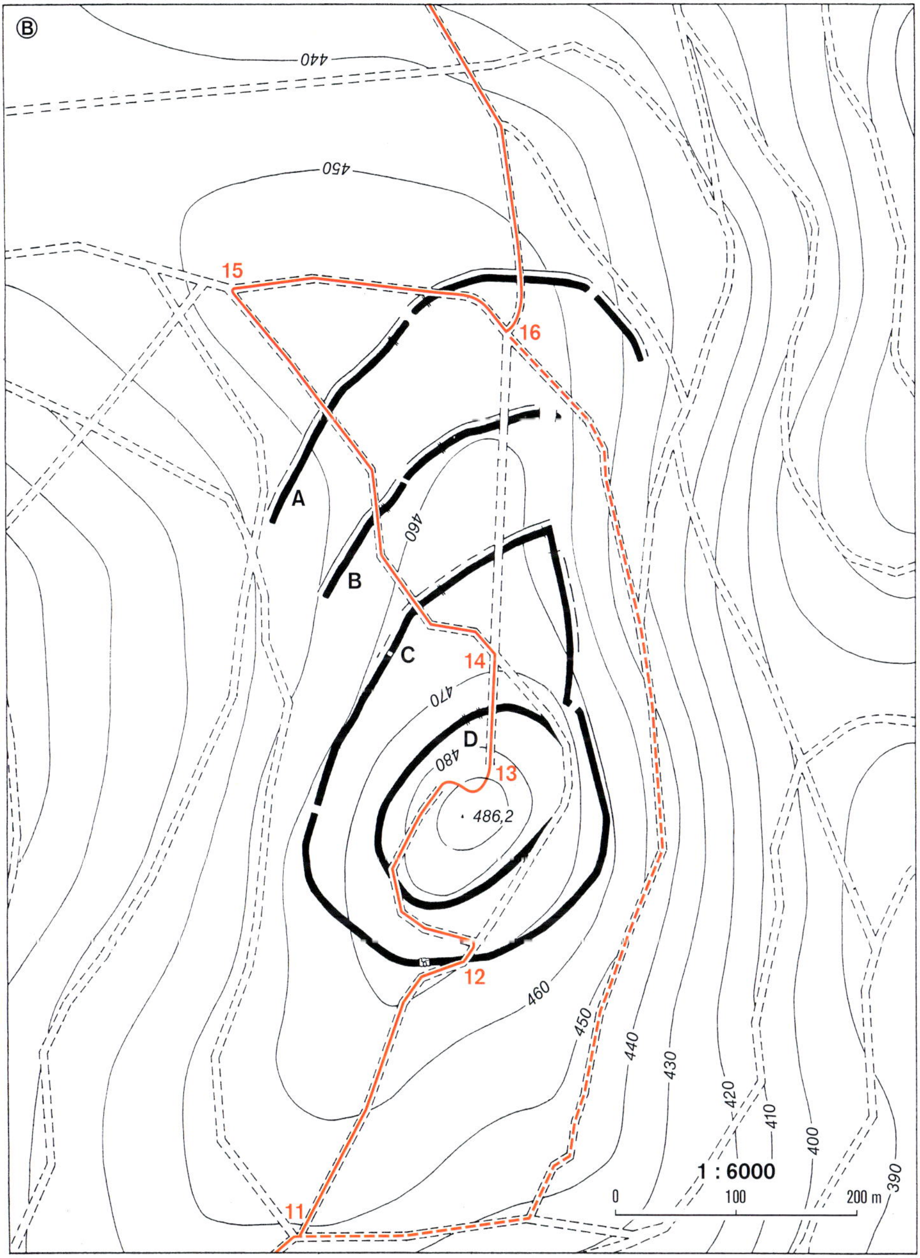

Abb. 63. Kartenausschnitt B. Die Wallanlagen auf dem Hausberg mit Verlauf der Wanderstrecke. Nach F.-R. Herrmann. M. 1:6000.

A ein zweites Mal und führt nach wenigen Metern zu einer Wegekreuzung (**Punkt 16**). Wer die kürzere der beiden Wegstrecken wählt, sollte hier, die Kreuzung überquerend, den Hausberg an der Ostflanke umwandern. Bei **Punkt 11** trifft man wieder auf den Rundwanderweg des Zweckverbandes Naturpark Hochtaunus mit dem Milan, bei **Punkt 10** auf den Hirschkäfer. Um den Rückweg abzukürzen, kann der Wanderer von hier aus direkt zu **Punkt 3** nach Südwesten laufen. Von dort ist man in wenigen Minuten zurück am Parkplatz Hausberg.

Wer eine besonders schöne, aber längere Route wählen möchte, sollte bei **Punkt 16** nach Norden bis zum Parkplatz Oes gehen (**Punkt 17**). Von dort folgt man dem mit dem Milan markierten Weg nach Südosten, wo ein schmaler Pfad um den Kleinen Hausberg führt. An einigen Abzweigen ist besondere Vorsicht geboten, um nicht die falsche Richtung einzuschlagen. Man achte hier vor allem auf die Beschilderung mit dem roten Milan! Nach knapp dreihundert Metern gelangt man zur ersten Wegegabelung bei **Punkt 18** und nimmt dort den äußerst rechten/südlichen Pfad. Nach weiteren hundert Metern gabelt sich der Weg wiederum (**Punkt 19**). An dieser Stelle nimmt man den linken Abzweig.

Bei **Punkt 20**, einer weiteren Gabelung, wählt der Wanderer den etwas nach links führenden, unbefestigten und schmalen Pfad, wo hangaufwärts große Felsen am Wegrand liegen. Die aufgestaute Nässe bietet Farngewächsen ausgezeichneten Lebensraum, so daß sie hier besonders prächtig gedeihen. Jetzt läuft man immer an der östlichen Hangkante des Kleinen Hausberges entlang durch die Waldabteilung 41 der Gemarkung Nieder-Weisel.

Hinter **Punkt 21**, einer scharfen Biegung nach links, verläßt man nun den Wald, um in kurzem Zick-Zack-Kurs zu **Punkt 22** zu gelangen. Die Wanderroute verläuft ab jetzt zwischen Waldrand und Streuobstwiesen, artenreichen Magerrasen- und Wacholderheiden, die von besonderem Wert für den Naturschutz sind, nach Südwesten, immer begleitet vom roten Milan. Linker Hand befindet sich das Streuobstgebiet von Hoch-Weisel, eines der größten in der Wetterau. Hier brüten u.a. die stark gefährdeten Vogelarten Wendehals, Steinkauz, Kleinspecht und Gartenrotschwanz. Auf dieser landschaftlich reizvollen Strecke sollte man bei **Punkt 23** eine kurze Rast einlegen und auf einer gemütlichen Ruhebank den phantastischen Blick hinunter in die Wetterau genießen *(Abb. 64)*. Unmittelbar vor uns liegt Hoch-Weisel, wo man am westlichen Rand des Sportplatzes den Wachtposten Wp 4/27 vermutet. Eine genaue Identifizierung der Turmstelle ist bisher nicht

Abb. 64. Blick vom Hausberg auf Hoch-Weisel und die Wetterau.

möglich, da der Verlauf des Limes im offenen Gelände zwischen den Ortschaften Hoch-Weisel und Langenhain auf rund 6 km völlig ungewiß ist.

Bei guter Fernsicht erkennt man in direkter Linie über Hoch-Weisel einen großen Aussiedlerhof und weiter in Verlängerung die Dächer der kleinen Ortschaft Ostheim. Linker Hand kommt Nieder-Weisel ins Blickfeld, eindeutig auszumachen am wuchtigen Westturm der evangelischen Kirche aus dem 12. Jahrhundert.

Am Ende des Pfades trifft man wieder automatisch auf unseren Wanderweg. Hier taucht in der Ferne der Feldberg mit seinen Sendetürmen auf, davor liegt der Steinkopf bei Ober-Mörlen mit dem hoch aufragenden Fernmeldeturm. Die letzten Meter bis zum Ziel, dem Parkplatz „Hausberg“, werden wieder im Wald zurückgelegt.

Wanderstrecke 5

Rundwanderweg vom Wachtposten Wp 4/33 auf dem Schrenzer bei Butzbach zu den Kleinkastellen Hunnenkirchhof bei Hoch-Weisel

Wanderstrecke: rund 10,5 km (dazu Karte auf S. 115)

Wanderzeit: etwa 4 1/2 Stunden

Zugang: Aus der Stadtmitte von Butzbach führt die Kleeberger Straße nach Westen zum Freibad auf dem Schrenzer. Dort gibt es genügend Parkmöglichkeiten.

Topographische Karten: 1:25 000 Blatt 5517 Cleeberg; 1:50 000 Blatt L 5516 Wetzlar. Deutsche Generalkarte 1:200 000 Blatt 13 (auf allen Karten Eintrag des Limesverlaufs).

Hinweise: Längere Wanderung mit erheblichen Steigungen und viel Wald.

Wanderweg: Ausgangspunkt der Wanderstrecke ist der Parkplatz am Schwimmbad in Butzbach. Am Limes geht es entlang und vorbei an einigen römischen Wachtposten, einem Kleinkastell und vorgeschichtlichen Grabhügeln.

Vom Parkplatz am „Schrenzerbad" läuft man ein kurzes Stück bergab wieder zurück auf die Kleeberger Straße, wo nach rechts/Westen die alte Straße nach Espa verlief (jetzt Verlängerung der Kleeberger Straße [**Punkt 1 der Karte**]).

Interessierte können von hier aus zunächst einen kurzen Abstecher nach Osten hinunter zum Wachtposten Wp 4/33* am Abhang des Schrenzers am Hoffmannsweg unternehmen. Diese etwa 250 m östlich des Pfahlgrabens an der älteren Limesstrecke gelegene Holzturmstelle bestand anfangs aus einer 380 m^2 großen Erdschanze, in deren Westhälfte später der Holzturm hineingebaut wurde *(Abb. 65 links)*. Ein Teil des bestehenden Grabensystems wurde für die beiden Ringgräben des Turmes benutzt. Auch das Zaungräbchen und Spuren einer römischen Straße wurden bei den Ausgrabungen von Wilhelm Soldan westlich des Holzturmes gefunden und dabei vorgeschichtliche Hausgrundrisse der Hallstattzeit (frühe Eisenzeit, etwa 7. Jahrhundert v. Chr.) entdeckt, die von einem Graben geschützt waren *(Abb. 65 rechts)*. Sie haben mit den römischen Bauten auf dem Schrenzer nichts zu tun. Ganz in der Nähe lagen mehrere eisenzeitliche Grabhügel.

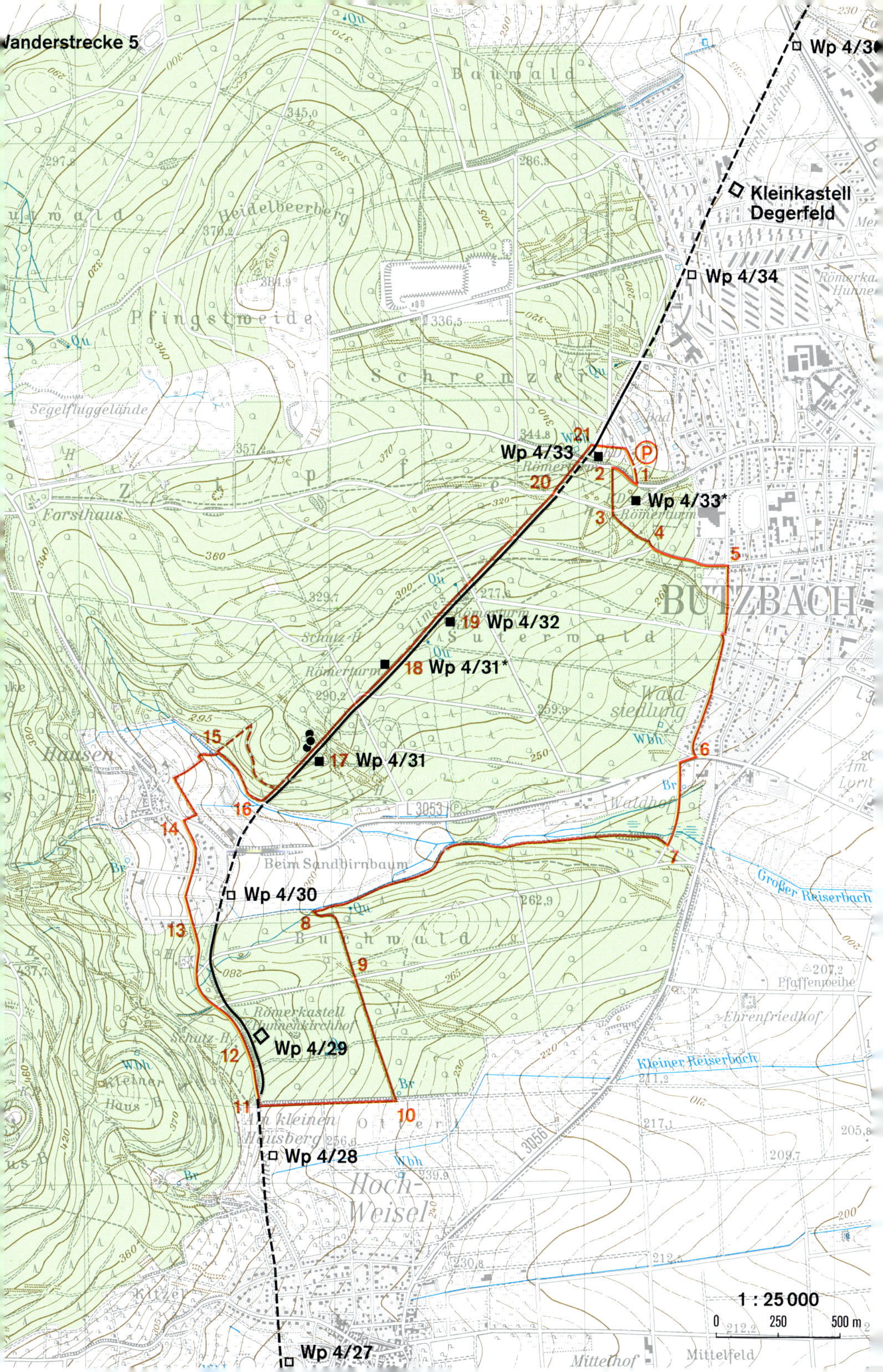
Wanderstrecke 5
Wp 4/3
Kleinkastell
Degerfeld
Wp 4/34
Baumwald
Heidelbeerberg
Pfingstweide
Schrenzer
Segelfluggelände
Forsthaus
Zipf
Römerturm
Wp 4/33
Wp 4/33*
21
20
P
1
2
3
4
5
BUTZBACH
19 Wp 4/32
18 Wp 4/31*
Suterwald
Limes
Waldsiedlung
Hausen
15
16
17 Wp 4/31
6
L 3053
Waldhof
7
Großer Reiserbach
14
Beim Sandbirnbaum
Wp 4/30
8
13
Buchwald
9
Pfaffenweihe
Ehrenfriedhof
Römerkastell
Hunnenkirchhof
Wp 4/29
12
Kleiner Reiserbach
11
10
Am kleinen Hausberg
L 3056
Wp 4/28
Hoch-Weisel
1 : 25 000
0
250
500 m
Mittelhof
Mittelfeld
Wp 4/27

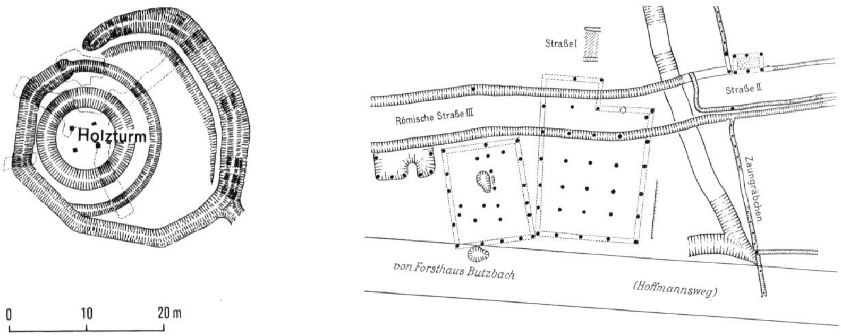

Abb. 65. Wachtposten Wp 4/33* auf dem Schrenzer, eine Holzturmstelle der älteren Limeslinie mit Erdschanze (links), und vorgeschichtliche Hausgrundrisse der frühen Eisenzeit mit dem Zaungräbchen und römischer Straße westlich davon am Hoffmannsweg bei Butzbach (rechts). Nach ORL. M. 1:1 000.

Auf der alten Straße nach Espa geht man wenige Meter nach Westen zu **Punkt 2** und findet die Markierung einer der vielen Wanderstrecken des Taunusklubs, hier mit einem roten Dreieck. Genau gegenüber steht als Orientierungspunkt ein großer Wasserhochbehälter. Hier geht es in den Wald hinein in Richtung Süden. Man wandert jetzt auf einem sehr schönen Waldweg in Richtung **Punkt 3.** Dort erreicht man ein Wegekreuz, läuft eine leichte Linkskurve und weiter auf einem schmalen Waldweg geradeaus. Nach wenigen Minuten kommt man zu **Punkt 4,** hält sich rechts und steht schon bald vor dem nächsten Abzweig mit einer Ruhebank. Dort geht es weiter geradeaus, man verläßt schon bald den Wald am westlichen Ortsrand von Butzbach. Von hier aus hat man einen herrlichen Blick über die Stadt Butzbach bis hinüber zum Buchberg bei Münzenberg in der Ferne, zu erkennen an seinem bewaldeten Gipfelplateau. Die Streckenführung sieht auf der Karte recht kompliziert aus (Zickzack-Kurs), ist aber gut zu finden.

Bei **Punkt 5** trifft man auf einen Tennisplatz und folgt dem gekiesten Weg „Am Zipfen" nach rechts/Süden, der immer geradeaus bis zur Waldsiedlung, einem relativ neu erstellten Stadtteil Butzbachs, führt. Man erreicht die Siedlung an der Ecke Posener Straße/Goethestraße und läuft die Goethestraße nach Süden durch das Wohngebiet bis zu **Punkt 6.** Hier erreicht man die stark befahrene Straße Butzbach–Hausen und folgt ihr etwa 50 m nach rechts/Westen (bitte Vorsicht!). Unmittelbar hinter den letzten Häusern biegt der Weg nun nach Süden ab in Richtung Wald. Dort folgt man der Markierung des Taunusklubs mit dem schwarzen Rechteck bis zu **Punkt 7**. Hier wendet man sich nach rechts/Westen, folgt weiter der Markierung des Taunusklubs auf einem Weg, der sich entlang einem schmalen, langgestreckten Tal parallel zur Straße schlängelt. Dieser Weg ist nicht befestigt, aber sehr schön zu laufen durch einen Mischwald mit feuchten Farnplätzen am Nordhang des idyllisch gelegenen Buchwaldes (siehe Karte).

Vorbei geht es jetzt an einem einsam gelegenen Fischteich, der rechter Hand mitten im Wald auftaucht. In einer leichten Linkskurve weiter am Waldrand entlang mit einem wunderschönen Blick auf Hausen-Oes, wo die Wanderstrecke später hindurchführen wird. Weiter folgt man der Markierung mit dem schwarzen Rechteck, den ersten Abzweig, einen schmalen Waldweg, läßt man links liegen. Am zweiten Abzweig, **Punkt 8**, der nur schwer auszumachen ist, wendet man sich nach links und läuft in einer Schleife den Berg hoch (Vorsicht: nicht geradeaus in Richtung Limes). Man verläßt hier die Markierung des Taunusklubs mit dem schwarzen Rechteck. Die Schleife ist ein schmaler, unbefestigter Pfad, der geradeaus nach Süden bis zu einer Kreuzung verläuft. Bei **Punkt 9** erreicht man einen breiten, gekiesten Weg und läuft durch einen dichten Eichen-Buchenwald. Mehrere Abzweige läßt man links liegen, hält sich weiter geradeaus nach Süden und erreicht bei **Punkt 10** den Waldrand im Bereich des „Ottert", einer großen Waldwiese. Von hier aus hat man einen schönen Blick zum Fernmeldeturm auf dem Steinkopf bei Ober-Mörlen. Die Turmspitze der Kirche von Hoch-Weisel ragt über den Hang, davor ist der Wasserhochbehälter von Hoch-Weisel zu erkennen.

Im alten Ortskern von Hoch-Weisel finden sich noch zahlreiche Beispiele der für die nördliche Wetterau charakteristischen hohen, hölzernen Hoftore; der Fachwerkbau des Rathauses stammt von 1584. Sehenswert ist weiterhin der gotische Chorturm der evangelischen Pfarrkirche, der unten rund, im Oberbau achteckig ist und auf seinem Spitzhelm vier Wichhäuschen trägt. Die Malereien im Langschiff sind um 1400 entstanden; im Hof des Pfarrhauses befindet sich ein um 1200 gearbeiteter romanischer Taufstein.

Bei **Punkt 10** wendet man sich wieder nach rechts/Westen, geht den Waldrand entlang und erreicht bei **Punkt 11** den Limes. Das Gelände steigt jetzt ziemlich steil an; wer nicht auf dem Limes laufen möchte, nimmt den auf der Westseite des Limes parallel laufenden, gut begehbaren „Kirchweg". Der Grenzwall paßt sich an diesem kurzen Abschnitt recht genau dem Gelände an, läuft also nicht geradlinig, sondern schlängelt sich den Berg hoch.

Der Limeswall ist auf dieser Teilstrecke noch in einer Höhe von zwei bis drei Metern erhalten. An einer linker Hand gelegenen großen Waldwiese liegt ein Grillplatz mit Schutzhütte; Zeit für die erste Rast, befindet sie sich doch genau gegenüber der Anlage der Kleinkastelle Hunnenkirchhof, gezählt als Wachtposten Wp 4/29 (**Punkt 12**). Die beiden Kleinkastelle, ein Holzbau des 1. Jahrhunderts n. Chr. direkt am Limes und ein wohl im 2. Jahrhundert n. Chr. errichteter Steinbau, sind gut zu finden *(Abb. 66)*. Das ältere Holzkastell (A), noch vor der Anlage des Grenzwalles errichtet, wird von diesem auf seiner südwestlichen Seite überlagert. Das mit 1 200 m^2 etwa doppelt so große, jüngere Steinkastell (B) mit abgerundeten Ecken liegt etwas weiter hinter dem Limes. Auf seiner Ostseite wurde ein Zugang gefunden, die Umwehrung, besonders der rund 7 m breite Graben, ist noch deutlich zu erkennen. Bei den Grabungen der Reichs-Limeskommission unter dem Streckenkommissar Friedrich Kofler traf man die solide gebaute, 1 m breite Umfassungsmauer noch in einer Höhe von 0,90 m an. An die Mauer war von innen ein Wall angeschüttet. Die Ausgräber fanden außerdem Reste der ehemaligen hölzernen Barackenbauten als dunkle Verfärbungen im Boden (zur Rekonstruktion eines Kleinkastells siehe unten *Abb. 73*, Kleinkastell Degerfeld; vgl. auch *Abb. 82*).

Der Wanderweg folgt weiter dem Verlauf des Walles nach Norden. Der Limes läuft zunächst parallel des ausgebauten Waldweges und dann hangabwärts in eine sehr dichte Schonung. Irgendwo auf dieser Strecke wird wohl Wachtposten Wp 4/30 gelegen haben, jedoch ist keine Spur mehr zu finden. Man folgt nun dem befestigten „Kirchweg" weiter in nördlicher Richtung. Auf einer kurzen Strecke begleitet der Wall den Wanderer rechter Hand durch einen Buchen-Eichen-Wald und mündet in eine Wiese am Waldrand, ab wo er nicht mehr sichtbar ist (**Punkt 13**). Die Wanderstrecke führt jetzt mitten durch den Ortsteil Hausen des Ortes Hausen-Oes, da es keine andere Möglichkeit zur Durchquerung des Hausener Tales gibt.

Der Ort Hausen wird 1017 erstmals urkundlich erwähnt. Im 12. Jahrhundert zunächst zur Münzenberger Herrschaft gehörend, fällt er 1255 an die Falkensteiner und 1419 an die Herren zu Eppstein. Von 1479 bis 1806 befindet Hausen sich im Besitz des Solmser Grafenhauses und kommt anschließend zum Großherzogtum Hessen-Darmstadt. Am 1. Januar 1834 werden Hausen und Oes (Oes = Ödland) dem am 20. August 1832 gegründeten Kreis Friedberg zugeordnet, 1968 zur Gemeinde Hausen-Oes zusammengeschlossen. Seit 1972 ist die Gemeinde Hausen-Oes Stadtteil von Butzbach.

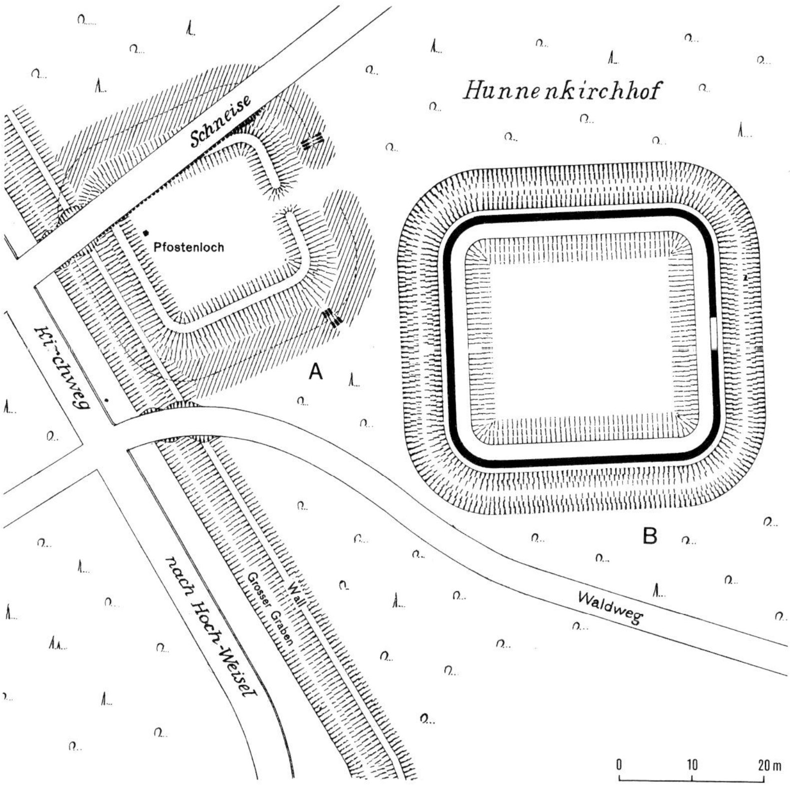

Abb. 66. Wachtposten Wp 4/29, die Kleinkastelle Hunnenkirchhof, besteht aus einem älteren Holzkastell (A) und einem jüngeren Steinkastell (B). Nach ORL. M. 1:1 000.

Man läuft von **Punkt 13** zunächst weiter den Kirchweg hinunter und erreicht bei **Punkt 14** die Landesstraße L 3053 Butzbach – Espa. Schräg gegenüber führt ein schmaler Pfad an Obstgärten und kleinen Schafkoppeln vorbei und trifft bei **Punkt 15** auf den Waldrand, wo eine kleine Holzbrücke den Reiser-Bach überquert. Nach ungefähr 300 m in Richtung Südost am Waldrand entlang stößt der Wanderer am steilen nördlichen Anstieg des Tales wieder auf den gut sichtbaren Limes (**Punkt 16**). Hier ist auch das Symbol des Taunusklubs (schwarzer Limesturm) ein guter Wegweiser. Wer den steilen Aufstieg meiden möchte, läuft bei **Punkt 15** zunächst 170 m weiter geradeaus und nimmt den ersten nach rechts auch zu **Punkt 16** führenden Waldweg.

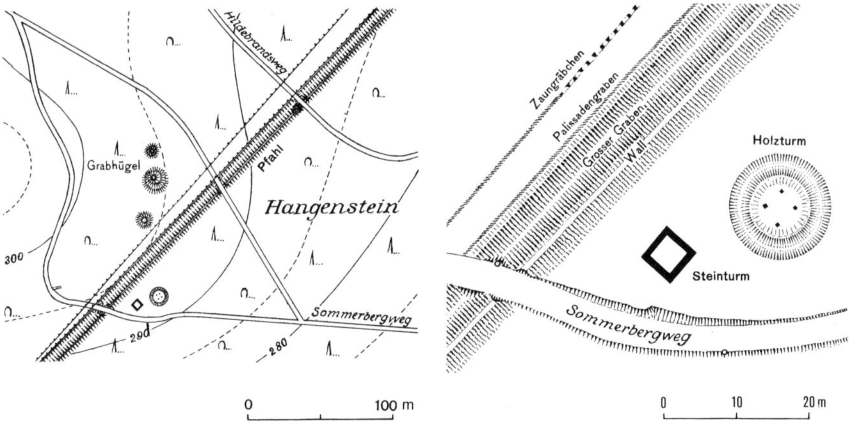

Abb. 67. Lageplan des Wachtpostens Wp 4/31 „Am Sommerbergweg“ mit vorgeschichtlichen Grabhügeln (links) und Grundriß des Wachtpostens mit Holz- und Steinturm (rechts). Nach ORL. Lageplan M. 1:5000; Grundriß M. 1:1000.

Die Strecke ab **Punkt 16** ist ohne Mühe auszumachen. Man kann nun auf dem Wall das steile Wegstück durch den Wald zurücklegen und erreicht schon nach wenigen Minuten die erste Turmstelle, Wachtposten Wp 4/31 „Am Sommerbergweg“, vom Butzbacher Geschichtsverein durch ein angebrachtes Schild kenntlich gemacht (**Punkt 17**). Dieser Wachtposten, am südlichen Vorsprung des Hangensteins gelegen, ist mit einem flachen Holzturmhügel mit gut sichtbarem Ringgraben und südwestlich davon dem Schutthügel des Steinturms zweifelsfrei auszumachen *(Abb. 67)*. Vom 3,40×3,60 m großen älteren Holzturm wurden bei den Grabungen die vier Eckpfosten erkannt. Die massiven Holzpfosten zeichneten sich im anstehenden Boden als 30–35 cm breite dunkle Verfärbungen ab. Etwa 30 m nordwestlich des älteren Holzturmes fanden sich Spuren des Zaungräbchens, eines Vorgängers der Limespalisade.

Der 5,80×5,40 m große jüngere Steinturm liegt etwa 10 m hinter dem Pfahlgraben. Auch hier wurden bei den im 19. Jahrhundert stattgefundenen Grabungen der Reichs-Limeskommission durch Friedrich Kofler und Wilhelm Soldan zahlreiche römische Gefäßscherben, darunter Terra sigillata, gefunden. Die erhöhte Lage des Turmes gestattete in römischer Zeit einen ausgezeichneten Rundblick über das tiefer liegende Gelände und die benachbarten Wachtposten.

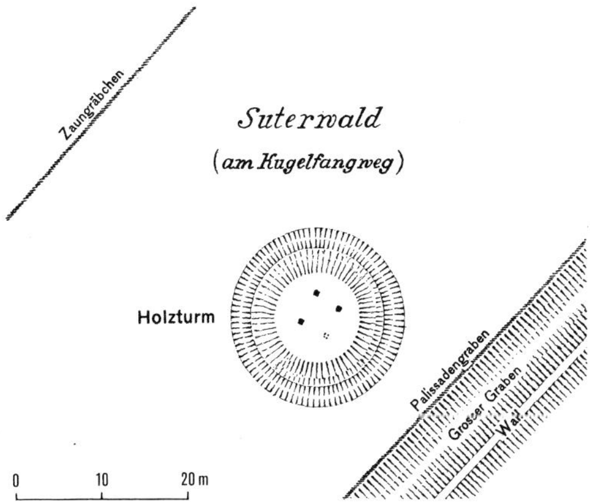

Abb. 68. Wachtposten Wp 4/31* „Am Kugelfangweg", eine Holzturmstelle der älteren Limeslinie. Nach ORL. M. 1:1 000.

Nördlich der beiden Turmstellen, etwa 50 m westlich des Limes, befinden sich drei flache Grabhügel von 12 und 20 m Durchmesser im Gelände *(Abb. 67 links)*. Friedrich Kofler fand bei seinen Untersuchungen im Jahr 1893 Steinpackungen, Skelettreste und Scherben vorgeschichtlicher Keramik. Die Bestattung im mittleren großen Hügel war offenbar reicher ausgestattet, da man hier außerdem einen Halsring und zwei Armringe aus Bronze fand. Die Fundstücke sind heute leider nicht mehr auffindbar, so daß über eine genauere Zeitstellung der Bestattungen nichts ausgesagt werden kann (zu Grabhügeln allgemein vgl. S. 92 f.).

Die Wegstrecke verläuft jetzt als schmaler Pfad kerzengerade nach Nordosten in Richtung des Butzbacher Schrenzers. Auf dem Wall, der auf diesem Teilstück im vergangenen Jahrhundert als Kugelfang für die Schießstände der Butzbacher Garnison entsprechend erhöht wurde, erreicht man nach etwa 500 m Wachtposten Wp 4/31* „Am Kugelfangweg" (**Punkt 18**), eine Holzturmstelle der älteren Limeslinie von 3,60×4,00 m mit dem weiter westlich angelegten Zaungräbchen *(Abb. 68)*. Der Kreisgraben mit 17 m Durchmesser ist etwa 30 m vor dem Wall gut auszumachen. Wilhelm Soldan und Eduard Anthes haben 1896 den kleinen Wachtposten ergraben, die Funde – meist Scherben von Gefäßen – entsprechen denen der übrigen frühen Holztürme.

Weiter führt die Wanderstrecke über mehrere kleine Holzbrücken auf der geraden Limesstrecke zu **Punkt 19**, wo im weiteren Verlauf

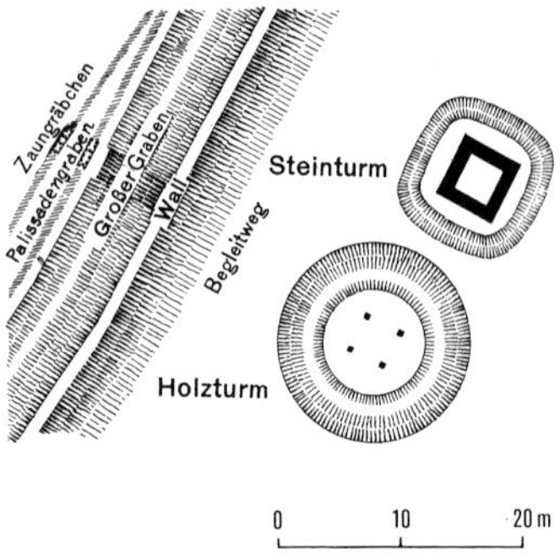

Abb. 69. Wachtposten Wp 4/33 auf dem Schrenzer oberhalb von Butzbach. Die Fundamente des quadratischen Steinturms sind mit 6,70 m Seitenlänge wesentlich größer als hier dargestellt. Nach ORL. M. 1:1000.

Wachtposten Wp 4/32, eine Steinturmstelle „Im Suterwald", erreicht wird. Zu erkennen ist hier nur noch ein flacher Schutthügel rund 20 m hinter dem Wall. Das Steinmaterial soll beim Bau des Kugelfanges verwendet worden sein, so daß von dem Bodendenkmal wahrscheinlich kaum noch Überreste vorhanden sind.

Bei **Punkt 20** der Strecke läuft der Wanderweg weiter geradeaus. Nach links führt der „Hoffmannsweg" zur Gaststätte „Forsthaus Butzbach". Man geht den Limes weiter nach Norden hangaufwärts zum Schrenzer und erreicht somit den Ausgangspunkt der Wanderung.

Der Name „Schrenzer" wird in mittelalterlichen Urkunden „schranzberg" oder auch „Ahm schrantzenbergk", manchmal auch „unterm schrenzenberge" genannt, was soviel wie „zerklüfteter Berg" bedeutet oder sich eventuell auch von „Schranke" = Grenze ableitet. Von diesem Ausläufer des Taunus hatte man zur Römerzeit einen ausgezeichneten Rundblick. Hier stößt man (**Punkt 21**) auf Wachtposten Wp 4/33, der aus einer Holzturmstelle und einem etwas jüngeren Steinturm besteht *(Abb. 69)*. Beide Türme liegen dicht hinter dem Pfahlgraben und wurden um die Jahrhundertwende im Auftrag der Reichs-Limeskommission untersucht. Der ältere Holzturm bildete ein Quadrat von 4 m Seitenlänge und war von einem Ringgraben umgeben. An dieser Stelle wurde bereits zu Beginn des letzten Jahrhunderts auf Betreiben des Butzbacher Schuldirektors und Gründers des Butzbacher Geschichtsvereins, Hermann Jäger, ein Holzturm rekonstruiert und der Ringgraben mit einer Palisade versehen. Da diese Nachbildung sich als falsch herausstellte und der Turm schon baufällig geworden war, wurde die Anlage in den 1950er Jahren neu errichtet; die zur Römerzeit nie vorhandene Palisade entfiel allerdings erst bei einer Renovierung in den 1970er Jahren. Der neue Turm wurde am 10. Juli

Abb. 70. Rekonstruierter Wachtturm auf dem Schrenzer am Butzbacher Waldrand.

1957 feierlich der Öffentlichkeit übergeben *(Abb. 70)*. Die Nachbildung ist jedoch nicht sehr gelungen: die Holztürme waren im Untergeschoß massiv, es fehlt ein Stockwerk, und außerdem gehört der Eingang ins erste Stockwerk.

In einer jüngeren Ausbauphase des Limes wurden die hölzernen Wachttürme gegen Mitte des 2. Jahrhunderts n. Chr. durch Steintürme ersetzt. Der Steinturm auf dem Schrenzer liegt unmittelbar neben der älteren Holzturmstelle und war bei den Ausgrabungen nur noch anhand des Grabens mit seinen abgerundeten Ecken zu erkennen. 1978 richteten Mitglieder des Butzbacher Geschichtsvereins das Fundament des quadratischen Steinturmes von 6,70 m Seitenlänge wieder her; es ist heute an originaler Stelle zu sehen. In Höhe der Turmstelle ist ein Stück des nahe vorbeilaufenden Limes rekonstruiert und mit einer Palisade versehen worden; so etwa kann man sich die Grenzanlage im späten 2. und frühen 3. Jahrhundert n. Chr. vorstellen.

Vom Schrenzer hat man einen herrlichen Blick hinunter auf Butzbach mit seinem mittelalterlichen Stadtkern und Teilen des Umlandes, oft bis hin zu den Höhen des Vogelsberges. In der Stadt sind viele bedeutende Gebäude aus verschiedenen Epochen des Mittelalters erhalten: Die St. Markuskirche mit ihren drei Schiffen und Chören, die in ihren ältesten Teilen als gotische Basilika in die Zeit um 1340 gehört; sie wurde als Stiftskirche des 1468 gegründeten Kugelhauses, heute Domizil des Evangelischen Gemeinderates, als gotische Hallenkirche prächtig ausgestaltet und in den folgenden Jahrhunderten immer wieder um- und ausgebaut; das spätgotische Kugelherrenhaus und die St. Michaeliskapelle (bis 1991 Museum der Stadt); die kleine Wendelinskapelle, die älteste Fachwerkkirche Hessens (um 1440 erbaut); das ehemalige landgräflich-hessische Schloß; die aus dem 14. Jahrhundert stammende Stadtbefestigung; das Rathaus aus dem 16. Jahrhundert am Marktplatz sowie noch viele wertvolle, denkmalgeschützte Wohnbauten.

Das seit 1994 neu eingerichtete Museum im Solms-Braunfelser Hof stellt mit seinen reichhaltigen Sammlungen ein vielseitiges historisches Informationszentrum dar: Die Abteilungen über den Butzbacher Raum in der Römerzeit, zur Stadtgeschichte bis etwa 1850, zur Industrialisierung der Stadt bis heute und die Abteilung „Handwerk und Gewerbe im alten Butzbach“ bieten vielfältigen Anreiz. Ein Besuch von Stadt und Museum kann nur empfohlen werden.

Vom Römerkastell Hunneburg und seinem Kastelldorf, am nördlichen Stadtrand von Butzbach gelegen, ist heute im Gelände nichts mehr zu sehen. Es sicherte einen wichtigen Limesübergang ins germanische Gebiet, der zusätzlich noch vom nahen Kleinkastell Degerfeld überwacht wurde *(Abb. 71)*. Die „Hunneburg“ wurde schon in domitianischer Zeit (um 85 n. Chr.), als sonst noch überall am Limes Kleinkastelle errichtet wurden, in Holzbauweise als große Anlage von 40 000 m^2 Fläche erbaut. Welche Truppe dort zu dieser frühen Zeit stationiert war, ist nicht bekannt. Unter Kaiser Hadrian – etwa um 135 n. Chr. – wurde das Holz-Erde-Kastell aufgegeben, nachdem die damalige Besatzung, die 2. Räterkohorte, in das Kastell Saalburg im Taunus verlegt worden war. Die jetzt einrückende *cohors II Augusta Cyrenaica equitata* erbaute an dieser Stelle das erste Steinkastell von 28 000 m^2 Größe; nur kurz darauf wurde die Anlage auf eine Fläche von 33 000 m^2 erweitert (vgl. *Abb. 19*). Möglicherweise kann diese Erweiterung mit dem Einzug eines neuen berittteten Truppenteiles in Verbindung gebracht werden.

Abb. 71. Die römischen Anlagen in Butzbach und seiner Umgebung. M Museum. Nach F.-R. Herrmann. M. 1:25 000.

Von der Innenbebauung konnten Teile des Stabsgebäudes (*principia*) und des Wohnhauses des Kommandeurs (*praetorium*) ergraben werden; gut bekannt sind weiterhin die Umfassungsanlagen mit Toren, Türmen, Mauern und Gräben. Ein besonders gelungenes Modell des Kastells ist im Butzbacher Museum zu sehen. Vor den Toren des Militärlagers breitete sich ein Kastelldorf (*vicus*) aus, dessen ungewöhnlich große Ausdehnung mit der herausragenden Bedeutung des Grenzüberganges erklärt wird. Dieses Dorf erstreckte sich vor allem entlang der römischen Straße, die vom Kastell Hunneburg nach Norden zum kleinen Kastell Degerfeld und weiter zum Grenzübergang führte (siehe die Rekonstruktionszeichnung *Abb. 22*).

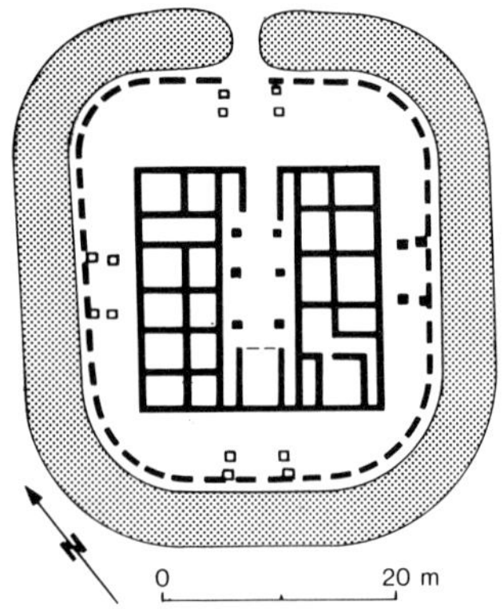

Abb. 72. Das Kleinkastell Degerfeld bei Butzbach. Nach D. Baatz. M. 1:1 000.

Das Kleinkastell Degerfeld, um 100 n. Chr. zunächst in Holz-Erde-Technik errichtet, hatte während seiner späteren Ausbauphase in Stein 3 000 m^2 Grundfläche und war bis Anfang des 3. Jahrhunderts n. Chr. besetzt. Die Umfassungsmauern mit abgerundeten Ecken umschlossen nach Beendigung der letzten Bauphase einen Innenhof mit zwei Mannschaftsbaracken, das einzige Tor lag im Nordosten *(Abb. 72 und 73)*. Schon im Jahre 1893 erkannte Friedrich Kofler das kleine Kastell, und 1897/98 konnte es erstmals von Wilhelm Soldan untersucht werden; umfangreiche neue Grabungen fanden in den Jahren 1964–1966 statt. Nur gut 300 m südöstlich des Kleinkastells begann das Kastelldorf des großen Kohortenkastells Hunneburg. An seiner Stelle stehen heute drei weithin sichtbare Hochhäuser.

Unterhalb der Turmstelle 4/33 am Schrenzer findet man den Gedenkstein für Friedrich-Ludwig Weidig (1791–1837) mit der nahe stehenden Weidig-Eiche, einem ausgewiesenen Naturdenkmal. Weidig, Rektor der Butzbacher Schule, Freund und Mitstreiter Georg Büchners und Mitherausgeber der illegalen Flugschrift „Der hessische Landbote", kam nach beharrlichem Kampf und Widerstand gegen die bestehenden politischen Verhältnisse und langer Haftstrafe in seiner Heimat von eigener Hand zu Tode.

Nach wenigen Metern die Obstwiese hinunter erreicht man wieder den Parkplatz.

Das Gasthaus „Forsthaus Butzbach" ist unter der Telefonnummer 06033/5484 zu erreichen. Weitere empfehlenswerte Gaststätten sind im alten Stadtkern von Butzbach leicht zu finden.

Abb. 73. Rekonstruktionszeichnung des Kleinkastells Degerfeld bei Butzbach in seiner letzten Bauphase. Nach D. Wolf.

Wanderstrecke 6

Rundwanderweg vom Wachtposten Wp 4/39 bei Pohl-Göns am Limes entlang zum Kleinkastell Holzheimer Unterwald

Wanderstrecke: 12 km (dazu Karte in der hinteren Umschlagseite)

Wanderzeit: etwa 4 $^1/_2$ Stunden

Zugang: Auf der Autobahn A 5 Frankfurt – Kassel in Richtung Norden nimmt man die Ausfahrt Butzbach und folgt dort der Bundesstraße B 3 in nördlicher Richtung bis zur Ausfahrt Pohl-Göns. In Pohl-Göns von Süden kommend auf der Hauptstraße bis zum Gambacher Weg, der kurz vor Ende der Ortschaft nach Osten abzweigt. Ihm folgt man bis zum Waldrand, wo der Wagen geparkt werden kann.

Topographische Karten: 1:25 000 Blatt 5518 Butzbach und Blatt 5418 Gießen; 1:50 000 Blatt L 5518 Gießen und Blatt L 5516 Wetzlar. Deutsche Generalkarte 1:200 000 Blatt 13 (auf allen Karten Eintrag des Limesverlaufs).

Hinweise: Abwechslungsreiche Wanderung mit schönen Ausblicken; mäßige Steigungen, überwiegend Wald.

Wanderweg: Auf der langen Wanderstrecke passiert man zahlreiche Turmstellen, die beiden Kleinkastelle Dicker Wald und Holzheimer Unterwald und den kleinen Militärposten Wp 4/40* an der älteren Limeslinie. Dieses Teilstück des Wetteraulimes vermittelt einen guten Eindruck der römischen Grenzbefestigung, wie man sie sich für die Zeit um 200 n. Chr. vorstellt.

Am Waldrand (**Punkt 1 der Karte**) ist der Limes bereits als hoher Wall gut zu sehen; er bildet hier auf langer Strecke den westlichen Rand des Waldes, der mit Bäumen und Sträuchern zweiter Ordnung (Hainbuche, Eiche, Feldahorn) bepflanzt ist. Die vor etwa 100 Jahren entlang dem Limes angepflanzten Fichten verschwinden langsam wieder, da sie in der Wetterau als nicht standortgemäß gelten. Die Luftaufnahme *Abb. 74* zeigt den geraden Verlauf des Grenzwalles nach Norden, dem man auf einem gut ausgebauten, unmittelbar westlich am Waldrand verlaufenden Weg folgt. Von hier aus eröffnet sich ein schöner Blick nach Westen auf Pohl-Göns und die Taunushöhen. Nach wenigen hundert Metern, kurz vor Erreichen eines kleinen Wäldchens, kreuzt ein Feldweg von links kommend den Limes (**Punkt 2**). Hier

Abb. 74. Der Limes nördlich von Butzbach trennt als schnurgerade Linie Feld- und Waldgebiete. Auf der linken Bildseite ist der Ortsrand von Kirch-Göns zu erkennen.

überquert man den Wall auf der Suche nach dem ersten Wachtposten im Wald.

Zunächst fällt ein unmittelbar am Limes liegender relativ hoher Hügel ins Auge, der jedoch nicht die Reste eines Wachtpostens, sondern die eines neuzeitlichen Kalkofens überdeckt. Wachtposten Wp 4/39 „Im Gambacher Wald" liegt etwa 80 m weiter nördlich, ein ausgedehnter, flacher Schutthügel des ehemaligen Steinturms, der nicht leicht zu finden ist.

Auf die Suche nach der hier nur etwa 130 m hinter dem Limes entlanglaufenden älteren Limeslinie mit dem Wachtposten Wp 4/39*

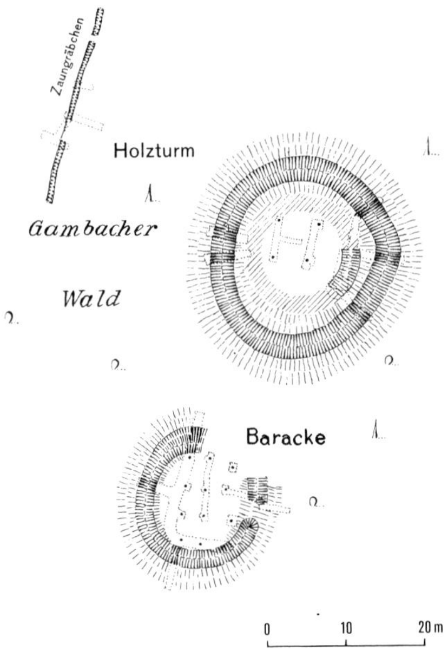

Abb. 75. Wachtposten Wp 4/39*
„Reitschule", eine Holzturmstelle
der älteren Limeslinie.
Nach ORL. M. 1:1000.

sollte man zugunsten des Naturschutzes verzichten, da das östliche Waldstück dicht mit Unterholz und Brombeerhecken zugewachsen ist. Diese ältere Turmstelle, im Volksmund auch „Reitschule" genannt, wurde von Wilhelm Soldan und Paul Helmke in den Jahren 1896/97 ausgegraben *(Abb. 75)*. Der Name „Reitschule" kommt laut Reichs-Limeskommission „von der Ähnlichkeit der mit kreisförmigen Gräben umgebenen flachen Hügel mit den Spuren, die ein Karussell, hierzuland Reitschule genannt, nach längerem Betrieb im Boden hinterläßt". Wachtposten Wp 4/39* bestand aus zwei Holzbauten, einem Turm von annähernd 5 m Seitenlänge und einem weiteren, als „Baracke" bezeichneten Gebäude von 10,80×6,30 m Außenmaß. Beide Hügel sind von Ringgräben umgeben und durch die Ausgrabungen stark durchwühlt. An Funden wurden neben Gefäßscherben verschiedene Eisenteile und eine bronzene Gürtelzier geborgen; die Fundstücke sind verschollen. Etwa 30 m westlich der Anlage konnte der Verlauf des älteren Zaungräbchens, ein Vorgänger der Palisade, auf einer Länge von 25 m erkannt werden.

Die Wanderstrecke führt hinter Wachtposten Wp 4/39 wieder auf der Westseite des Pfahlgrabens weiter nach Norden und wird schon

Abb. 76. Wachtposten Wp 4/40 im Gambacher Wald.

bald von der Eisenbahnlinie Butzbach – Gießen gekreuzt. Diese in einem tiefen Einschnitt gelegene Bahntrasse kann nicht auf geradem Wege überquert werden. Man verläßt daher den Limes und wendet sich nach Westen, läuft oberhalb der Gleise zu der Überführung. Hier taucht auch wieder die Beschilderung mit dem Limesturm auf, der die Strecke als Teilstück eines Wanderweges des Vogelsberger Höhen-Clubs ausweist.

Der Weg überquert die Brücke und erreicht auf der Nordseite der Gleise wieder den Limes bei **Punkt 3**. Die Wanderstrecke führt nun östlich des Pfahls entlang. Rund 200 m nördlich der Bahnlinie trifft man in der Waldabteilung 15 „Dicker Wald“ auf die Steinturmstelle Wp 4/40 *(Abb. 76)*. Dieser gut zu erkennende, noch etwa 2 m hohe Hügel liegt rund 25 m hinter der Wallkrone. Die Mauern des Turmes von 5,00×4,30 m Außenmaß waren bei der Ausgrabung etwa 60 cm hoch erhalten. Im Inneren fanden die Ausgräber noch Reste des antiken Bodenbelages.

Wachtposten Wp 4/40*, ein Kleinkastell und zwei Holzturmstellen der älteren Limeslinie etwa 330 m weiter östlich, wird später auf unserem Rundwanderweg aufgesucht werden.

Auf dem jetzt leicht ansteigenden Weg weiter nach Norden trifft man etwa 250 m nördlich des Wachtpostens Wp 4/40 auf das Kleinkastell Dicker Wald, dessen Umfassungsmauern eine nahezu quadratische Anlage von 19×20 m umschließen. Sie sind als flache Erdwälle im Gelände noch recht gut zu erkennen, allerdings ist der ganze Bereich durch die Ausgrabungen stark durchwühlt und wird zusätzlich von unserem Weg geschnitten. Im Jahr 1882 wurde das Kleinkastell vom Oberhessischen Verein für Lokalgeschichte in Gießen teilweise ausgegraben und 1893 vom Streckenkommissar der Reichs-Limeskommission Friedrich Kofler *(Abb. 77)* untersucht. Eine vollständige Ausgrabung fand nicht statt. Diese militärische Anlage ist, was Größe und Form anbelangt, gut mit dem Kleinkastell Holzheimer Unterwald etwas weiter nördlich zu vergleichen (siehe Wanderstrecke 7).

Da die Entfernung zwischen den Turmstellen Wp 4/40 und Wp 4/42 mehr als einen Kilometer beträgt, wird eine weitere Turmstelle, Wachtposten Wp 4/41, etwa in der Mitte der Wegstrecke vermutet; sie konnte bisher jedoch nicht gefunden werden.

Nach Überqueren des Fahrweges Kirch-Göns – Gambach erreicht man mit Wachtposten Wp 4/42 eine Steinturmstelle von 7×8 m, die als flacher Schutthügel mitten auf dem Wanderweg gut zu erkennen ist. Eine gründliche Untersuchung hat auch hier nicht stattgefunden. Der auf diesem Stück auffallend hohe Wall des Pfahlgrabens stammt zum Teil von einer neuzeitlichen Landwehr, der Solmser Landhege.

Man läuft weiter den Weg auf der Ostseite des Walls nach Norden. Nach etwa 100 m überquert man einen Waldweg, an dem, 65 m hinter dem Limes, ein großer vorgeschichtlicher Grabhügel liegt. Weiter nach Norden, trifft man etwa 35 m vor Überquerung eines ausgebauten Waldweges, wo der Limes nun auch im Westen von Wald umschlossen wird, auf Wachtposten Wp 4/43 (**Punkt 4**). Von dem quadratischen Steinturm mit 4,53 m Seitenlänge, der 24 m östlich des Pfahls wiederum von der Wanderstrecke geschnitten wird, fand Kofler unter dem Schutthügel die antiken Mauerreste noch immer etwa 0,80 m hoch erhalten. Die Mauern waren ursprünglich verputzt und mit einer eingeritzten Quaderung verziert.

Ungefähr 300 m weiter nördlich überquert man bei **Punkt 5** den Limes. Die Wanderung wird nun – wieder vorbei an einem vorgeschichtlichen Grabhügel – außerhalb, also auf der Westseite des Limes, nach Norden fortgesetzt, um Wachtposten Wp 4/44 zu erreichen, der etwa 150 m südlich der Autobahn A 45 Hanau – Gießen gut zu finden ist. Man läuft jetzt wieder auf dem Limesweg des Vogelsberger Höhen-

Abb. 77. Friedrich Kofler (1830–1910), einer der Streckenkommissare der Reichs-Limeskommission.

Clubs, gekennzeichnet mit dem schwarzen Limesturm. Wachtposten Wp 4/44 „Am Kauperloch“, ein ehemaliger Steinturm von 5,53 × 5,30 m Größe, dessen Mauern noch bis zu einem Meter Höhe erhalten sind und bereits von Kofler untersucht wurden, liegt mitten auf dem östlichen Limesweg und ist nicht zu übersehen.

Die Brücke über die Autobahn folgt genau dem Limesverlauf in Richtung Turmstelle Wp 4/45 nach Norden. Ab der Autobahnbrücke verläuft die Wanderstrecke bereits im Landkreis Gießen, in der Waldabteilung 403 „Die große Haide“ der Gemeinde Pohlheim; vor dem Limes, auf Lang-Gönser Gemarkung, liegt hier ein vorgeschichtliches Grabhügelfeld von neun Hügeln, die im Hochwald gut sichtbar sind. Kurz darauf erreicht man die Waldabteilung 7 „Gebrannte Buchen“ im Markwald von Holzheim. Hier wird der Wall von einem weiteren Querweg bei **Punkt 6** geschnitten. Man geht jetzt auf dem Wall oder unmittelbar östlich davon durch einen alten Eichen- und Buchenwald weiter bergauf, um die nächste Turmstelle Wp 4/45 „Im Holzheimer Wald“ zu erreichen *(Abb. 78)*. Diese liegt auf der höchsten Erhebung der Gegend etwa 290 m über NN und bot in römischer Zeit, ohne den heutigen Baumbestand, wohl einen herrlichen Rundblick.

Mehrere Hügel, die teilweise vom Waldweg geschnitten werden, sind zu erkennen. Römisch war, nach den zahlreichen Funden zu urteilen, wohl nur der südlichste Hügel, wahrscheinlich ehemals ein Holzturm. Er wurde 1883 wiederum vom Oberhessischen Verein für Lokalgeschichte und zehn Jahre später nochmals von Kofler im Auftrag der Reichs-Limeskommission ausgegraben. Der östlich des Weges gelegene Schutthügel eines runden Steinturmes dürfte von einer mittelalterlichen Warte an der Landwehr (Solmser Landhege) stammen. Von den beiden anderen, sehr flachen Hügeln ist bisher nichts bekannt. Es kann nicht ausgeschlossen werden, daß es sich um vorgeschichtliche Grabhügel handelt, da die gesamte Anlage bisher nur unzureichend untersucht wurde.

Rund 100 m weiter östlich liegt eine kleine vorgeschichtliche Grabhügelgruppe von drei gut erhaltenen Hügeln. Einer der Grabhügel, der 1893 von Kofler geöffnet wurde, enthielt ein Körpergrab mit Beigaben. Die handgeformten Keramikgefäße datieren das Grab an den Übergang von der Jungsteinzeit zur Bronzezeit um 2000/1800 v. Chr. (ausführliche Erläuterungen zu vorgeschichtlichen Grabhügeln siehe S. 92 f.).

Nördlich von Wachtposten Wp 4/45 führt die Wanderstrecke vorerst an der Innenseite des Pfahlgrabens weiter bis zum nächsten Querweg bei **Punkt** 7, über den man den Hauptweg westlich des Walles erreicht. Links des Weges liegt eine ausgeschilderte Wildruhezone, die nicht betreten werden sollte. Ab hier ist der Limes außerordentlich gut erhalten und mit altem Baumbestand aus Nadel- und Laubgehölzen bewachsen. Schon bald trifft man auf einen alten, dicht mit Unterholz überwucherten Steinbruch (**Punkt** 8), der bis an den Limes heranreicht.

Unmittelbar an der Stelle, wo die Landesstraße L 3133 Langgöns – Holzheim den Limes kreuzt, vermutet man den Wachtposten Wp 4/46. Nördlichster Punkt der Wanderstrecke ist das römische Kleinkastell Holzheimer Unterwald (**Punkt** 9), von dem die Fundamente der Umfassungsmauer sowie von zwei hölzernen Baracken nach einer erst kürzlich erfolgten Ausgrabung des Landesamtes für Denkmalpflege Hessen zu sehen sind. Eine ausführliche Beschreibung des Kleinkastells befindet sich auf S. 138 ff. bei Wanderstrecke 7. Außerdem erfährt der

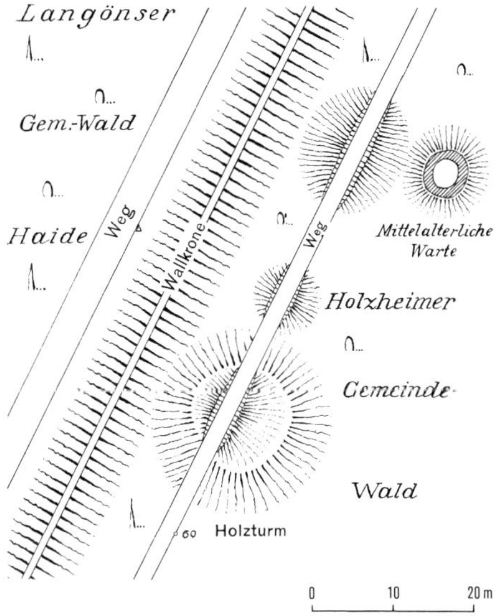

Abb. 78. An der Stelle von Wachtposten Wp 4/45 im Holzheimer Gemeindewald liegen vier Hügel, von denen wohl nur der südlichste römisch ist. Die anderen sind vorgeschichtlich bzw. mittelalterlich. Nach ORL. M. 1:1000.

Interessierte vor Ort anhand vorzüglicher Beschilderung alles Wissenswerte über diese römische Militäranlage.

Nach diesem kurzen Aufenthalt läuft man nun zurück in südlicher Richtung durch den Gambacher Wald, zunachst auf dem selben Weg bis wenige Meter südlich der Autobahn bei **Punkt 10** und von dort weiter scharf nach links in östlicher Richtung entlang der Autobahn bis **Punkt 11.** Hier wendet man sich nach Süden und biegt am ersten Querweg links ein, um erneut ein vorgeschichtliches Grabhügelfeld aufzusuchen. Die etwa 14 Hügel des Gräberfeldes sind außerordentlich gut erhalten und beiderseits des Weges anzutreffen; zwei von ihnen sind angegraben und ausgekesselt und wirken durch den aufgelagerten Aushub besonders mächtig.

Zurück geht es nun zur Wanderstrecke bei **Punkt 12** und auf dem asphaltierten Waldwirtschaftsweg immer geradeaus nach Süden, parallel zum weiter westlich in Sichtweite verlaufenden Pfahlgraben. Entlang des Weges lichter Laubwald aus etwa 130 bis 170 Jahre alten Buchen und Eichen mit viel Unterholz und Moos; eine schöne Wanderstrecke, die man auch im Winter bequem bewältigen kann. Bald

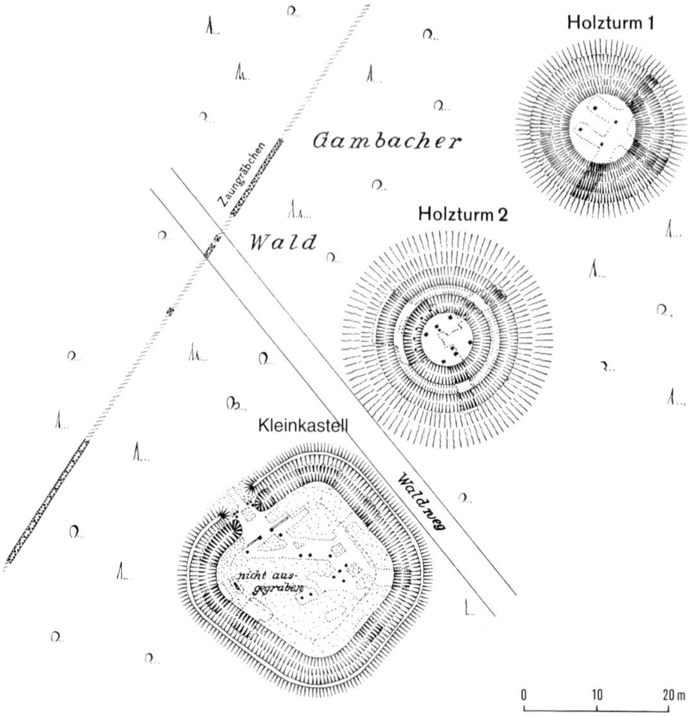

Abb. 79. Wachtposten Wp 4/40*, eine Anlage der älteren Limeslinie mit zwei Holzturmstellen und einem Kleinkastell. Nach ORL. M. 1:1 000.

kommt eine weitere kleine Grabhügelgruppe in Sicht; auch ihre Zeitstellung ist nicht bekannt. Sie liegt in den Waldabteilungen 4 und 5 des insgesamt rund 300 ha umfassenden Gambacher Waldes.

An der großen Wegekreuzung bei **Punkt 13** erreicht man Wp 4/40*, einen Wachtposten der älteren Limeslinie 360 m hinter dem Pfahl, der aus drei Bauten verschiedener Zeitstellung besteht *(Abb. 79)* und von Soldan und Helmke in den Jahren 1896/97 erstmals freigelegt wurde. Im Norden befindet sich die älteste Turmstelle, Holzturm 1 von 3,50 m Seitenlänge, den ein Ringgraben von 15–16 m Durchmesser umschloß. Die Ausgräber stießen bei ihren Untersuchungen auf der Sohle des Ringgrabens auf sehr viel Holzkohle. Dies läßt den Schluß zu, daß der Holzturm wahrscheinlich durch Brand zerstört oder von den Römern absichtlich niedergelegt wurde, als man den neuen, etwas größeren

Holzturm 2 südlich davon errichtete. Dieser weist eine Seitenlänge von 4,80 m auf. Zwei Ringgräben mit einem Gesamtdurchmesser von 25–27 m umgeben eine runde Fläche von 7 m Durchmesser, auf der der Turm stand. Auch hier fanden sich in den Ringgräben eine größere Menge von Holzkohle und Scherben und weitere Indizien dafür, daß auch dieser Holzturm durch ein Feuer vernichtet wurde.

Direkt südlich davon liegen auf der rechten Seite der Wanderstrecke die Ruinen eines 22×24 m großen Kleinkastells mit abgerundeten Ekken und breitem Graben, das an den zurückgelassenen Erdhügeln der genannten Ausgrabungen von 1896/97 leicht zu erkennen ist. Im Inneren des hölzernen Bauwerkes konnten Spuren von Baracken gesichert werden. Etwa 30 m westlich verlief das Zaungräbchen, das auf einer Länge von rund 70 m verfolgt werden konnte. Nachdem man nach der Mitte des 2. Jahrhunderts n. Chr. die bestehende Grenzlinie an diesem Limesabschnitt nach Westen vorverlegt und mit steinernen Wachttürmen versehen hatte, gab man die ältere Limeslinie mit dem Zaungräbchen und den Holztürmen auf.

Hangabwärts führt die Wanderstrecke in östlicher Richtung weiter bis **Punkt 14**. Dort nimmt man ein scharf nach Westen abknickendes Straßenstück, das zur Brücke über die Eisenbahn und zum Ausgangspunkt der Wanderung bei **Punkt 1** führt.

Wanderstrecke 7

Rundwanderweg vom Kleinkastell Holzheimer Unterwald zum rekonstruierten Limesturm Wp 4/49 auf dem Sandberg und zur sogenannten Grüninger Warte

Wanderstrecke: rund 6,5 km (dazu Karte auf S. 139)

Wanderzeit: etwa 2 1/2 Stunden

Zugang: Das Kleinkastell Holzheimer Unterwald liegt rund 8 km nördlich von Butzbach in der Gemarkung Holzheim der Stadt Pohlheim, Kreis Gießen.

Zufahrt über die Autobahn A 5 Ausfahrt Butzbach oder A 45 Ausfahrt Münzenberg auf der Bundesstraße B 488 nach Gambach. In der Ortsmitte Gambach auf der Landesstraße L 3133 nach Holzheim und weiter in Richtung Lang-Göns. Am Abzweig der Kreisstraße K 162 nach Grüningen besteht am Straßenrand Parkmöglichkeit.

Topographische Karten: 1:25 000 Blatt 5418 Gießen und Blatt 5518 Butzbach; 1:50 000 Blatt L 5518 Gießen. Deutsche Generalkarte 1:200 000 Blatt 13 (auf allen Karten Eintrag des Limesverlaufs).

Hinweise: Bequemer Wanderweg ohne nennenswerte Steigungen, auch im Winter gut zu gehen; meist offenes Gelände.

Wanderweg: Man läuft vom römischen Kleinkastell Holzheimer Unterwald, dessen rekonstruierter Grundriß erst seit kurzem der Öffentlichkeit zugänglich ist, am Limes entlang in nördlicher Richtung zum wiederaufgebauten Limesturm Wp 4/49. Zurück durch freies Ackergelände, vorbei am Turmstumpf einer Windmühle (heute Aussichtsturm) auf dem Wartberg und der alten Birnkheimer Linde bei Grüningen, zum Kleinkastell Holzheimer Unterwald.

Auf einer kleinen Freifläche nördlich der Straße nach Grüningen kann geparkt werden (**Punkt 1 der Karte**). Von hier aus führt im Zuge des ehemaligen Limesgrabens ein Weg in den Wald. Auf ihm erreicht man, entlang dem nach und nach zur Rechten stärker werdenden und dann außergewöhnlich hoch erhaltenen Wall, nach etwa 200 m die im Jahr 1995 rekonstruierten Grundmauern des Kleinkastells Holzheimer Unterwald, ein fast quadratisches kleines Steinkastell von 18,60 × 19,40 m, nur 12 m hinter dem Wall errichtet *(Abb. 80)*. Nach wenig qualifizierten Untersuchungen in der zweiten Hälfte des 19. Jahrhun-

Wanderstrecke 7

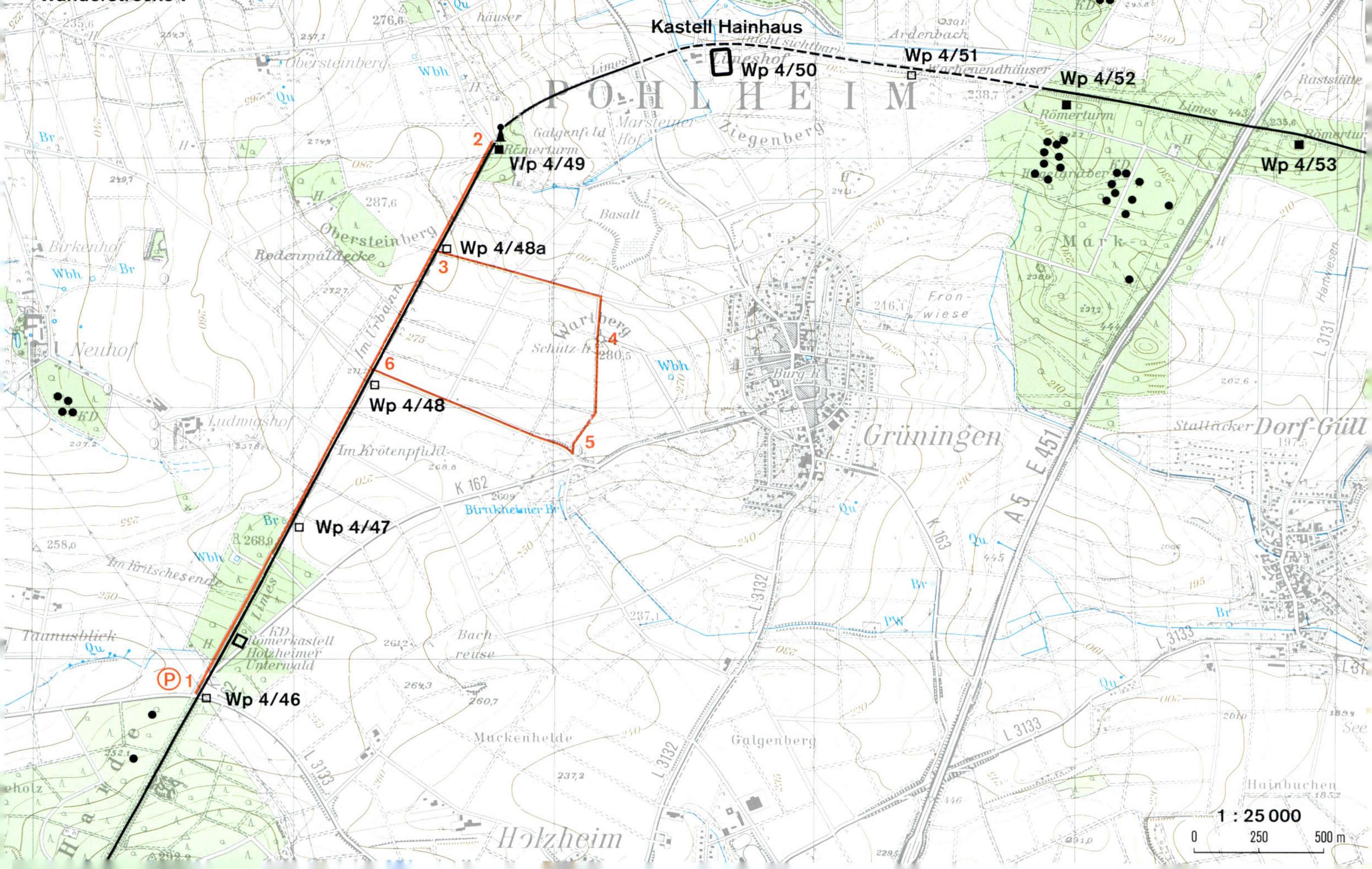

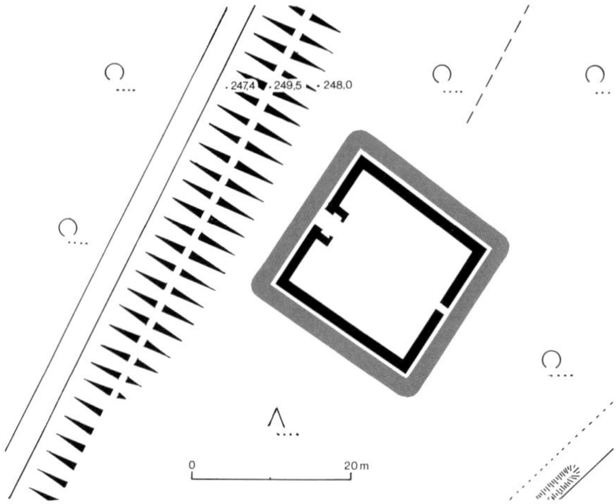

Abb. 80. Lageplan des Kleinkastells Holzheimer Unterwald. Nach G. Seitz. M. 1:1000.

Abb. 81. Plan des Kleinkastells Holzheimer Unterwald in seiner ersten (links) und zweiten Bauphase (rechts). Nach G. Seitz. M. 1:400.

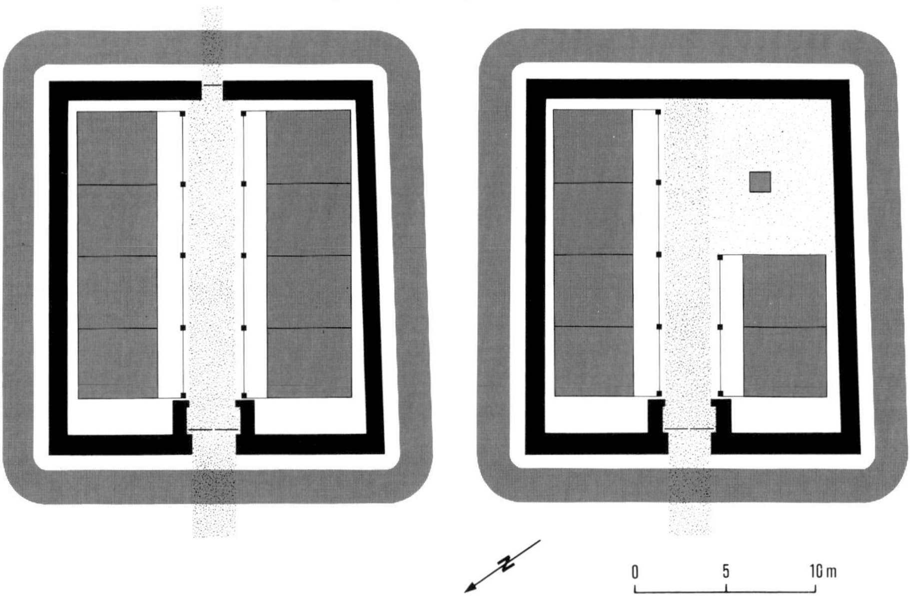

Abb. 82. Kleinkastell Holzheimer Unterwald. Rekonstruierte Teilansicht des Kastellinneren in seiner zweiten Bauphase. Nach G. Seitz.

derts fand der damalige Streckenkommissar der Reichs-Limeskommission, Friedrich Kofler, bei seinen Grabungen 1894 noch bis zu 1 m hohe Mauern und einen umlaufenden Spitzgraben.

1988–1991 wurde die Anlage vom Landesamt für Denkmalpflege Hessen durch Gabriele Seitz planmäßig ergraben und 1995 von der Archäologischen Gesellschaft in Hessen e.V. konserviert *(Abb. 81)*. Danach hatte das Kleinkastell vor seiner Umfassungsmauer einen 2 m breiten und 1 m tiefen Spitzgraben, das 2,50 m breite Haupttor mit Torturm befand sich auf der Westseite, dem Limes zugewandt. Im Osten war ein weiterer, nur 1,20 m breiter Durchlaß, der während einer jüngeren Bauphase zugemauert wurde. Rechts und links der Lagergasse, deren Pflasterung teilweise erhalten war, fanden sich Mannschaftsbaracken in Fachwerkbauweise für 20–30 Auxiliarsoldaten. Ein über 9 m tiefer Brunnen, für dessen Bau eine der Mannschaftsbaracken um zwei Räume verkürzt wurde, lag im Südostteil *(Abb. 82)*. Bei den Grabungen wurde neben zahlreichem anderem Fundmaterial, vor allem Keramik, auch ein kleiner Münzschatzfund von 35 Münzen der Jahre 69 bis 176 n. Chr. geborgen *(Abb. 83)*. Im Gegensatz zu den anderen Kleinkastellen am Obergermanischen Limes hat das Holzheimer Kastell keine abgerundeten, sondern scharfkantige Ecken. Der geringe Abstand zwischen Baracken und Umfassungsmauer schließt einen inneren Wehrgang, wie er z. B. im wesentlich größeren Kleinkastell Degerfeld gefunden wurde, aus.

Die nächsten 400 m läuft der Wanderweg innerhalb des Waldes parallel zum Wall. Dieser weist hier noch eine Höhe bis über 1 m auf und ist erst im freien Ackergelände mehr oder weniger eingeebnet. Am Waldrand kommen linker Hand jetzt das idyllisch gelegene Gut Ludwigshof ins Blickfeld, in der Ferne die Burgruinen von Vetzberg und Gleiberg. Bei entsprechender Sicht gut zu sehen auch der mit einem Fernmeldeturm bekrönte Kegel des 500 m hohen Dünsbergs, dessen Ringwälle und Funde auf eine – wohl nicht durchgehende – Besiedlung zwischen etwa 800 v. Chr. bis etwa 500 n. Chr. schließen lassen. Auch ein spätkeltisches Oppidum, eine große, stadtähnliche Anlage der Kelten, mit starken Mauern befestigt, ist auf dem Dünsberg nachgewiesen.

Weg und Limes führen von nun an durch offenes Ackergelände, der Pfahlgraben ist auch weiterhin gut zu erkennen, teils als Wall mit flacher Mulde, teils als mit Hecken bewachsener Feldrain. Friedrich Kofler fand 1910 hier eine Stelle, wo der sonst steinfreie Boden eine ungewöhnliche Ansammlung von Steinen aufwies. Dieser Umstand, Funde römischer Scherben sowie eine weite Sicht nach allen Seiten ließen den Schluß zu, hier die Stelle von Wachtposten Wp 4/47 anzunehmen.

Abb. 83. Der Münzschatz aus dem Kleinkastell Holzheimer Unterwald.

Abb. 84. Rekonstruierter Turm des Wachtpostens Wp 4/49 „Am Sandberg“ bei Grüningen.

Schnurgerade führt der Limes weiter in nordöstlicher Richtung durch das Ackerland, überwindet die Geländemulde „Im Krötenpfuhl“ und steigt danach etwas an zum 287 m hohen Obersteinberg. Die auf dieser Strecke vermuteten Wachtposten Wp 4/48 und Wp 4/48a sind ebenfalls nicht sichtbar, jedoch durch Kleinfunde nachgewiesen.

Den rechter Hand sanft ansteigenden Wartberg mit seinem runden Turm lassen wir zunächst unbeachtet, um weiter am Limes entlang das Ende der geradlinigen Strecke zu erreichen. An diesem schön gelegenen Ort (**Punkt 2**), wo eine Ruhebank zur Rast einlädt, sind die Fundamentreste von Wachtposten Wp 4/49 „Am Sandberg“, ein 15 m hinter der Wallkrone errichteter quadratischer Steinturm von 5,90 m Seitenlänge und 90 cm starken Mauern, gut zu finden. Eine Rekonstruktion, 1967 von der Heimatvereinigung Schiffenberg errichtet, erhebt sich unmittelbar südlich davon und ist nicht ganz ohne Fehler: Da ein Stockwerk fehlt, ist der Bau insgesamt zu niedrig; das vorhandene Ziegeldach kam so auf römischen Wachttürmen nicht vor, auch fehlt der weiße Außenverputz *(Abb. 84)*. Der Turm ist im Innern nicht zu begehen, außen führt eine Leiter zur umlaufenden Galerie, von der man einen herrlichen Fernblick nach Norden auf den Schiffenberg mit seiner mittelalterlichen Klosteranlage hat. Der Limes knickt nur wenige Meter weiter nördlich scharf nach Osten ab und läuft als Feldrain weiter in Richtung Arnsburg.

Unweit des Turmes steht hier mitten auf der Wallkrone ein von Professor Robert Sommer aus Gießen im Jahre 1912 errichteter Gedenkstein mit Inschriften:

Vorderseite:	MEMO RIAE ROMA NORVM BARBARVS ANNO MDCCCCXII	Rückseite:	LIMES IMPE RII ROMANI

Auf den Schmalseiten:	ROBERTVS SOMMER CVM VXORE	und	CIVIS GISSENSIS

„Zur Erinnerung an die Römer, ein Barbar im Jahre 1912 – Die Grenze des römischen Reiches – Robert Sommer mit Ehefrau – Ein Bürger Gießens.“

Im weiteren Verlauf unserer Rundwanderung führt der Weg nun zunächst ein kurzes Stück auf gleicher Strecke zurück bis zu **Punkt 3**, wo im Osten wiederum der runde Turmstumpf ins Blickfeld kommt: Die sogenannte Grüninger Warte auf dem über 280 m hohen Wartberg *(Abb. 85)*. Einst stand hier wahrscheinlich ein mittelalterlicher Wartturm der Solmser Landhege, an dessen Stelle Graf Wilhelm Moritz zu Solms-Braunfels im Jahre 1713 eine Windmühle errichten ließ. Der heute existierende runde Turmstumpf wurde von der Gemeinde Grüningen wieder begehbar gemacht; eine Vereinshütte (geschlossen) und ein schön gelegener Grillplatz liegen am Fuß des Turmes. Die Besteigung wird belohnt mit einem unvergleichlichen Rundblick nach allen

Abb. 85. Die sogenannte Grüninger Warte, der Turmstumpf einer Windmühle.

Seiten auf Vogelsberg, Wetterau, Taunus und die Gießener Senke mit ihren Burgen; zwei an der Brüstung angebrachte Tafeln geben Richtungshinweise auf landschaftliche Besonderheiten. Karl August von Cohausen (1812–1894) vermutete an dieser Stelle, die auch „Am Steinernen Haus" genannt wird, als Vorgänger des mittelalterlichen Wartturmes ein römisches Gebäude; für einen Limesturm ist die Entfernung zum Wall allerdings zu groß.

In nordöstlicher Richtung, über die alte Ziegelei hinweg, ist im Hintergrund am Waldrand östlich der Landesstraße L 3132 Grüningen – Watzenborn-Steinberg der Aussiedlerhof „Limeshof" zu sehen. An dieser Stelle lag in römischer Zeit mit dem Kleinkastell Hainhaus, das als

Wp 4/50 gezählt wird, das nördlichste Kastell am Wetteraulimes, mit 63×46 m wesentlich größer als das Kleinkastell Holzheimer Unterwald. Hier befand sich einst das im Mittelalter niedergegangene Dorf Pohlheim, dessen Name von der alten Bezeichnung „Pohl" für „Pfahl" auf den Grenzwall weist. Gleiches gilt für den heute noch existierenden Ort Pohl-Göns im Norden Butzbachs. Der Limes ist auf dieser Strecke nur an wenigen Stellen kurz sichtbar, man erkennt aber sehr gut, wie er, auf der Wasserscheide verlaufend, die Senke der Wetterau gegen das Gießener Becken abschneidet. Der ehemalige Grenzwall hat seine Funktion auch heute nicht ganz verloren und bildet an vielen Stellen seines Verlaufs noch immer die Grenze zwischen einzelnen Gemarkungen.

Schön der Blick auf Grüningen selbst, eines der charakteristischen Wetterauer Haufendörfer. Der Ort, erstmals im 8. Jahrhundert urkundlich erwähnt, besaß vom 15./16. Jahrhundert bis ins Jahr 1874 Markt- und Stadtrechte. Mitten im engen und unregelmäßig gebauten Ortskern erhebt sich die große, malerische Kirche. 1151 erstmals genannt, wurde der Bau mehrmals erweitert, wiederauf- und umgebaut. Jede Epoche hat ihre Spuren am und im Gebäude hinterlassen, vom romanischen Rundbogenportal über spätgotische Kreuzrippengewölbe bis zu dem Wiederaufbau nach einem Brand von 1634, der den heutigen Zustand, abgesehen von zwischenzeitlichen Restaurierungen, darstellt. In der Südmauer sowie über dem Nordportal sind gotische Schlußsteine der untergegangenen Heiligkreuz-Kapelle der Arnsburg eingemauert. Eine Besonderheit stellt die im Jahr 1394 erstmals urkundlich erwähnte, vermutlich von Gottfried VIII. von Eppstein (1419–1437) erbaute Solms-Braunfelsische Burg dar, deren Ruine vom Heimatverein Grüningen mit dem Kreispfleger Manfred Blechschmidt, unterstützt vom Landesamt für Denkmalpflege Hessen, seit mehreren Jahren restauriert wird.

Von der Grüninger Warte, **Punkt 4** der Strecke, führt, einem gelben Rechteck auf weißem Grund folgend, die Wanderung nun geradeaus nach Süden zu einer großen Wegekreuzung bei **Punkt 5**. Hier steht seit Urzeiten die eindrucksvolle Birnkheimer Linde; unmittelbar seitlich ist ein gotisches Steinkreuz *(Abb. 86)* mit einer Ruhebank aufgestellt, im Ganzen ein schöner Platz zum Verweilen. Jenseits der Straße markiert eine Erhebung den Standort der Kirche und etwa 100 m südwestlich findet man in Obstbaumgelände den restaurierten Dorfbrunnen des im Jahre 799 n. Chr. erstmals erwähnten Ortes Birnkheim (Berincheim, Bernkheim), der bereits am Ende des 15. Jahrhunderts verlassen war.

Abb. 86. Das mittelalterliche Steinkreuz unter der mächtigen Linde an der Stelle der Wüstung Birnkheim bei Grüningen.

Der Rückweg führt nun über einen betonierten Fahrweg scharf nach Westen in Richtung **Punkt 6** zurück zum Limes. Der kerzengeraden Limeslinie nach Süden folgend, erreicht man wieder das Kleinkastell Holzheimer Unterwald und weiter bei **Punkt 1** den Parkplatz.

Nach der Wanderung empfehlen wir einen Abstecher nach Grüningen mit einer Besichtungen des alten Ortskerns, der Kirche und der mittelalterlichen Burg. Kirche und Burganlage sind nach Absprache mit dem Pfarramt bzw. dem Heimatverein Grüningen (über Stadtverwaltung Pohlheim, Telefonnummer 0 64 03/60 60) zu besichtigen.

Wanderstrecke 8

Rundwanderweg von den Peterseen beim Kloster Arnsburg zum römischen Wachtposten Wp 4/56 am Limes und zu den vorgeschichtlichen Grabhügelfeldern am Golfplatz Lich

Wanderstrecke: rund 5 km (dazu Karte auf S. 149)

Wanderzeit: etwa 2 Stunden

Zugang: Von der Autobahn A 45 über die Ausfahrt Münzenberg zur Bundesstraße B 488 in Richtung Lich. Im Wald nach Passieren der Ausfahrt zum Kloster Arnsburg befindet sich auf der linken Straßenseite bei drei kleinen Teichen (Petersseen) mit Grillplatz ein Parkplatz.

Topographische Karten: 1:25 000 Blatt 5418 Gießen; 1:50 000 Blatt L 5518 Gießen. Deutsche Generalkarte 1:200 000 Blatt 13 (auf allen Karten Eintrag des Limesverlaufs).

Hinweise: Abwechslungsreiche Strecke, auch mit Kindern leicht zu laufen, mit Grillplatz an den Petersseen.

Wanderweg: Die landschaftlich reizvolle Wanderstrecke führt zum römischen Grenzwall; man besichtigt die Überreste eines Limesturms und zwei vorgeschichtliche Grabhügelfelder.

Ausgangspunkt der Wanderung ist der Parkplatz an der Bundesstraße B488, oberhalb der Petersseen unweit Kloster Arnsburg (**Punkt 1 der Karte**). Man befindet sich hier auf einem Teilstück des Limeswanderweges Nr. 13 des Vogelsberger Höhen-Clubs (VHC), markiert mit dem schwarzen Limesturm. Am ersten großen Teich trifft man auf einen großen Kinderspielplatz und die „Graf-Otto-Hütte". Die Hütte mit Tischen, Bänken und Grillplatz davor liegt ganz romantisch am Waldrand und am See; hier kann man nach der Wanderung eine gemütliche Rast einlegen. Links vom Weg liegen die Teichanlagen des Angelsportvereins Wölfersheim und Umgebung.

Man geht zunächst auf einem schmalen Waldweg am nördlichen Ufer der Petersseen nach Westen. Am Waldrand hat die Vogelschutzgruppe Lich zahlreiche Nistkästen aufgehängt. Zwischen dem zweiten und dritten Teich biegt der Weg nach Norden, hinter dem dritten Teich wieder leicht nach Nordwesten ab. Hier steht wiederum am Waldrand eine verträumt gelegene Gruppe mit Tischen und Bänken, wo man schon die erste Rast einlegen könnte. Auf dem Wanderweg geht es nun zu **Punkt 2**, einem Wegekreuz, und weiter nach Nordosten durch einen

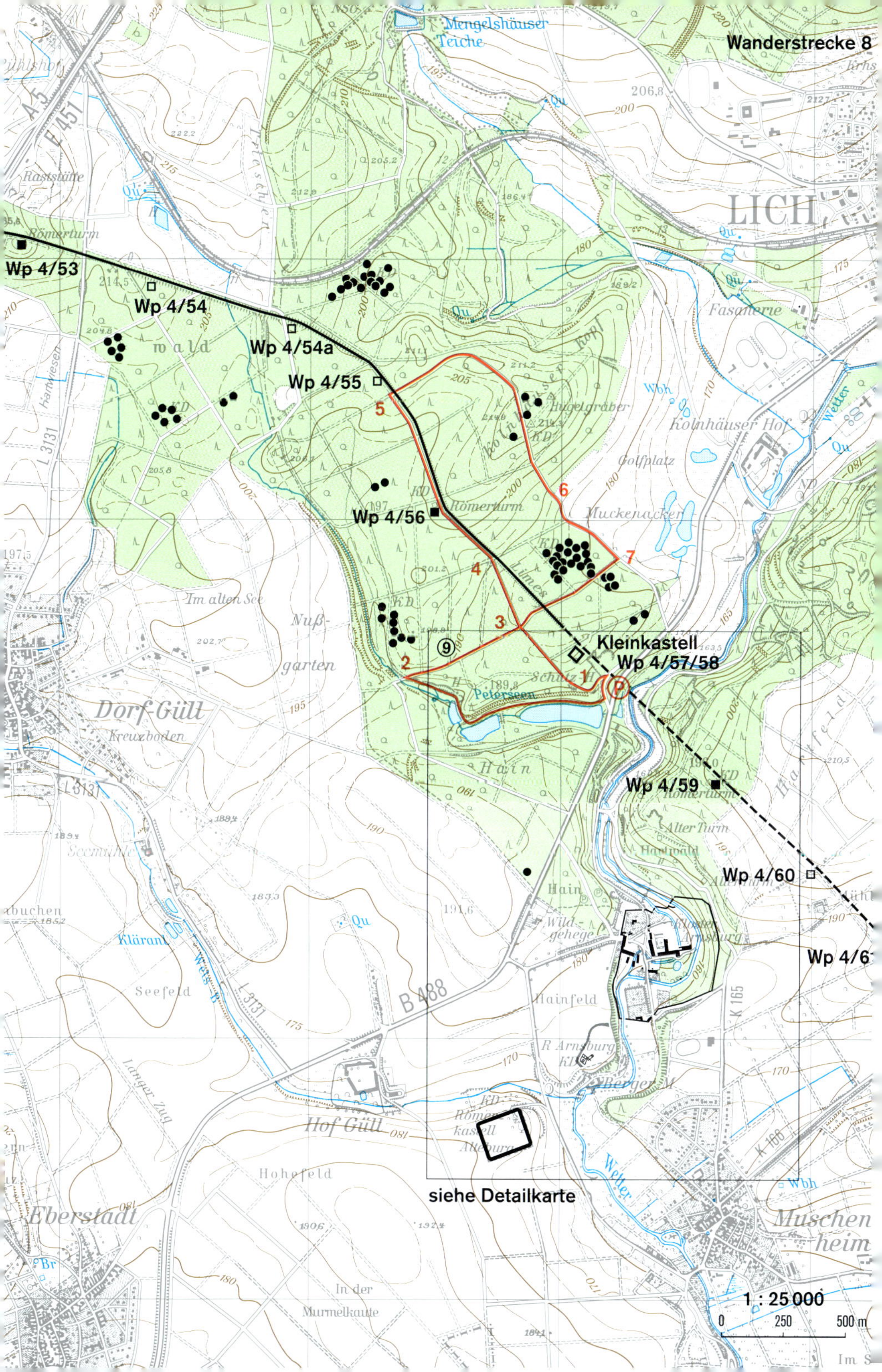

Wanderstrecke 8
Wp 4/53
Wp 4/54
Wp 4/54a
Wp 4/55
Wp 4/56
Kleinkastell
Wp 4/57/58
Wp 4/59
Wp 4/60
Wp 4/61
1
2
3
4
5
6
7
siehe Detailkarte
1 : 25 000
0
250
500 m
LICH
Dorf-Güll
Eberstadt
Muschenheim
Hof Güll
Römerturm
Limes
Petersee
Hügelgräber
Golfplatz
Kolnhäuser Hof
Fasanerie
Mengelshäuser Teiche
Kloster Arnsburg
Wetter
B 488
L 3131
K 165
K 166
A 5
E 451

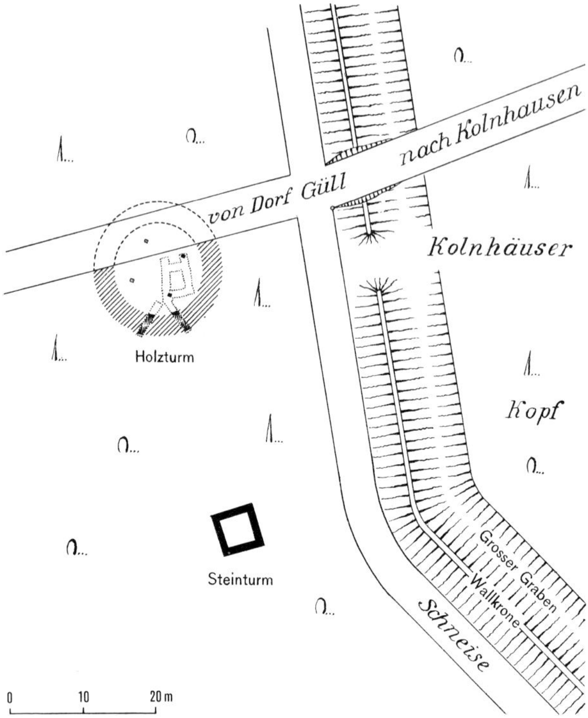

Abb. 87. Wachtposten Wp 4/56 im Norden der Peterssseen. Nach ORL. M. 1:1000.

lichten Eichen-Buchen-Wald, wo sich bei **Punkt 3** mehrere große Waldwirtschaftswege kreuzen. Hier wählt man den breiten Weg nach Norden, und schon nach wenigen Schritten ist rechter Hand im Wald der schnurgerade Verlauf des Limes zu erkennen. Die römische Grenzbefestigung kreuzt bei **Punkt 4** die Wanderstrecke und ist an dieser Stelle noch über einen Meter hoch erhalten; auch der davorliegende Graben ist als Mulde gut zu sehen (zur Rekonstruktion der Limesanlage um 200 n. Chr. vgl. *Abb. 16*). Links des Wanderweges lag das Gebiet der Römer, vor dem Limes im Osten befand sich das Gebiet der Germanen. Das nächstgelegene Limeskastell, das im Laufe der Wanderstrecke 9 beschriebene Kohortenkastell Alteburg, lag nur gut 2 km Luftlinie entfernt.

Die Wanderstrecke verläuft weiter nach Norden direkt auf dem ehemaligen Postenweg am Limes entlang. Grenzwall und ehemaliger Wehrgraben sind auf diesem Abschnitt weiterhin außerordentlich gut erhalten, und bald kommt linker Hand Wachtposten Wp 4/56 „Am

Abb. 88. Fundamentreste des Steinturms von Wachtposten Wp 4/56.

Kolnhäuser Kopf" ins Blickfeld *(Abb. 87)*. Er liegt fast unmittelbar an der Wegekreuzung der mittelalterlichen Straße von Dorf-Güll nach Kolnhausen und weiter nach Lich. Wachtposten Wp 4/56 bestand zunächst aus einem Holzturm, der, als er nach etwa 20 bis 30 Jahren baufällig geworden war, von einem Steinturm ersetzt wurde.

Der quadratische Steinturm ohne Ringgraben, zu dem man als erstes gelangt, ist links vom Weg zweifelsfrei auszumachen *(Abb. 88)*. Der Arnsburger Solms-Laubachische Rentamtmann Christian Wilhelm Fabricius, Großvater des Freiburger Althistorikers und Bearbeiters des Limeswerks (ORL) Ernst Fabricius (1857–1942), fand bei seinen Ausgrabungen an dieser Turmstelle im 19. Jahrhundert eine Münze des Kaisers Traian (reg. 98–117 n. Chr.). Im Jahre 1880 unternahm der Gießener Historische Verein hier erneut Grabungen und gab die Maße des quadratischen Turms mit 5,90 m und die Mauerstärke mit 0,65 m an. Teile des Mauerwerks sind sichtbar, auf dem nördlichen Mauerzug sitzen heute zwei zusammengewachsene, dickstämmige Buchen.

Der ältere Holzturm mit Ringgraben, den Wilhelm Soldan 1896 untersuchte, wird von der alten Straße in seiner Nordhälfte durchschnitten. Ein Graben von etwa 7,00 m Durchmesser und immerhin 2,50 m Breite umschloß den Wachtposten und diente nicht der Verteidigung, sondern zur Entwässerung der Anlage. Dieser ältere Wachtposten ist vom Wanderweg aus als flacher Hügel zu sehen, liegt jedoch in einer Wildruhezone, die nicht betreten werden sollte.

Im Bereich des nördlichen Limesbogens, zwischen dem Kleinkastell Holzheimer Unterwald im Westen und diesem Wachtposten, kann die Lage der meisten Turmstellen nur vermutet werden; viele dieser Militärposten konnten auch von der Reichs-Limeskommission nicht gefunden werden.

Vom Wp 4/56 geht es nun leicht bergauf weiter am Limes entlang nach Norden bis **Punkt 5**, wo Wachtposten Wp 4/55 vermutet wird. Hier wird der Limeswanderweg des VHC verlassen. Man wendet sich nach Osten/rechts und folgt dem Weg in einer langgezogenen Rechtskurve weiter nach Süden, wo schon bald linker Hand der erste große Hügel des vorgeschichtlichen Grabhügelfeldes am Kolnhäuser Kopf auftaucht. Die kleine Hügelgruppe besteht zum großen Teil aus schon weitgehend verflachten, ehemals sieben Hügeln; fünf wurden bereits in früherer Zeit von Friedrich Kofler untersucht und anhand der Funde in die ältere Eisenzeit (Hallstattzeit, 8.–6. Jahrhundert v. Chr., und vielleicht Latènezeit, 5./4. Jahrhundert v. Chr.) datiert (ausführliche Informationen zu Grabhügeln siehe S. 92 f.).

Die Strecke führt nun weiter geradeaus leicht bergab und verläßt den Wald (**Punkt 6**); linker Hand liegt der neuangelegte Golfplatz Lich. Von hier aus hat man einen herrlichen Blick über den Golfplatz zum Kolnhäuser Hof, einem alten Hofgut, das als ehemaliger Klosterhof von den Arnsburger Mönchen bewirtschaftet wurde und ein stattliches barockes Wohnhaus besitzt. Eine großartige geschlossene Hofanlage mit gut erhaltener Umfassungsmauer.

In der Ferne kommt nun auch Lich ins Blickfeld, und bei guter Fernsicht wird man auch die alte Stiftskirche sehen können, die letzte mittelalterliche Hallenkirche Hessens, wenige Jahre vor der Reformation begonnen (Bauzeit 1510–1537), die am höchsten Punkt der Stadt die Häuser überragt. Ein Besuch kann nur empfohlen werden.

Die Wanderstrecke führt nun abermals an einem diesmal sehr großen Grabhügelfeld in den Distrikten „Muckenwäldchen“ und „Kleine Seife“ vorbei *(Abb. 89)*. Dieses große Bestattungsfeld mit 71 Hügeln breitet sich rechts des Wanderweges in Form flacher Erhebungen im alten Mischwaldbestand und dem dahinterliegenden Nadelholzwald aus und wurde bereits früher durch Raubgräber unsachgemäß angegraben. Einzelne Funde, die leider verschollen sind, lassen auf eine Belegung in der frühen Eisenzeit zwischen 8. und 6. Jahrhundert

Abb. 89. Einige der Grabhügel im Distrikt „Muckenwäldchen".

v. Chr. schließen. In diesem großen Waldgebiet unmittelbar nördlich von Kloster Arnsburg haben sich auffallend viele kleinere und auch große Grabhügelfelder erhalten (siehe Karte).

Bei **Punkt 7** wendet man sich jetzt scharf nach Südwesten und durchquert das südliche Ende des Grabhügelfeldes, wo nahe am Weg noch einige hohe Hügel zu erkennen sind. Im weiteren Verlauf dieser Wegstrecke kreuzt der Wanderweg zum Abschied noch einmal den römischen Pfahlgraben; man wechselt nun vom ehemals germanischen wieder in das römisch besetzte Gebiet.

Nur wenige Schritte hinter dem Limes erreicht man wieder **Punkt 3** der Wanderstrecke und wendet sich nach links/Südosten. Auf dieser Wegstrecke wurde früher am hier nicht sichtbaren Limes im Bereich eines Steinbruches Wachtposten Wp 4/57 vermutet. Heute geht man davon aus, daß sich an dieser Stelle ein Kleinkastell befand. Der ebenfalls vermutete Wachtposten Wp 4/58, direkt an der Wetter, existierte dann wohl nicht. Der nächste nachgewiesene Wachtposten ist Wp 4/59 „In der Hardt" (siehe Wanderstrecke 9). Der Wanderweg schlängelt sich nun hangabwärts und zurück zum Ausgangspunkt am Parkplatz bei **Punkt 1**.

Wanderstrecke 9

Rundwanderweg vom Kloster Arnsburg über die mittelalterliche Burganlage Arnsburg (mit dem Römerkastell Alteburg)

Wanderstrecke: rund 3,5 km (dazu Karte auf S. 155)

Wanderzeit: etwa 2 Stunden

Zugang: Von der Autobahn A 45 über die Ausfahrt Münzenberg zur Bundesstraße B 488 in Richtung Lich. Kurz vor Erreichen des Licher Waldgebietes zweigt die Landesstraße L 3131 nach rechts in Richtung Arnsburg/Muschenheim und zum Kloster Arnsburg ab.

Topographische Karten: 1:25 000 Blatt 5518 Butzbach; 1:50 000 Blatt L 5518 Gießen (Eintrag „R. Arnsburg"). Deutsche Generalkarte 1:200 000 Blatt 13 (auf allen Karten Eintrag des Limesverlaufs).

Hinweise: Kulturgeschichtlich höchst interessante Wegstrecke mit mäßigen Steigungen, überwiegend Wald. Gaststätte „Alte Klostermühle" innerhalb der Klosteranlage (montags geschlossen).

Wanderweg: Die Wanderstrecke führt zunächst zur mittelalterlichen Burg- und Klosteranlage aus dem 10.–12. Jahrhundert auf dem „Hainfeld" mit Hinweis auf das römische Kastell Alteburg, in dem Mitte des 12. Jahrhunderts ein Benediktinerkloster errichtet wurde. Nach einer stimmungsvollen Wanderung durch das Wettertal geht es zurück zum großen Kloster der Zisterzienser.

Die Hauptzufahrt endet vor der Westmauer der Klosteranlage Arnsburg. Noch vor Erreichen des schönen barocken Pfortenbaues liegt linker Hand unter einem Schutzdach ein Kalkofen aus dem 18. Jahrhundert. Hier biegt man nach links ein und kann den Wagen auf einem kleinen Parkplatz abstellen (**Punkt 1 der Karte**). Zurück geht es nun zu Fuß am Pfortenbau vorbei direkt an der Außenseite der westlichen Klostermauer entlang auf einem schmalen Pfad nach Süden. Hier weist ein Schild „Zu den Ausgrabungen (1984) der Arnsburg". Außerdem befindet man sich auf der Wanderstrecke Nr. 5 des Vogelsberger Höhen-Clubs (VHC), ausgeschildert mit blauem Kreis auf weißem Grund. Ein Stück des Weges wird hier von der Wetter begleitet; man läßt die weitläufige Klosteranlage hinter sich und folgt durch alte Steinbrüche dem Weg, der schon bald nach rechts abbiegt und den Wald verläßt.

Kleinkastell
Wp 4/57/58
Wanderstrecke 9
Schutz-H
Petersee
Hain
B 488
Römerturm
Wp 4/59
KD
Alter Turm
Hartwald
Alter Turm
Hain
Wildgehege
Kloster Arnsburg
Hainfeld
K 165
R Arnsburg
KD
Berger M
Muschenheim
KD
Römerkastell Altenburg
Wetter
K 166
1 : 10000
0 100 200 m

Abb. 90. Luftaufnahme der Grabungen 1985 im Bereich der Burgwüstung Arnsburg auf dem „Hainfeld“ bei Kloster Arnsburg.

Vor uns liegen jetzt die teilrekonstruierten Fundamente der mittelalterlichen Burganlage Arnsburg, die im späten 10. Jahrhundert auf dem „Hainfeld“ auf einem steilen Geländesporn zur Wetter errichtet wurde (**Punkt 2**). Sie war Sitz der Reichsdienstmannenfamilie von Hagen und Arnsburg, die unter den Staufern eine bedeutende reichspolitische Rolle spielte. Die Arnsburg wurde früher an anderer Stelle vermutet, doch Luftaufnahmen von Dietwulf Baatz ermöglichten Anfang der 80er Jahre eine Lokalisierung der Anlage an diesem Platz. Kurze Zeit später führte das Landesamt für Denkmalpflege Hessen unter der Leitung von Fritz-Rudolf Herrmann in den Jahren 1984 und 1985 Gra-

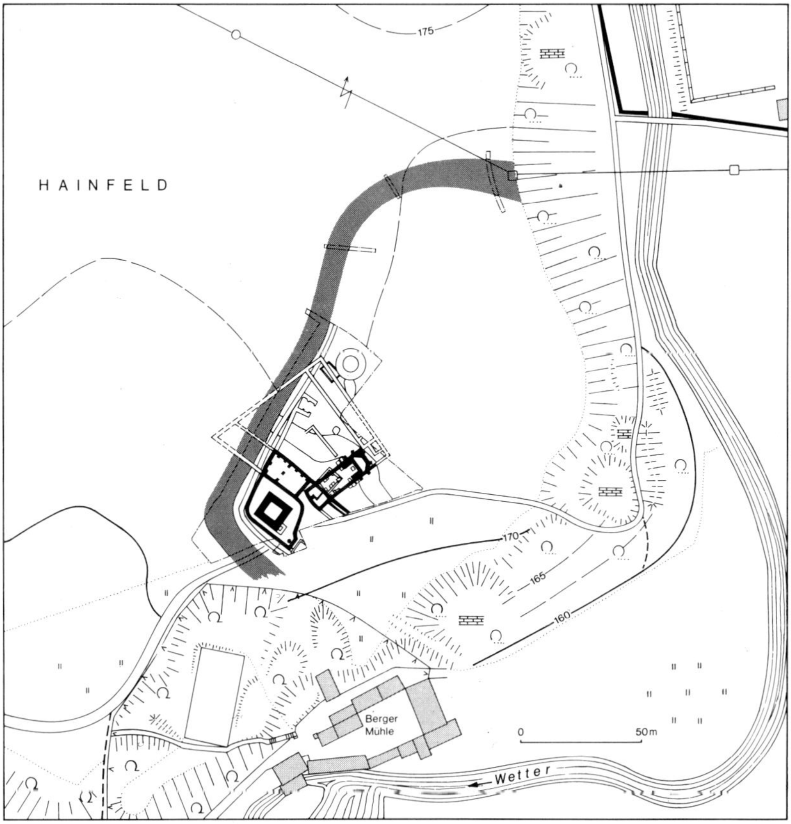

Abb. 91. Plan der mittelalterlichen Arnsburg auf dem „Hainfeld". Der Burggraben ist als Rasterband angegeben. Die Hauptbefunde innerhalb der Grabungsfläche sind eingezeichnet, die heute sichtbaren, in den Grundmauern restaurierten Bauteile sind schwarz markiert. Nach F.-R. Herrmann. M. 1:3000.

bungen durch *(Abb. 90)*. Die bauliche Entwicklung dieser Burgwüstung ist recht kompliziert und sollte vor Ort anhand der Informationstafeln nachvollzogen werden. Ältester Bau auf dem Hainfeld war ein quadratischer Turm, der zusammen mit einem Brunnen von einer Mauer umgeben war *(Abb. 91)*.

Schon Mitte des 12. Jahrhunderts wurde die Burganlage wieder aufgegeben, als Konrad II. von Hagen und Arnsburg den Berg Münzenberg erwarb und dort eine große Höhenburg bauen ließ. Sein Sohn Kuno baute die Münzenburg weiter aus und nannte sich als erster

Abb. 92. Funde vom Gelände der mittelalterlichen Burgwüstung Arnsburg: Spielwürfel aus Knochen, Maultrommel, kreuzförmiger Anhänger und kleine Kugel.

„von Münzenberg". Die Burg Arnsburg wurde, nachdem die Benediktiner ihr Kloster im ehemaligen Römerkastell verlassen hatten (siehe unten), von Kuno von Münzenberg 1174 dem Orden der Zisterzienser als vorübergehende Unterkunft übergeben (evtl. eine Art „Baukloster" während der Errichtung der großen Klosteranlage im Wettertal) und nach dem Bau des neuen Klosters wieder verlassen. Zur jüngsten Bauphase auf dem „Hainfeld" zählt die Heiligkreuzkapelle, die 1399 geweiht und 1623 im Dreißigjährigen Krieg aufgegeben wurde. Um die Ruhe des großen Klosters im Wettertal zu wahren, war diese Wallfahrtskapelle mit Ablaßmarkt außerhalb der Klostermauern errichtet worden. Bei den umfangreichen Grabungen des Landesamtes für Denkmalpflege kamen interessanterweise an einer Stelle besonders viele kleinere Metallfunde sehr unterschiedlicher Funktion ans Tageslicht, die ganz offensichtlich zu spätmittelalterlichen Marktständen gehörten, so z.B. Haarnadeln, Nähnadeln, Ösen, Fingerringe, Fingerhüte, Ketten, Schmuckanhänger und Würfel *(Abb. 92)*.

Südlich der Burgwüstung Arnsburg lag auf dem gegenüberliegenden Ufer der Wetter eine hochmittelalterliche Siedlung, bei der es sich ver-

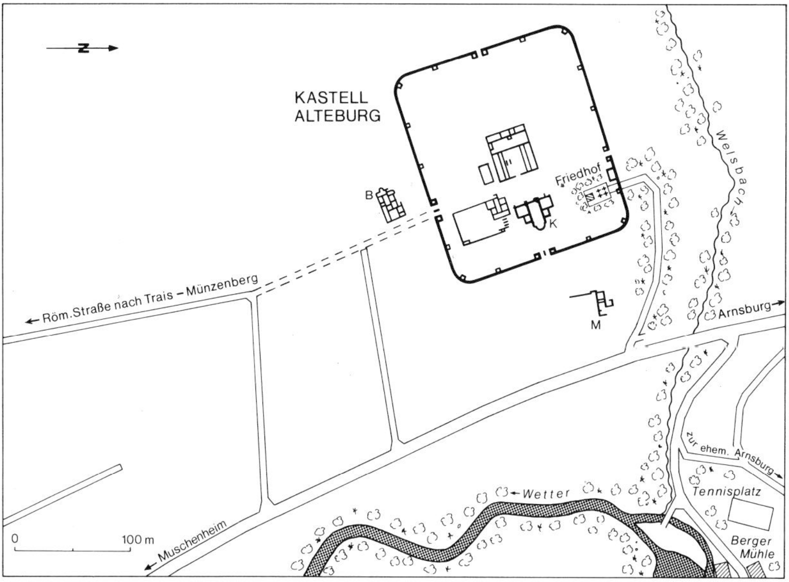

Abb. 93. Plan des Römerkastells Alteburg bei Arnsburg. B Kastellbad, M Herberge (*mansio*), K Mittelalterliche Klosterkirche, von der nur Chor und Querschiff vollendet waren. Nach D. Baatz. M. etwa 1:6000.

mutlich um die erstmals 1151/52 urkundlich erwähnte „villa arnesburg" handelt. Bei Grabungen der Kommission für Archäologische Landesforschung in Hessen 1993 stieß man auf mehrere Gebäudereste, u.a. sogenannte Grubenhäuser. Im Gelände ist heute von dieser Ansiedlung keine Spur erhalten.

Auf der Westseite der vorbeiführenden Landesstraße L 3131 nach Muschenheim – der Blick ist von hier aus durch Büsche verdeckt – lag einst auf einer Hochfläche das am weitesten nördlich errichtete Kohortenkastell der Römer, die sogenannte „Alteburg", direkt über der Mündung des Welsbaches in die Wetter *(Abb. 93)*. Wie gut dieser Platz für den Bau eines Militärlagers gewählt war, ist auch heute noch zu erkennen: Sämtliche nach beiden Seiten des Limesverlaufs errichteten Wachtposten konnten von hier aus weithin eingesehen werden. Der Grenzwall verläuft etwa 1,5 km nordöstlich des Kastells.

Frühkaiserzeitliche Funde vom römischen Gelände lassen vermuten, daß hier eine römische Militäranlage um Christi Geburt für kurze Zeit bestanden hat. Gegen Ende des 1. Jahrhunderts n. Chr. errichtete man dann an gleicher Stelle das Kastell Alteburg zunächst als Holz-Erde-Lager; in der ersten Hälfte des 2. Jahrhunderts wurden die Umfassungsmauern und einige der Innenbauten in Stein errichtet. Über die Funktion der einzelnen Gebäude sind bisher nur durch die Grabungen der Reichs-Limeskommission einige Ergebnisse bekannt geworden. So wurde das Stabsgebäude (*principia*) und wahrscheinlich das Wohnhaus des Kommandeurs (*praetorium*) aufgedeckt; evtl. kann auch das Speichergebäude (*horreum*) identifiziert werden. Alle übrigen Innenbauten wie Mannschaftsbaracken, Wirtschafts- und Stallgebäude waren wohl in Holzbauweise errichtet und konnten damals nicht erkannt werden. Der Haupteingang des 29 000 m^2 großen Kastells war als Doppeltoranlage errichtet und wies nach Osten, also zum Limes hin. Außerhalb der Mauern fanden die Ausgräber der Reichs-Limeskommission unter Leitung des Streckenkommissars Friedrich Kofler 1893 im Osten ein großes Gebäude, wahrscheinlich eine Herberge (*mansio*), und im Süden entlang der Römerstraße nach Friedberg das Kastellbad und Reste des Lagerdorfes (*vicus*).

Besatzung des Kastells waren teilweise berittene Kohorten von je 500 Mann Stärke: Vermutet wird zu Beginn die *cohors II Aquitanorum equitata*, Anfang des 2. Jahrhunderts abgelöst von der *cohors I Aquitanorum veterana equitata*, die wiederum kurze Zeit später von der *cohors V Dalmatarum* ersetzt wurde. Bis zur Aufgabe der Grenzbefestigung um 260 n. Chr. blieb das Kastell besetzt.

Viele Jahrhunderte lang danach war die Anlage auf der Höhe unbesetzt, die antike Stätte verfiel und wurde von der umliegenden Bevölkerung als Steinbruch genutzt. Im Jahre 1150/51 ermöglichte eine Stiftung Konrads II. von Hagen-Arnsburg an dieser Stelle die Gründung eines Klosters der Benediktiner. Da dem Bau dieses Klosters kein Glück beschieden war, gaben die Mönche bereits nach 21 Jahren ihr Vorhaben auf Betreiben Kunos von Münzenberg auf und zogen zurück in ihr Mutterkloster nach Siegburg. Der Bau dieser Klosteranlage mitten im alten römischen Kastellgelände sorgte dafür, daß auch die letzten Reste der Kastellbauten verschwanden. Intensiver Ackerbau in unseren Tagen hat schließlich auch alle Spuren dieses ersten Klosters verwischt. Eine alte, schon auseinanderbrechende Linde steht heute dort, wo einst der Mittelpunkt sowohl der römischen wie auch der mittelalterlichen Anlage war. Der Platz steht als archäologisches Kulturgut unter Denkmalschutz und soll nicht betreten werden.

Der Wanderweg verläuft nun vom „Hainfeld“ auf gleicher Strecke zurück zum Kloster Arnsburg und überquert auf einer schmalen

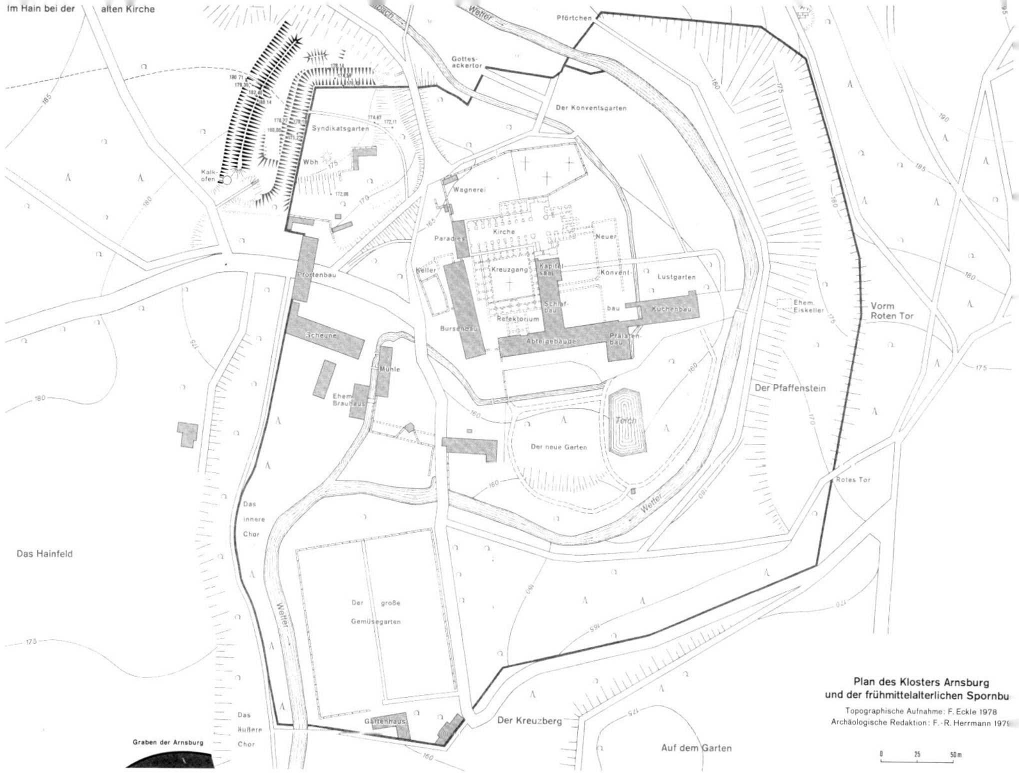

Abb. 94. Plan des Zisterzienserklosters Arnsburg. Am linken Bildrand das „Hainfeld“ mit dem Ansatz des Burggrabens der mittelalterlichen Arnsburg, im Nordwesten Wall und Graben der vermuteten frühmittelalterlichen Spornburg. Nach F.-R. Herrmann. M. 1:5 000.

Brücke die Wetter (**Punkt 3**). Es geht nun zunächst außerhalb der großen Klosteranlage an der Südmauer entlang weiter, vorbei an der Rückseite des barocken Gartenhauses des Abtes Peter Schmitt aus dem Jahre 1751, das innerhalb der Anlage in einem schönen Wiesen- und Gartengelände liegt. Man folgt der von Muschenheim durch das Klostergelände verlaufenden Straße parallel zur Klostermauer zu **Punkt 4**, wo ein schmaler Pfad schon bald nach links unmittelbar an die östliche Mauer des Klosters heranführt. Vorbei geht es am „Roten Tor“ – „Anno 1750“ kann man auf dem gut erhaltenen Schlußstein lesen – und weiter in nördlicher Richtung einer Reihe alter Kastanien folgend, immer unmittelbar entlang der Klostermauer zu **Punkt 5**. Hier trifft man auf einen breiten Waldwirtschaftsweg, der zunächst parallel zur Mauer läuft und dann talabwärts die engere Klosteranlage verläßt.

An einem Wegeknick kommt rechter Hand am Hang der Schutthügel eines alten Turmes ins Blickfeld. Es handelt sich hierbei nicht um eine römische Turmstelle, sondern eine aus dem Mittelalter stammende Anlage. Das gilt auch für eine ähnliche Stelle nur wenige hundert Meter weiter nordwestlich. Beide sind auf den Karten meist mit „Alter Turm“ bezeichnet. Sie liegen hinter einer Trockenmauer, vor der ein Graben und ein alter Weg verlaufen, und stammen nach Scherbenfunden aus dem 12./13. Jahrhundert. Vielleicht war die Anlage, deren Funktion nicht bekannt ist, Teil einer älteren Befestigung des Klostergeländes. Unser Wanderweg, weiterhin Teilstück des Limesweges des VHC und ausgeschildert mit dem schwarzen Limesturm, überquert bei **Punkt 6** auf einer malerischen Brücke wieder die Wetter und führt zurück in Richtung Kloster Arnsburg.

Bei **Punkt 7** führt ein ausgebauter Waldweg steil in einer weiten Rechtsbiegung den Berg hinauf in Richtung Wachtposten Wp 4/59 „in der Hardt“. Die Turmstelle liegt heute in einer vom Forstamt ausgewiesenen Wildruhezone und kann nicht aufgesucht werden. Erhalten ist der Schutthügel des römischen Steinturmes mit 5,50 m Seitenlänge. Einst bot die Stelle wohl einen ausgezeichneten Überblick über das umliegende Gelände. Bei einer Grabung der Reichs-Limeskommission im Jahre 1919 wurden von dem quadratischen Bau noch Teile des 40 cm hohen, aus Basaltsteinen errichteten Mauerwerks freigelegt. Außerdem kamen römische Gefäßscherben und Bruchstücke von Mühlsteinen ans Tageslicht. Das Wall-Graben-System des römischen Limes ist hier nicht mehr auszumachen.

Die Wanderung zurück zum Kloster führt durch ein wunderschönes Tal, auch „Gottesackertal“ genannt; der Wanderer wird durch die friedliche Stille und Einsamkeit in die rechte Stimmung für den kommenden Klosterbesuch versetzt. Kurz vor Erreichen der Klosteranlage kommt rechter Hand der Graben der Klostermauer in Sicht, der nur hier an der Nordwestecke ausgeführt war. Oberhalb liegen davor der mächtige Wall und Graben einer vermuteten mittelalterlichen Spornburg des 8.–10. Jahrhunderts, die vielleicht noch vor der Anlage auf dem „Hainfeld“ Sitz der Arnsburger Reichsdienstmannenfamilie war *(Abb. 94)*.

Von Norden kommend betritt man die Klosteranlage durch eine kleine Öffnung in der westlichen Mauer und durchquert ein Gartengelände mit Spielplatz; ein Rundgang durch das in baugeschichtlicher Hinsicht bedeutendste Kloster der Wetterau *(Abb. 95)* wird am Ende der Wanderstrecke sehr empfohlen. Ein kleiner, aber ausführlicher

Abb. 95. Kloster Arnsburg heute, aus der Luft gesehen.

Führer durch die Anlage kann im Bursenbau, dem Eingang zur Kirchenruine, erstanden werden. Ein Besuch des im Jahre 1675 erbauten Mühlengebäudes, heute Restaurant „Alte Klostermühle“, bietet die verlockende Möglichkeit, unter 300 Jahre alten Bäumen sitzend noch weiter über das Gesehene nachzudenken, auch wenn die weltabgewandte Lebensweise der Zisterzienser heute hier kaum noch nachvollzogen werden kann.

Auf Betreiben Kunos I. von Münzenberg kamen 1174 aus ihrem Mutterkloster Eberbach im Rheingau Mönche des Zisterzienserordens in die Burg auf dem „Hainfeld“ (siehe oben). Entsprechend ihrer Ordensregel, Klosteranlagen in abgelegenen Tälern zu errichten, begannen die Zisterziensermönche gegen Ende des 12. Jahrhunderts mit dem Bau des Klosters Arnsburg im Tal der Wetter, und zwar zuerst mit der Kirche, einem der schönsten Bauwerke des romanisch-frühgotischen Baustils. Baumaterial war der hier anstehende vulkanische Blasenbasalt (Lungstein). Im Laufe des 13. Jahrhunderts wurden Sakristei, Ka-

Abb. 96. Kloster Arnsburg. Blick vom Kapitelsaal in Kreuzgang und Innenhof.

pitelsaal *(Abb. 96)* mit darüberliegendem Dormitorium, dem Schlafsaal der Mönche, und das Untergeschoß des weitläufigen Bursenbaus fertig. Sämtliche Bauten halten sich streng an die in der Zisterzienserregel vorgeschriebene Schlichtheit der Ausführung. Alle weiteren heute noch sichtbaren Gebäudeteile stammen aus späteren Zeiten, wurden entweder nach der teilweisen Zerstörung des Klosters im Dreißigjährigen Krieg neu aufgebaut (fast alle Wirtschaftsgebäude) oder, wie die aufwendigen Repräsentationsbauten, im Stil des Barock im Laufe des 18. Jahrhunderts errichtet.

Die Zisterziensermönche waren nicht nur hervorragende Baumeister mit eigener Bauschule; ihrer Ordensregel entsprechend waren sie auch vorzügliche Landwirte. Neben ihren eigenen Ländereien, die außer durch Kauf vor allem durch Stiftungen ständig erweitert werden konnten, bewirtschafteten die Arnsburger Mönche auch Klosterhöfe wie Eberstadt, Hof Güll, Kolnhausen und Wickstadt und bauten bisher unbekannte Frucht- und Obstsorten an. Zahlreiche Klöster, Kirchen und Kapellen unterlagen ihrer geistlichen Aufsicht. In einem Ackerbuch des 14./15. Jahrhunderts ist in 253 Orten Haus- und Grundbesitz verzeichnet. Kloster Arnsburg erlebte einen erstaunlichen Aufschwung und war in mancherlei Hinsicht maßgebend und bestimmend für die Wetterau.

Im 16. Jahrhundert entspann sich zwischen dem reichen Kloster und dem Haus Solms ein langwieriger Streit um das Vogteirecht, der erst zu Beginn des 19. Jahrhunderts im Rahmen der Säkularisierung, der damit einhergehenden Aufhebung des Klosters und der Zuweisung der gesamten Anlage an das Haus Solms beendet wurde.

Kirche und weitere Gebäude wurden 1811 zum Abbruch freigegeben, 1818 stürzten Dächer und Gewölbe der 85 m langen Pfeilerbasilika ein. Auch nach diesem Verlust ist der Eindruck der großartigen Architektur überwältigend und wird durch Bäume und Büsche auf den Mauerkronen noch verstärkt. Der Kreuzgang wurde ganzlich abgetragen, Grabsteine profaner Verwendung zugeführt; auch andere Bauteile verschwanden im Laufe der Zeit. Glücklicherweise haben wir in den hinterlassenen Zeichnungen des Rentamtmannes Christian Wilhelm Fabricius, der von 1804 bis zu seinem Tode 1877 in Arnsburg lebte, einige wichtige Urkunden erhalten, die einen Eindruck vermitteln über den Zustand des Klosters kurz vor Beginn der Abbrucharbeiten. Fabricius' Grab ist auf dem kleinen, wunderschön ruhig gelegenen Arnsburger Friedhof erhalten, wie auch die gesamte Klosteranlage noch heute die Waldeinsamkeit atmet, die die Mönche wohl vor fast genau 800 Jahren hier suchten.

Das Gasthaus „Alte Klostermühle" ist unter der Telefonnummer 06404/919 00 zu erreichen.

Wanderstrecke 10

Rundwanderweg vom vorgeschichtlichen Grabhügelfeld im Echzeller Wald zum Limes am alten Forsthaus und zum römischen Kleinkastell Haselheck

Wanderstrecke: rund 3 km (dazu Karte auf S. 167)

Wanderzeit: etwa 1 $^1/_2$ Stunden

Zugang: Von der Landesstraße L 3188, die als Hauptstraße durch Echzell führt, zweigt im Ortskern die Bisseser Straße nach Osten ab. Nach etwa 700 m biegt die Straße nach Norden in Richtung Bisses ab, man folgt jedoch der Straße geradeaus in östlicher Richtung. An einer leichten Linkskurve ist ein großer Parkplatz am Waldrand ausgeschildert (auch Ausgangspunkt eines Trimmpfades).

Topographische Karten: 1:25 000 Blatt 5619 Staden; 1:50 000 Blatt L 5718 Friedberg; Deutsche Generalkarte 1:200 000 Blatt 13 (auf allen Karten Eintrag des Limesverlaufs).

Hinweise: Bequemer, kurzer Wanderweg, auch mit Kindern gut zu bewältigen; überwiegend Wald.

Wanderweg: Besucht werden vorgeschichtliche Grabhügelfelder im Echzeller Wald, ein kleiner jüdischer Friedhof, ein Abschnitt des römischen Grenzwalls und die Stelle eines römischen Kleinkastells.

Vom Parkplatz aus (**Punkt 1 der Karte**) geht man durch ein hölzernes Tor, das den Beginn des Trimmpfades markiert, auf dem der Wanderweg teilweise verläuft, und weiter ein Stück am Waldrand entlang parallel zum ausgebauten Fahrweg zur ersten Wegegabelung bei **Punkt 2**. Hier nimmt man den rechten Abzweig und gelangt auf eine nach Osten führende Wegstrecke, die kerzengerade durch einen lichten Mischwald führt. Bei **Punkt 3** verläßt man bei der Wegegabelung den gekiesten Waldweg und läuft auf dem unbefestigten Pfad geradeaus weiter.

Die Strecke passiert nun auf wenigen Metern eine der vielen Schonungen, die im Echzeller Gemeindewald nach einem verheerenden Orkan im Winter 1990 angepflanzt wurden. Dieser Sturm richtete in vielen Teilen der Region große Waldschäden an. Der Echzeller Wald war mit rund 220 ha Schadensfläche besonders stark betroffen. Die Aufforstung und anschließende Pflege einer solch großen Fläche von 2,2 Mio.

Wanderstrecke 10

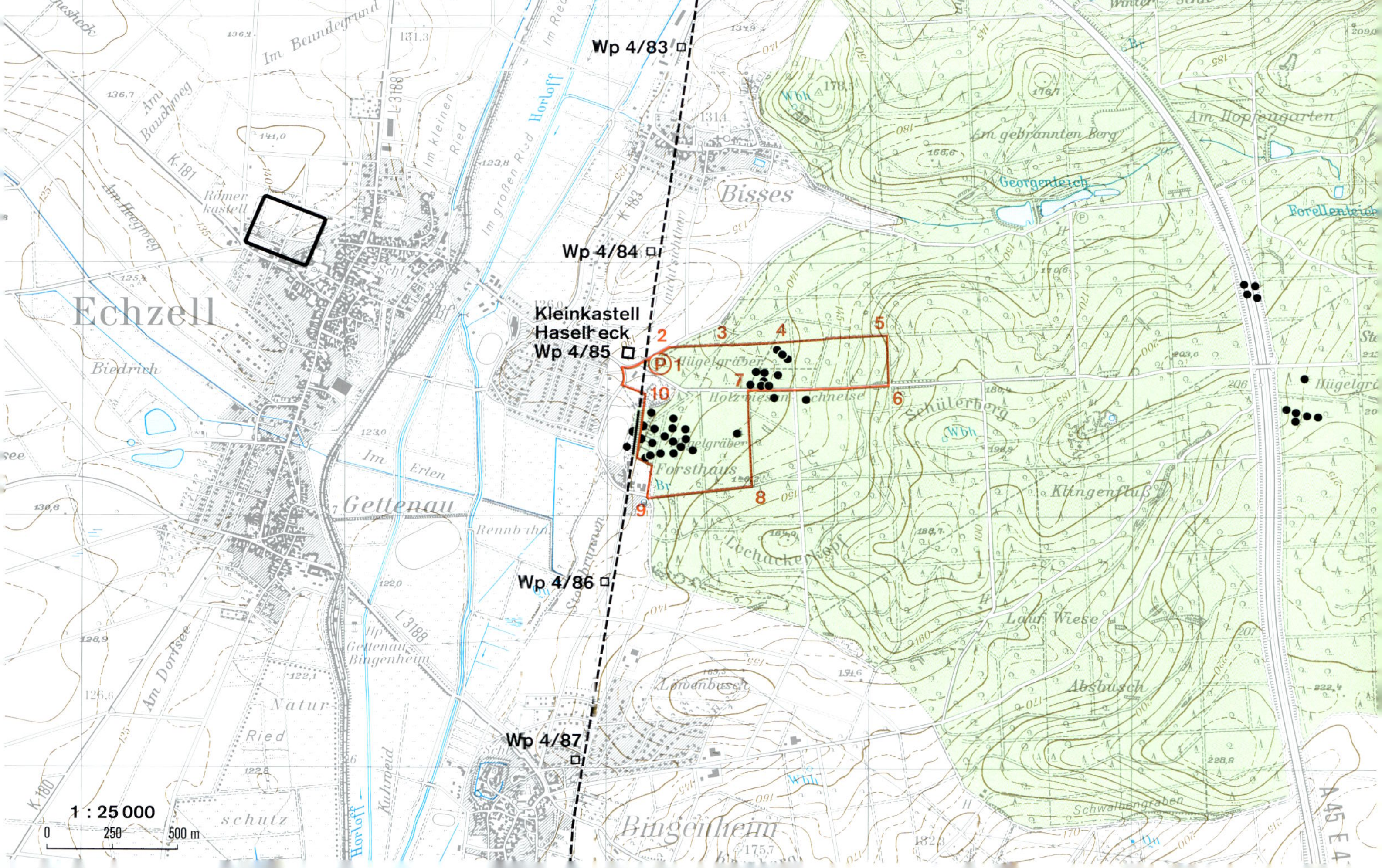

Abb. 97. Im Schnee heben sich die Grabhügel an der Holzwiesenschneise besonders gut vom dunklen Hintergrund ab.

Quadratmetern erfordern von der Gemeinde Echzell und dem Forstamt große personelle und finanzielle Anstrengungen. Bei der Neuanpflanzung legte man hier eine Edellaubholzkultur mit Kirsche, Esche, Buche und Bergahorn an.

Rechter Hand kommt kurz darauf bei **Punkt 4** ein vorgeschichtliches Grabhügelfeld mit 20 Hügeln ins Blickfeld *(Abb. 97; 99)*. Ausgrabungen zu Beginn der 1980er Jahre, die das Landesamt für Denkmalpflege Hessen nach vorangegangenen, unsachgemäßen Grabungen durchführen mußte, datieren die Gruppe vorwiegend in die ältere Eisenzeit (Hallstattzeit, 8.–6. Jahrhundert v. Chr.). Schönster Fund dieser Grabhügelgruppe ist ein kunstvoll gearbeiteter sogenannter „Wendelhalsring" aus Bronze, ein Schmuckstück der frühen Kelten etwa aus der Zeit um 700 v. Chr. *(Abb. 98)*.

Auch das ungeschulte Auge erkennt auf Anhieb die z. T. noch sehr hohen Hügel mit einem Durchmesser von bis zu 20 Metern. Im weiteren Verlauf dieser Wanderung führt die Strecke auf der im Süden des Gräberfeldes entlanglaufenden Holzwiesenschneise bei Punkt 7 noch einmal unmittelbar an das Gräberfeld heran. Die Echzeller Grabhügelgruppe an der Holzwiesenschneise zählt zu den eindrucksvollsten vor-

Abb. 98. Der bronzene „Wendelhalsring", ein Halsschmuck der frühen Kelten aus einem Grabhügel an der Holzwiesenschneise. M. 1:3.

geschichtlichen Bodendenkmälern des Wetteraukreises (ausführliche Erläuterungen zu vorgeschichtlichen Grabhügeln siehe S. 92f.).

Geradeaus geht es nun weiter bergauf durch eine dichte Nadelholzschonung. Der Pfad ist hier mit Moos bewachsen und führt durch einen idyllischen Winkel des Echzeller Waldes zu **Punkt 5**. Hier knickt der Wanderweg scharf nach rechts ab und fuhrt nach Suden zu **Punkt 6** an der Holzwiesenschneise *(Abb. 100)*, einem breit angelegten, geschotterten Waldwirtschaftsweg. Auf diesem geht es gerade in westlicher Richtung weiter, wo man nach etwa 300 m wieder auf die bereits oben beschriebene Grabhügelgruppe stößt *(Abb. 99)*. Neben einigen flachen Hügeln zeichnen sich im lichten Wald, vor allem auf der rechten Seite des Waldweges, fünf über zwei Meter hohe Grabhügel ab *(Abb. 97)*.

Gleich hinter dem Grabhügelfeld erreicht man **Punkt 7** der Strecke, wo an einer etwas unübersichtlichen Stelle ein breiter, unbefestigter Waldweg nach Süden zu **Punkt 8** abzweigt. **Punkt 8** befindet sich in der Waldabteilung 15 der Gemarkung Gettenau unterhalb des 164 m hohen Lochackerkopfes. Man nimmt hier den rechten Weg nach Westen, der in geradem Verlauf zur Internatsschule Institut Lucius führt (**Punkt 9**).

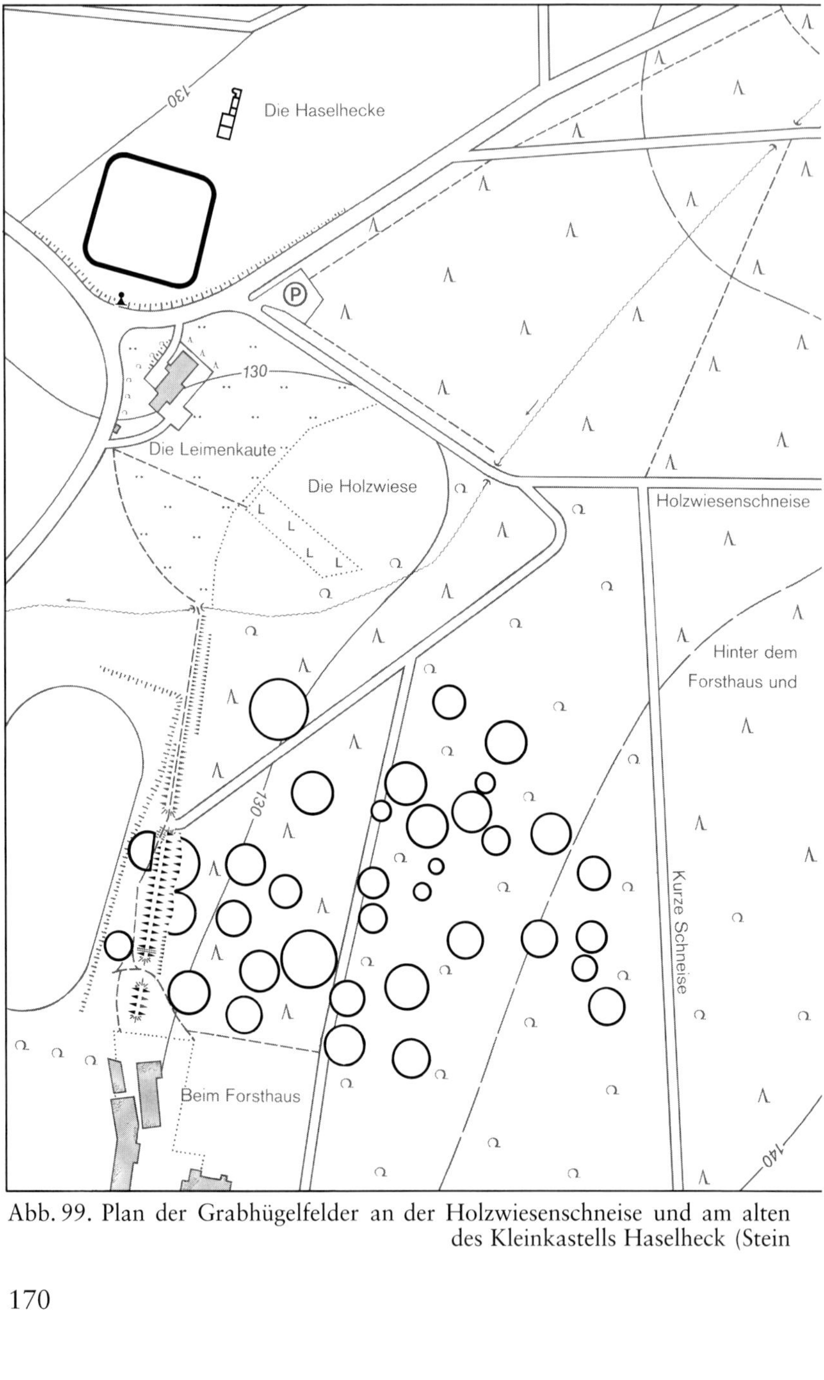

Abb. 99. Plan der Grabhügelfelder an der Holzwiesenschneise und am alten des Kleinkastells Haselheck (Stein

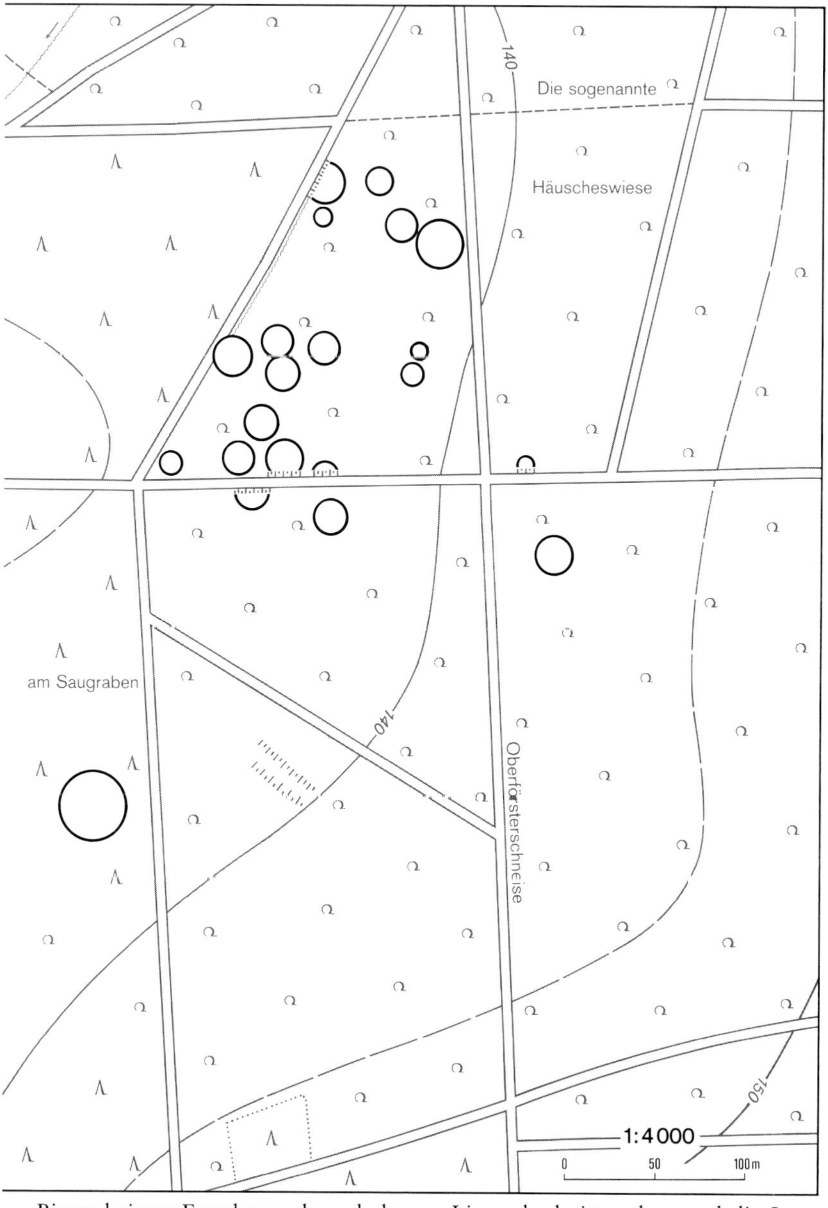

Bingenheimer Forsthaus, des erhaltenen Limesabschnittes dort und die Lage bauten und Denkstein). M. 1:4000.

Abb. 100. Die Holzwiesenschneise im Echzeller Wald.

Der Kern der Internatsschule ist seit 1878 im ehemaligen Jagdschloß des hessischen Landgrafen Ludwig VIII. untergebracht, das 1742 erbaut und später als Forsthaus genutzt wurde. Das Gebäude diente viele Jahre lang den Revier- und Oberförstern als Dienstwohnung. Erst 1876 zog die Oberförsterei dann um in das Bingenheimer Schloß, und da von seiten der landgräflichen Familie an dem inzwischen baufällig gewordenen Anwesen kein Interesse mehr bestand, wurde es zum Verkauf angeboten. Pfarrer Dr. Eduard Lucius (1819–1899), dessen Privatschule zu dieser Zeit in Münzenberg untergebracht war, konnte, nachdem er den gesamten Komplex zunächst gemietet hatte, das ehemalige Bingenheimer Forsthaus 1892 kaufen und sein Knabeninstitut hier einrichten. In den folgenden Jahren führten Julius Lucius (1852–1928) und danach Dr. Eberhard Lucius, der 1979 starb, das Institut weiter. Seit 1968 steht die Schule unter Leitung von Reinhard Lucius und nimmt erstmals auch Mädchen zum Unterricht auf.

An einer Wegekreuzung, noch vor dem Gelände des Internats (**Punkt 9**), läuft man nun auf einem schmalen Pfad nach rechts, vorbei am Sportplatz der Schule. Man befindet sich jetzt auf dem mit dem schwarzen Turm ausgezeichneten Limesweg Nr. 13 des Vogelsberger Höhen-Clubs (VHC) sowie auf einem Teilstück des Internationalen Fernwanderweges Nr. 1 Nordsee – Alpen – Mittelmeer, markiert mit dem weißen Andreaskreuz auf schwarzem Grund. An der Nordseite des kleinen Sportfeldes führt ein schmaler Weg bei **Punkt 10** nach links zum Limes durch ein weiteres großes vorgeschichtliches Grabhügelfeld von etwa 40 Hügeln. Sie werden teilweise vom Limes und neuen Waldwegen geschnitten werden und liegen zum großen Teil inmitten einer unzugänglichen Schonung *(Abb. 99)*.

Von hier aus führt unser Wanderweg zwischen dem großen Sportplatz der Gemeinde Echzell und dem Limes entlang. Das hier noch etwa 200 m lange Limesstück ist das einzig erhaltene zwischen den Wachtposten Wp 4/85 Kleinkastell Haselheck und der vermuteten Lage von Wp 4/86 in der Gemarkung Bingenheim, und darüber hinaus der einzige sichtbare Rest des Pfahlgrabens auf einer Strecke von über 10 km zwischen Hungen und Reichelsheim. Am gesamten östlichen Wetteraulimes ist die Lokalisierung der Turmstellen nach wie vor besonders problematisch, weil der überwiegende Teil der römischen Grenzbefestigung durch landwirtschaftlich genutzte Flächen verläuft und im Gelände nicht mehr sichtbar ist.

Bald kommt rechter Hand in einem großen Wiesenstück der kleine jüdische Friedhof von Echzell ins Blickfeld *(Abb. 101)*, der im Jahr 1886 für die damals recht große jüdische Gemeinde in Echzell und Bisses angelegt wurde. Er ist mit Zaun und Hecke umgeben und kann nicht betreten werden. Im Winter, wenn die Hecke ohne Blätter ist, hat man von der Wiese aus einen schönen Blick auf die historischen Grabsteine mit hebräischer und deutscher Inschrift. Nach wenigen Metern erreicht man von dort wieder den Ausgangspunkt am Parkplatz.

Schräg gegenüber diesem Parkplatz in westlicher Richtung lag in römischer Zeit, 25 m hinter dem Pfahlgraben, das Kleinkastell Haselheck, Wachtposten Wp 4/85 *(Abb. 102)*. Das ehemals 3 900 m^2 große Lager, 1,2 km östlich des großen Kastells Echzell gelegen und durch

Abb. 101. Der kleine jüdische Friedhof von Echzell.

eine Straße mit ihm verbunden, hatte ein eigenes Badegebäude und war etwas größer als andere Kleinkastelle am Limes. Der Streckenkommissar der Reichs-Limeskommission, Friedrich Kofler, hatte die Umfassungsmauer mit abgerundeten Ecken 1886 entdeckt und einige Suchschnitte angelegt. Weitere Grabungen fanden bis heute nicht statt. Einzig das im Norden liegende Badegebäude konnte genauer untersucht werden. Kofler fand ein langgestrecktes Gebäude mit fünf Räumen (A–E), Backstein-, Ziegel- und Heizkachelreste waren teilweise mit Stempeln der 22. Legion versehen. Danach wird der Beginn der Anlage in die Zeit 110–125 n. Chr. datiert, also frühestens gegen Ende der Regierungszeit Kaiser Traians; aus dieser Zeit stammen auch weitere Funde, unter anderem zwei Münzen dieses Kaisers. Keramikfunde lassen den Schluß zu, daß der kleine Militärposten bereits zwischen 160 und 175 n. Chr. wieder aufgegeben wurde. Über die dort einst stationierte Einheit gibt es bislang keine eindeutigen Erkenntnisse.

Zwischen Kleinkastell und Badegebäude fand Wilhelm Soldan 1899 einen Holzturm mit Ringgraben, das älteste bekannte Bauwerk an diesem Platz. Dieser wurde offensichtlich nicht – wie sonst üblich – später durch einen Steinturm, sondern durch die Anlage des Kleinkastells ersetzt. Einige Archäologen sind der Ansicht, daß das Kleinkastell mög-

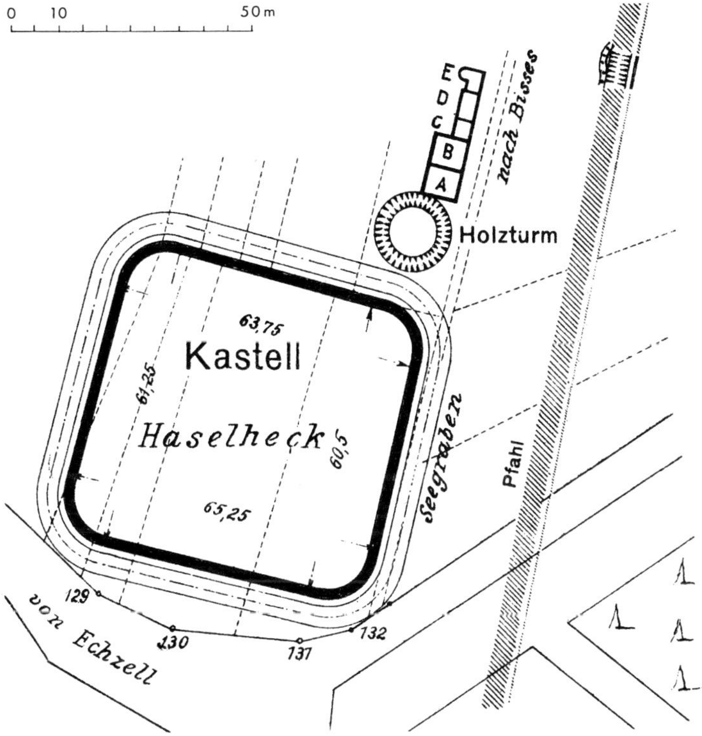

Abb. 102. Wachtposten Wp 4/85, das Kleinkastell Haselheck am Limes östlich von Echzell, mit älterem Holzturm und jüngerem Kastell mit steinerner Wehrmauer und Badegebäude. Nach ORL. M. 1:1500.

licherweise einen Limesübergang und damit den Grenzverkehr an einer Handelsstraße zwischen dem Imperium Romanum und dem germanischen Mitteldeutschland überwachen sollte. Ähnliches vermutet man für das Kleinkastell Degerfeld am Limes bei Butzbach, dessen Besatzung einen Fernhandelsweg in germanisches Gebiet über das Gießener Becken ins Lahntal zu überwachen hatte (siehe Wanderstrecke 5). Der vermutete Limesübergang beim Echzeller Kleinkastell wird hoffentlich einmal mit Hilfe der Luftbildarchäologie, mit der in den letzten Jahren viele neue archäologische Erkenntnisse zum römischen Limes erzielt werden konnten, entdeckt werden. Von Kleinkastell, Badegebäude und Holzturm ist heute nichts mehr zu sehen. Die Stelle ist durch einen Stein mit Inschrifttafel an der Bisseser Straße markiert *(Abb. 99)*.

Sehr zu empfehlen ist im Anschluß an die kleine Rundwanderung ein Ausflug nach Echzell selbst. Die Ortschaft, erstmals im Jahr 782 urkundlich erwähnt, gehörte einst zur Fuldischen Mark. Diese fiel 1437 zur Hälfte an die Landgrafen von Hessen. Im Jahr 1570 geriet Echzell an Hessen-Marburg und 1604 an Hessen-Darmstadt. Das alte Rathaus, im 15. Jahrhundert als Beinhaus erbaut, ist eines der ältesten Fachwerkhäuser Echzells. Nach Nutzung als Fruchtspeicher, dann Sitz der Echzeller Lateinschule, war es seit 1846 Rathaus und beherbergt heute das Hessische Auenforschungsinstitut.

In der Ortsmitte die evangelische Pfarrkirche, ein langgestreckter Rechteckbau mit gotischem Westturm; im Innern schöne Wandmalereien aus der ersten Hälfte des 14. Jahrhunderts. Die Kirche ist auf ihrer gesamten Breite auf römischen Fundamenten gegründet. Hier befand sich einst das Kastellbad (vgl. S. 52f.), auf dessen Überreste man 1961 beim Einbau einer Heizung stieß *(Abb. 104)*. Der Grundriß eines Teils des Bades – Schwitzbäder und Wärmeschleuse zwischen Schwitzbad, Kaltbad und Laubad – ist heute auf dem Vorplatz kenntlich gemacht *(Abb. 103)*; einige Originalmauern sind unter der Kirche erhalten. Es ist nicht bekannt, wann hier der erste Kirchenbau errichtet wurde. Der Komplex weist viele Umbauphasen auf; so brach man u.a. in der 2. Hälfte des 13. Jahrhunderts den alten Westturm ab und verlängerte die Kirche an dieser Stelle auf etwa doppelte Länge, d.h. zu heutiger Größe. In der 2. Hälfte des 15. Jahrhunderts wurde schließlich der heutige Westturm errichtet. Die letzte große Baumaßnahme erfolgte im Jahr 1724, als man den Chor auf Breite des Langhauses brachte.

Heute im Gelände nicht mehr sichtbar, überlagern am Nordwestrand von Echzell die Reste eines der größten Limeskastelle unseres Gebietes ein älteres Holz-Erde-Kastell, errichtet etwa 90 n. Chr. Das 52000 m^2 große, im 2. Jahrhundert n. Chr. unter Kaiser Hadrian mit einer steinernen Wehrmauer versehene Reiterkastell *(Abb. 105)* sicherte eine wichtige Straßenkreuzung und war wahrscheinlich gleichzeitig mit einer Kohorte und einer Reitereinheit von je 500 Mann Stärke besetzt. Über die Besatzung des Kastells gibt es verschiedene Vermutungen, wahrscheinlich wechselte sie mehrmals. Die Namen der Truppen sind bisher unbekannt. In Frage kommen u.a. die Reitereinheiten *ala I Flavia Gemina* und die *ala Gallorum Indiana* sowie vielleicht die *cohors XXX voluntariorum civium Romanorum*. Das Militärlager wurde, wie fast alle Anlagen am Wetteraulimes, bei dem Alamanneneinfall 233 n. Chr. stark in Mitleidenschaft gezogen und in den Jahren nach 260 n. Chr. endgültig aufgegeben.

Abb. 103. Die Echzeller Kirche mit markierten Grundrißteilen des römischen Badegebäudes im Pflaster (Schwitzbäder S_1 und S_2).

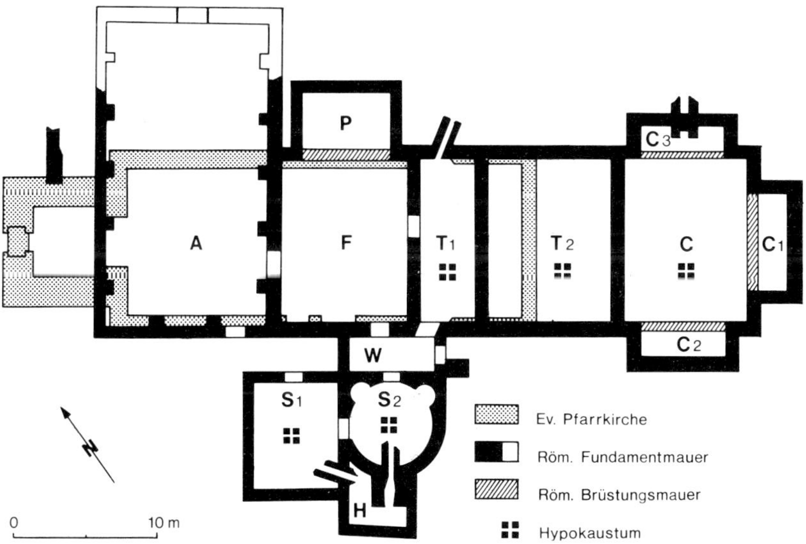

Abb. 104. Plan des Echzeller Kastellbades unter der evangelischen Pfarrkirche. A Umkleideraum; F Kaltbad mit P Kaltbadebecken; T_1, T_2 lauwarme Bäder; C Warmbad mit Warmwasserwannen C_1, C_2, C_3; S_1, S_2 Schwitzbäder; W Wärmeschleuse zwischen S, F und T; H Heizraum. Nach D. Baatz. M. 1:500.

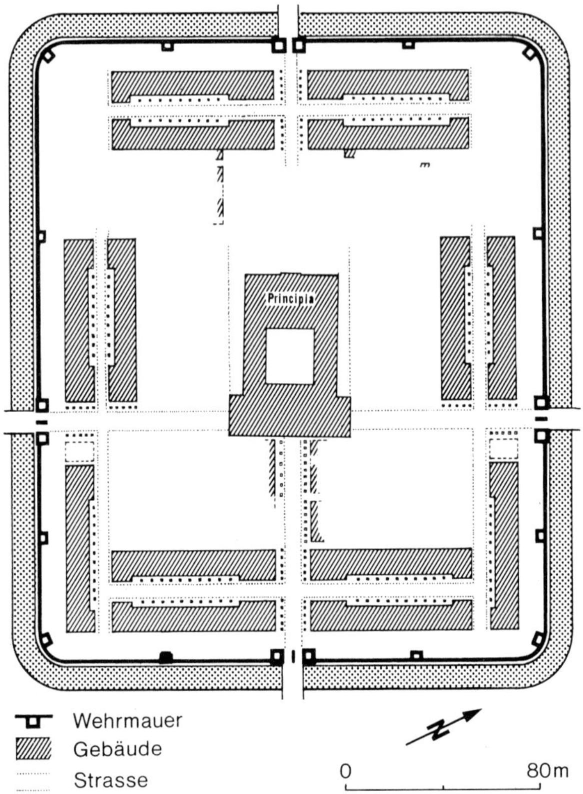

Abb. 105. Plan des Limeskastells Echzell. Nach D. Baatz. M. 1:3000.

Einige der hölzernen Innenbauten, vor allem die Mannschaftsbaracken, konnten eingehend untersucht werden. Aus einer dieser Baracken, wohl aus den Wohnräumen des Hauptmanns (*decurio*), stammen Reste von bemaltem Wandverputz, der einst Decke und Wände des Speiseraums (*triclinium*) schmückte. Der Fund ist einzigartig im grenznahen Bereich, er zeigt Szenen aus der griechisch-römischen Mythologie und ist farblich recht gut erhalten. Die Wandmalereien wurden restauriert und sind heute im Limeskastell Saalburg zu besichtigen.

Die „Echzeller Burg", ein barocker Schloßbau nahe dem alten Ortskern, wurde zu Beginn des 18. Jahrhunderts auf den Grundmauern einer mittelalterlichen Wasserburg errichtet. Weitere Adelshöfe sowie

Abb. 106. Bronzenes Gefäß (*balsamarium*) für Salben u. ä. aus dem südlichen Kastelldorf von Echzell im Heimatmuseum Echzell.

zahlreiche, im ganzen Ort verstreut liegende Hofreiten, von denen viele noch die typische überdachte Wetterauer Toreinfahrt aufweisen, lohnen einen ausgedehnten Rundgang durch Echzell.

Nicht versäumen darf man das Heimatmuseum, das 1987 in einer barocken Zehntscheune in der Lindenstraße 3 im alten Ortskern eingerichtet wurde. Die umfangreiche Sammlung enthält ausschließlich Objekte der mehr als 2000jährigen Geschichte Echzells und seiner umliegenden Ortsteile, darunter auch Zeugnisse des Mittelalters und der Neuzeit. Schwerpunkte der Dauerausstellung bilden jedoch die Vor- und Frühgeschichte sowie die Darstellung der römischen Vergangenheit Echzells *(Abb. 106)*, womit die Bedeutung des Platzes in diesem Zeitabschnitt besonders hervorgehoben wird.

Wanderstrecke 11

Rundwanderweg vom Wachtposten Wp 4/96 bei Stammheim zum Kloster Engelthal, den vorgeschichtlichen Grabhügeln im Engeltal und zu einem römischen Siedlungsplatz

Wanderstrecke: rund 12,5 km (dazu Karte S. 181)

Wanderzeit: etwa 5 Stunden

Zugang: Ausgangspunkt der Wanderstrecke ist ein Parkplatz an der Kreisstraße K 236, etwa in der Mitte zwischen Altenstadt und Stammheim unterhalb des „Winterbergs".

Topographische Karten: 1:25 000 Blatt 5619 Staden und Blatt 5719 Altenstadt; 1:50 000 Blatt L 5718 Friedberg; Deutsche Generalkarte 1:200 000 Blatt 13 (auf allen Karten Eintrag des Limesverlaufs).

Hinweise: Längere Wanderung mit mäßigen Steigungen; überwiegend Wald, vielseitige, interessante Wegstrecke.

Wanderweg: Besucht wird zuerst der römische Limes, im Tal die Benediktinerinnen-Abtei Engelthal, eine römische Siedlungsstelle, einige vorgeschichtliche Grabhügelfelder und ein römischer Wachtposten.

Ausgehend vom Parkplatz an der Kreisstraße (**Punkt 1 der Karte**) windet sich ein Weg steil hangaufwärts, wo er schon bald den Limes schneidet. Der Wanderer befindet sich hier am östlichen Wetteraulimes zwischen den Kastellen Florstadt und Altenstadt. Der Grenzwall ist nur noch an wenigen Stellen sichtbar, weil er, im Gegensatz zum waldreichen Taunusgebiet im Westen, zum größten Teil durch landwirtschaftlich genutzte Fläche verläuft. Man erreicht **Punkt 2**, die Stelle, an der man am Ende der Rundwanderung wieder ankommen wird. Ein ausgebauter Radweg führt von hier geradeaus in Richtung Südwesten, am 206 m hohen Gräbenberg vorbei zu einer schön gelegenen, allerdings verschlossenen Hütte (**Punkt 3**). Anschließend geht es weiter durch lichten Eichen-Buchen-Mischwald über hohe Erddämme zur Landesstraße L 3189 Altenstadt–Nieder-Florstadt (**Punkt 4**). Auf einem Trampelpfad neben der stark befahrenen Straße erreicht man nach 150 m die Klosterstraße, die hinunter in eine Talmulde zum Kloster Engelthal bei **Punkt 5** führt *(Abb. 107)*. Kurz vor Erreichen der Klostermauer passiert man ein großes landwirtschaftliches Anwesen mit Reiterhof, das sich in Privatbesitz befindet.

Wanderstrecke 11
Wp 4/96
Wp 4/97
Wp 4/98
Wp 4/98a
Wp 4/99
Kastell
Altenstadt
Gräbenberg
Winterberg
Steinberg
Engelthal
Kloster
Engeltal
Hessen
wald
Oppelshausen
Birkserhaidfeld
Rehberg
Steinernwand
Hügelgrab
Hügelgräber
Röm. Niederlassung
Unterforst
Winnerhöfe
Adamsborn
Dachsbau
Zipfenfeld
Emmahof
Kläranlage
Oberau
Nidder
1 : 25 000
0
250
500 m

Abb. 107. Die Benediktinerinnenabtei Kloster Engelthal.

Engelthal wurde im Mai 1268 zunächst als Abtei der Zisterzienserinnen von den Ganerben von Höchst, den Brüdern Konrad *(Abb. 108)*, Rupert und Herdegen von Buches mit ihrer Schwester Elisabeth und deren Gemahl, Rupert von Karben, gestiftet. Das Kloster, das mit umfangreichen Ländereien, darunter Wald und Weinbergen, ausgestattet wurde, ist mit Unterbrechungen bis heute von Benediktinerinnen bewohnt. Solche Unterbrechungen ergaben sich vor allem zu Beginn des 17. Jahrhunderts im Dreißigjährigen Krieg (1618–1648), als Plünderung und Brandschatzung durch Braunschweigisch-Mansfeldische Soldaten 1622 die Klostergemeinde zur Flucht nach Aschaffenburg zwangen. Nachdem der Konvent zu Beginn des Jahres 1630 wieder nach Engelthal zurückgekehrt war, mußte die Klostergemeinde gegen Ende dieses Jahres vor den näherrückenden Schweden (Phase des Schwedischen Kriegs 1630–1635) erneut die Flucht nach Aschaffenburg ergreifen.

Zwischen 1666 und 1750 wurden Kloster und Kirche wieder aufgebaut. Die Aufhebung des Klosters im Rahmen der Säkularisation am 25. Februar 1803 zog in den nächsten 150 Jahren einen steten Wechsel der Besitzverhältnisse nach sich. Allein von 1805 bis 1952 waren es sieben verschiedene Besitzer. Am 1. Mai 1962 kam mit der Neubesied-

Abb. 108. Grabplatte des Klosterstifters Konrad von Buches aus dem Jahr 1294 im Kloster Engelthal.

lung durch 20 Benediktinerinnen aus der Abtei vom Heiligen Kreuz in Herstelle an der Weser wieder eine neue Klostergemeinde in die alten Mauern, Teile der Anlage wurden neu errichtet oder renoviert. Heute ist das Gästehaus der Benediktinerinnenabtei für Besucher und Tagungen offen. Die Klosterkirche mit schönem Barockaltar ist fast immer geöffnet, nur zwischen 13.00 und 15.00 Uhr geschlossen. Im Torhaus befinden sich neben einer kleinen Kunst- und Buchhandlung auch Gästezimmer.

Entlang der hohen Bruchsteinmauer des Klosters wendet sich der Wanderer nun nach Westen in Richtung **Punkt 6** am Waldrand; von hier führt ein schmaler Pfad nach Norden zu **Punkt 7**. Hier lädt eine Ruhebank unter einer alten Kastanie zur Rast – ein idyllischer Platz zwischen Obstwiesen und Pferdekoppeln. An diesem Fleckchen Erde fühlt man sich im Frühsommer ein wenig an das ferne Burgund mit seinen alten Abteien erinnert, die herrliche Aussicht hinunter auf das malerisch gelegene Kloster bietet einen unbeschreiblichen Genuß.

Auf einem gut befestigten Waldwirtschaftsweg geht es nun weiter nach Westen, vorbei an einem alten Basaltsteinbruch am Fuß des Steinberges. Unsere Wanderstrecke folgt hier z. T. einem Rundwanderweg des Vogelsberger Höhen-Clubs (VHC), markiert mit einem grünen Andreaskreuz. Unterhalb des Steinbruchs stößt man auf einen Gedenkstein für den Forstamtmann Hubert Dörr, der über lange Jahrzehnte den Wald betreute und 1994 verstarb. Der Waldwirtschaftsweg verläuft hier neuerdings in einer Schleife nach Süden (auf Karte noch nicht verzeichnet). Wir empfehlen die unbefestigte, aber schöne Marschroute geradeaus durch die Waldabteilungen 1 „Dachsbau“ und 11 „Das Engelthal“ der Gemeinde Niddatal. Bei **Punkt 8** trifft man an einer Kreuzung wieder auf den Waldwirtschaftsweg, geradeaus geht es weiter zum nächsten Punkt.

Bei **Punkt 9** der Route zweigt an einer Gabelung ein Weg nach links ab, der nach ungefähr 450 m auf eine vorgeschichtliche Begräbnisstätte stößt (**Punkt 10**). Der geübte Blick des Wanderers erkennt die Grabhügelgruppe als flache Erhebungen im Wald. Wann sie errichtet wurde, ist nicht bekannt (ausführliche Erläuterungen zu vorgeschichtlichen Grabhügeln siehe S. 92 f.). Anschließend geht man zurück zu **Punkt 9** und dort nunmehr nach links zur großen Kreuzung am Waldrand bei **Punkt 11**. An dieser Stelle erblickt man in südlicher Richtung mehrere neuere Agrarbetriebe, die Winner Höfe. Weiter geht es nun nach Nordosten entlang einer großen Wiese, die vom Frühsommer bis weit in den Herbst in den schönsten Farben blüht.

Abb. 109. Typische Landschaft in der östlichen Wetterau nahe der Ortschaft Dauernheim.

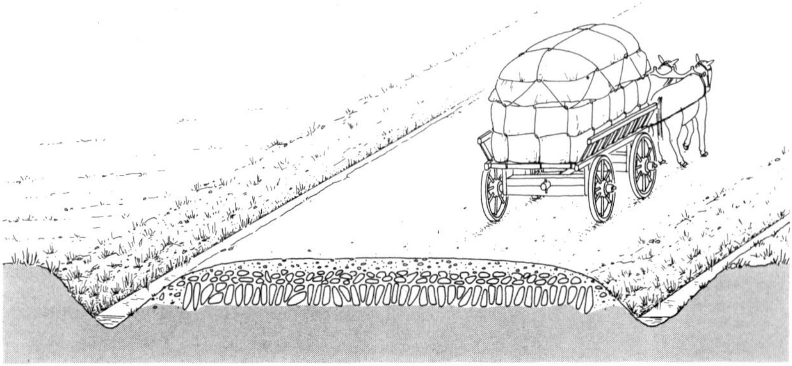

Abb. 110. Rekonstruktionszeichnung einer Römerstraße mit Fuhrwerk. Im Schnitt ist der Aufbau der Straße mit den beiden Straßengräben dargestellt.

Die römische Ansiedlung bei **Punkt 12** liegt heute im Wald, in römischer Zeit sicher auf freiem Gelände. Sie ist nicht einfach auszumachen, da von den römischen Steinfundamenten kaum noch etwas obertägig sichtbar ist. Dieser Fundplatz wurde von Georg Wolff zufällig entdeckt, als er im Jahr 1897 mit dem Erbstädter Förster Schäfer nach römischen Straßen suchte. Dabei überprüfte er, ob die alte, kurz hinter Punkt 11 nach Norden führende Hanauer Straße als Römerstraße *(Abb. 110)* in Frage kommen könnte. Die Niederlassung wurde noch im gleichen Jahr ergraben. Es zeigte sich, daß offenbar nur ein einzelnes steinernes Gebäude vorhanden war. Wolff interpretierte das Gebäude als Straßenstation. Ob seine Interpretation richtig war, können nur neue Grabungen zeigen.

Bei **Punkt 13** erreicht man ein weiteres kleines Grabhügelfeld, dessen Hügel im Wald als niedrige Erhöhungen gut zu erkennen sind. Insgesamt sind bisher drei registriert, zusätzlich könnte sich eine rechts vom Weg liegende Erhöhung durchaus als weiterer vorgeschichtlicher Grabhügel herausstellen. Nur wenige Schritte weiter lädt eine schön gelegene Wanderhütte zur Rast ein, bevor es geradeaus nach Nordosten ein längeres Stück weitergeht, bis man bei **Punkt 14** auf einen größeren Wirtschaftsweg trifft. Linker Hand ist auch hier ein einzelner Grabhügel bekannt. Man wendet sich jedoch nach rechts, um nach einer kurzen Strecke, die hier die Waldabteilung 301 „Alte Heeg“ durchquert, bei **Punkt 15** wieder nach links abzubiegen, wo die Wanderroute als reizvoller, grasbewachsener Pfad in nordöstlicher Richtung weiterläuft, entlang einer schon etwas älteren Nadelholzschonung. Man erreicht recht bald wieder die verkehrsreiche Straße von Altenstadt nach Nieder-Florstadt (**Punkt 16**), der man etwa 100 m weit in Richtung Altenstadt folgt. Bitte achten Sie hier ganz besonders auf den Straßenverkehr!

Auf einem nach Nordosten abzweigenden Feldweg erreicht man den Wald und hat von hier aus nach Westen einen schönen Blick auf das große Hofgut Oppelshausen; die roten Dächer der alten Gebäude fügen sich harmonisch in die hügelige Landschaft. Einst breitete sich hier – unmittelbar seitlich des jetzigen Hofgutes – das mittelalterliche Dorf Oppelshausen aus; Spuren des erstmals 900 urkundlich erwähnten Ortes sind nicht mehr auszumachen *(Abb. 111)*.

Die Wegeführung bei **Punkt 17** oberhalb des Gräbenbergs erfordert etwas Umsicht, damit man nicht von der Wanderstrecke abkommt.

An der nächsten Kreuzung bei **Punkt 18** wählt man den mittleren Weg zum Limes, der hier im Stammheimer/Altenstädter Wald auf rund 700 m Länge als Wall-Graben-Anlage außergewöhnlich gut erhalten ist. Am östlichen Wetteraulimes, zwischen den Kastellen Arnsburg und Groß-Krotzenburg am Main, ist der Pfahlgraben durch die landwirtschaftliche Nutzung im freien Gelände fast völlig verschwunden. Nur dort, wo der Limes durch Waldgebiete verläuft, ist er noch heute gut zu erkennen.

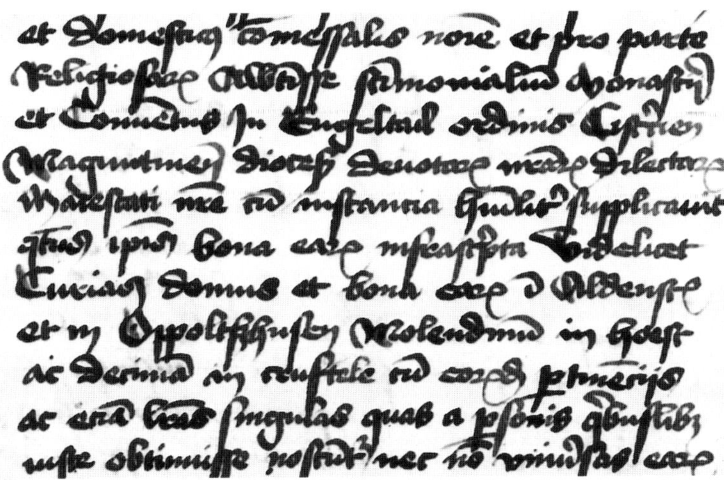

Abb. 111. Ausschnitt aus einer mittelalterlichen Urkunde vom 12. Januar 1360, in der das Kloster Engelthal und die Wüstung Oppelshausen genannt werden. Kopialbuch Kloster Engelthal.

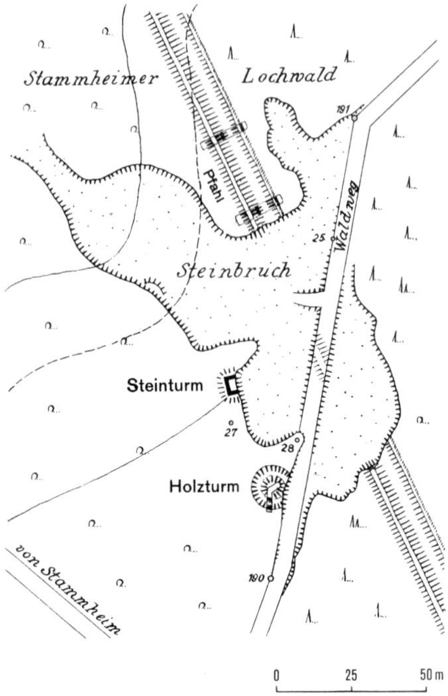

Abb. 112. Wachtposten Wp 4/96 „im Stammheimer Wald“.
Nach ORL. M. 1:2500.

Den Limes kreuzend, gelangt man zum Wachtposten Wp 4/96 am Nordosthang des Winterberges. Die Anlage besteht aus zwei Turmstellen, einem älteren Holzturm und einem jüngeren Steinturm *(Abb. 112).* Von diesem Posten, der mit 208 m NN die höchste Stelle des östlichen Wetteraulimes einnimmt, hatte man in römischer Zeit einen weiten Rundblick und konnte sicher, ohne die jetzt hier vorhandenen Bäume, auch die Kastelle Ober-Florstadt und Altenstadt sehen.

Die beiden Turmstellen sind nicht einfach zu finden, der südlich gelegene ältere Holzturm ist am Rand des alten Steinbruchs direkt am Wegrand als flache Erhöhung gerade noch auszumachen. Der etwas weiter nördlich anzutreffende Steinturm, der im Jahr 1886 vom Streckenkommissar der Reichs-Limeskommission Friedrich Kofler entdeckt wurde, war ein quadratischer Bau von 3,50 m Seitenlänge und 1 m starken Mauern, dessen Ruine 1919 noch zu sehen war. Der Wachtposten etwa 28 m hinter dem Limes ist nahezu völlig von einem alten

Steinbruch zerstört. Bei zwei Limesschnitten nördlich des Steinturmes fand man bei den Grabungen unter dem Wall auch Spuren des Flechtwerkzaunes der älteren Limeslinie. Das Gelände um die beiden Turmstellen ist stark mit Brombeerhecken überwuchert und kaum begehbar.

Um zum Ausgangspunkt zu gelangen, geht man zu **Punkt 18** zurück und von dort ein kurzes Stück den Limes entlang zu **Punkt 2**. Zum Abschied quert man noch einmal auf dem schlangenförmig ins Tal laufenden Weg den Limes und erreicht nach insgesamt rund fünfstündiger Wanderung wieder den Parkplatz.

Das Kloster Engelthal bei Altenstadt ist unter der Telefonnummer 06047/6088 zu erreichen.

Wanderstrecke 12

Rundwanderweg von der Limesrekonstruktion bei Limeshain-Rommelhausen zum Wachtposten Wp 4/105 bei der Drususeiche und zu einem vorgeschichtlichen Grabhügelfeld

Wanderstrecke: rund 4,5 km (dazu Karte auf S. 191)

Wanderzeit: etwa 2 Stunden

Zugang: Ausgangspunkt des archäologischen und naturkundlichen Lehrpfades ist der Parkplatz neben dem Sportplatz am südwestlichen Ortseingang von Limeshain-Rommelhausen an der Straße nach Nidderau-Ostheim. Weitere Zufahrtsmöglichkeit von der Bundesstraße B 45 Hanau – Friedberg, Abzweig in Nidderau-Windecken über Ostheim.

Topographische Karten: 1:25000 Blatt 5719 Altenstadt; 1:50000 Blatt L 5718 Friedberg (Hessen). Deutsche Generalkarte 1:200000 Blatt 13 (auf allen Karten Eintrag des Limesverlaufs).

Hinweise: Bequemer, kurzer Wanderweg ohne Steigungen, auch mit Kindern gut zu gehen; überwiegend Wald. Gute Beschilderung.

Wanderweg: Aus Anlaß ihres 25jährigen Bestehens im Jahr 1996 ließ die Großgemeinde Limeshain einen Teil des römischen Grenzwalls in der Gemarkung Rommelhausen rekonstruieren und einen archäologischen und naturkundlichen Wanderpfad einrichten. Dieser Rundwanderweg ist einer der ersten in Hessen überhaupt, der den Wanderer nicht nur zu vorgeschichtlichen und römischen Denkmälern führt, sondern auch ausführliche Informationen zum heimischen Wald, zu Flora und Fauna vermittelt. Das parallel zum Limes entlangführende Teilstück der Wanderstrecke bildet mit dem schwarzen Limesturm die Strecke 13 des Vogelsberger Höhen-Clubs (VHC) von Butzbach nach Groß-Krotzenburg am Main.

Ausgangspunkt ist der Parkplatz am Sportplatz in Rommelhausen (**Punkt 1 der Karte**). Hier beginnt die Wanderstrecke mit ersten Informationstafeln. Ein Waldweg parallel zur Landesstraße L 3347 Rommelhausen – Ostheim führt durch die Waldabteilung „Försterahl" zum rekonstruierten Abschnitt des Limes, wie er in der Zeit um 200 n. Chr. ausgesehen haben könnte *(Abb. 113)*. Auf 25 m Länge ist die Anlage mit Wall, Graben und 2,50 m hoher Palisade wieder errichtet

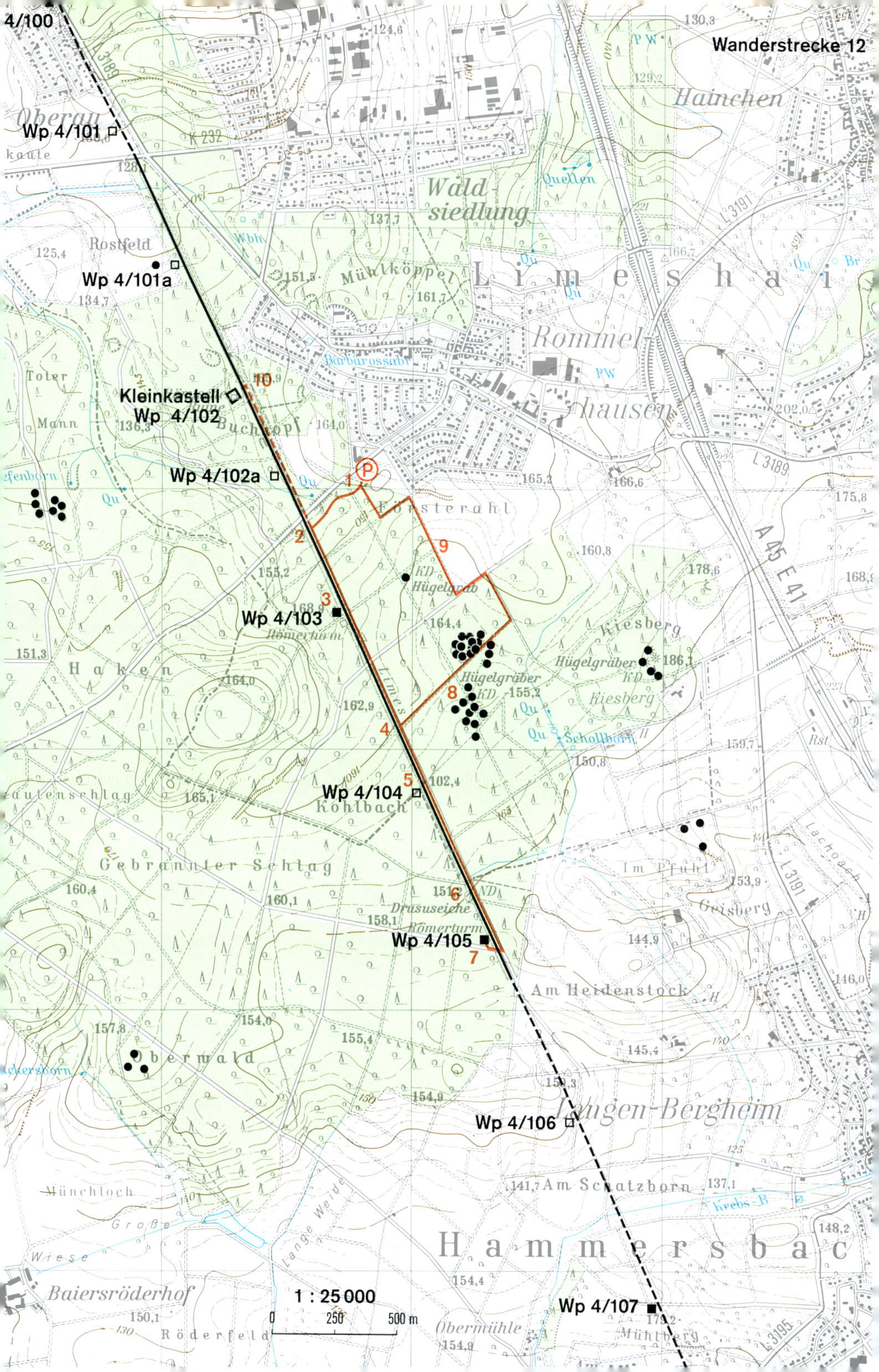

4/100
Wanderstrecke 12
Oberau
Wp 4/101
Hainchen
Waldsiedlung
Quellen
Rostfeld
Wp 4/101a
Mühlköppel
Limeshai
Rommelhausen
Barbarossabr.
Toter Mann
Kleinkastell
Wp 4/102
Buchkopf
Wp 4/102a
Försterahl
KD Hügelgrab
Wp 4/103
Römerturm
Kiesberg
Hügelgräber
Haken
Limes
Schollborn
Wp 4/104
Kohlbach
Gebrannter Schlag
Im Pfuhl
Geisberg
Drususeiche
Römerturm
Wp 4/105
Am Heidenstock
Oberwald
Langen-Bergheim
Wp 4/106
Münchloch
Große Wiese
Lange Weide
Am Schatzborn
Hammersbach
Baiersröderhof
Röderfeld
1 : 25 000
0
250
500 m
Obermühle
Wp 4/107
Mühlberg
A 45 E 41
L 3189
L 3191
L 3195
K 232

Abb. 113. Rekonstruierter Abschnitt des Limes bei Limeshain-Rommelhausen.

worden (**Punkt 2**), nachdem von der Kreisarchäologie des Wetteraukreises an dieser Stelle im Sommer 1995 eine Ausgrabung durchgeführt wurde, um diesen Limesabschnitt exakt rekonstruieren zu können.

Von hier aus geht der Weg zunächst am gut sichtbaren Wall entlang nach Süden durch die Waldabteilung 11 mit mittelalten Buchen und jungen Stieleichen. Hinweisschilder des Forstamtes weisen ausführlich auf die Besonderheiten dieses Waldstückes hin. Man gelangt nach wenigen Minuten zu Wachtposten Wp 4/103 „Im Eckartshäuser (Himbacher) Unterwald“ (**Punkt 3**), der sich kapp 40 m hinter (westlich) dem Wall befindet *(Abb. 114)*. Ein Waldweg trennt heute den südlich gele-

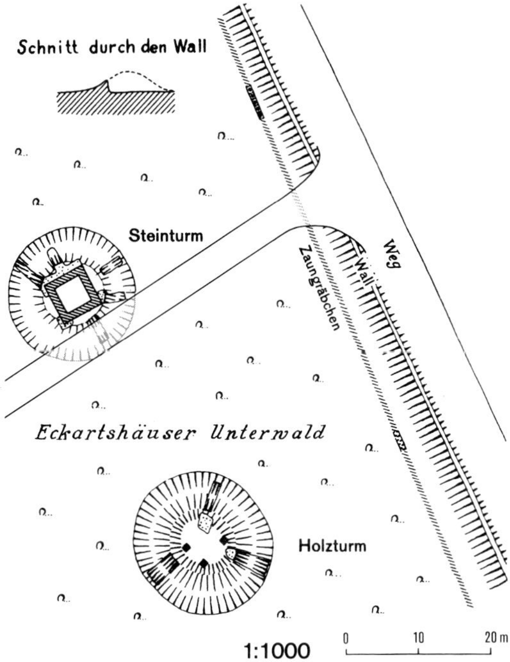

Abb. 114. Wachtposten Wp 4/103 „im Eckartshäuser Unterwald“. Nach ORL. M. 1:1 000.

genen älteren Holzturm von 3,70×4,40 m Grundfläche, der sich im Gelände als flache Erhöhung abzeichnet und einen Ringgraben aufweist, vom jüngeren Steinturm, der 38 m von ihm entfernt direkt nördlich am Weg liegt. Der quadratische Turm von 5,90 m Seitenlänge und 1,15 m Mauerstärke ist durch frühere Grabungen der Reichs-Limeskommission stark gestört. Ein ihn umgebender Graben besaß auf der dem Wall zugewandten Seite einen Übergang. Die Turmstelle ist deutlich als Hügel und an den vielen umherliegenden Basaltsteinen zu erkennen. Bei den Grabungen von Eduard Anthes und Wilhelm Soldan in den Jahren 1897/98 wurden auch hier Spuren eines Flechtwerkzaunes der älteren Limeslinie gefunden, der vor Errichtung der großen Palisade den Grenzverlauf markierte.

Am nächsten Wegekreuz sind Hinweisschilder der Natur- und Vogelschutzgruppe Rommelhausen angebracht, die den Interessierten über die heimische Vogelwelt informieren. Hier stehen Ebereschen, Douglasien, Kiefern, Fichten und Lärchen, gemischt mit Buchen und Eichen unterschiedlichen Alters.

Nach weiteren 280 m gelangt man zu **Punkt 4** der Wanderstrecke. Es wird empfohlen, den ausgeschilderten Lehrpfad hier zu verlassen, um zunächst dem Limes weiter zu folgen. Die Turmstelle Wp 4/104 (**Punkt 5**) ist nicht erhalten, wird aber etwa in der Mitte zwischen den Wachtposten 103 und 105 an einer topographisch günstigen Stelle vermutet. Vor Erreichen des Wachtpostens Wp 4/105 trifft man auf die sogenannte Drususeiche (**Punkt 6**), ein imposantes Naturdenkmal unbekannten Alters, das mitten auf dem Wall steht und bis in die Krone gespalten ist. Namengebend ist der ältere Drusus, Nero Claudius Drusus, ein Bruder des Kaisers Tiberius und Stiefsohn des Augustus. Er kam in den Jahren 10 und 9 v. Chr. auf seinen Feldzügen gegen verschiedene Germanenstämme, darunter auch gegen die Chatten, durch das Gebiet der heutigen Wetterau. Nach einem Sturz vom Pferd, der seinen Tod zur Folge hatte, wurden ihm in Rom und in verschiedenen Teilen des Reiches Ehrungen zuteil, u. a. erhielt er ein Ehrenmonument (Kenotaph) am Rhein. Es ist nicht belegt, daß Drusus jemals den östlichen Teil der Wetterau besuchte. Wie und wann die Drususeiche zu ihrem Namen kam, ist ungewiß, allerdings weiß man, daß sie schon zur Zeit der Erforschung dieses Limesabschnittes durch die Reichs-Limeskommission im Jahr 1900/02 diesen Namen trug.

Wachtposten Wp 4/105 „Bei der Drususeiche", rund 200 m weiter südlich (**Punkt 7**), befindet sich 38 m hinter dem Wall und stellt sich als eine völlig durchwühlte Turmstelle dar, die an alten Ausgrabungsspuren aber gut zu erkennen ist *(Abb. 115)*. Sie besteht aus zwei Holzturmstellen und einem Steinturmhügel. Wachtposten Wp 4/105 ist eine mehrphasige Anlage, die nach Osten hin zunächst durch einen Flechtwerkzaun, dessen 6–8 m hinter der späteren Wallkrone gelegenes Gräbchen auf einer Länge von 15 m verfolgt werden konnte, und einen etwa 5 m breiten Begleitweg abgegrenzt war. In den jüngeren Ausbauphasen des Limes wurden hier statt dessen die Palisade und schließlich Wall und Graben errichtet. Anfangs hatte die im ORL noch als „Baracke" bezeichnete Anlage des Holzturmes 1 einen annähernd kreisförmigen Ringgraben von rund 12 m Durchmesser. Darauf folgte eine zweite Umwehrung, die rechteckig, fast quadratisch mit abgerundeten Ecken war. Als jüngste Bauphase wurde ein schmales, tiefes Gräbchen mit senkrechten Wänden und einer Unterbrechung an der Ostseite angelegt, vermutlich für die Errichtung einer Holzwand. Im Innern der Anlage konnten mehrere Kulturschichten und eine kleine Feuerstelle festgestellt werden. Die in den Gräben gefundenen Gefäßscherben sind heute verschollen.

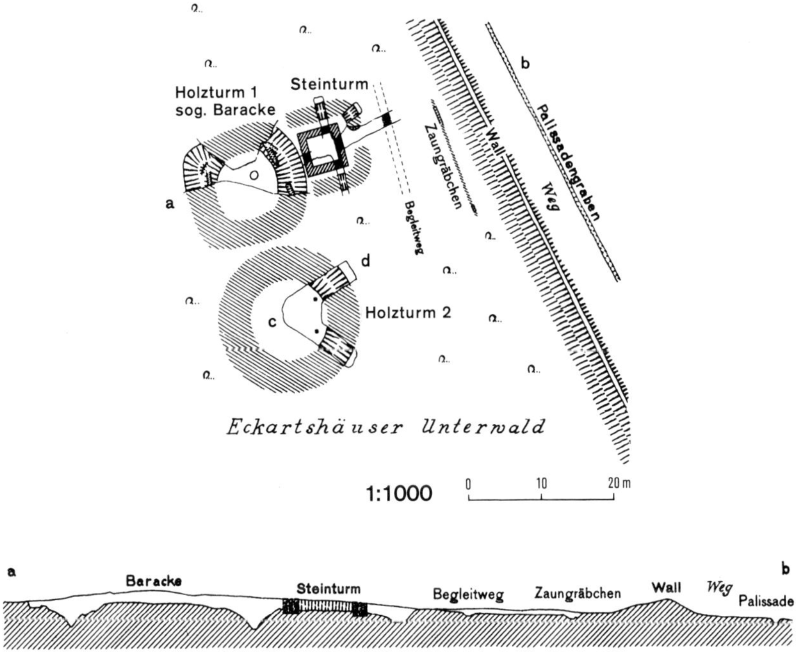

Abb. 115. Wachtposten Wp 4/105 „bei der Drususeiche". Nach ORL. Lageplan M. 1 : 1 000, Querschnitt M. 1 : 500.

Dieser Holzturm muß bereits längere Zeit aufgegeben gewesen sein, als der Steinturm direkt östlich davon errichtet wurde, da dessen flacher Ringgraben über die Gräben der älteren Anlage führt. Der Graben ist an der dem Wall zugewandten Ostseite für einige Meter unterbrochen, um einen Übergang zu schaffen. Die Grundmauern des quadratischen Steinturmes von 5,50 m Seitenlänge sind bis auf die Fundamente ausgebrochen. Vom südlich gelegenen Holzturm 2 wurden bei den von Wilhelm Soldan zwischen 1898 und 1900 durchgeführten Sondagegrabungen einzig zwei Eckpfosten des Turmes freigelegt und der Ringgraben an zwei Stellen geschnitten.

Der Pfahlgraben ist noch etwa 200 m weiter nach Süden zu verfolgen und dann mit dem Beginn der Felder verschwunden; ein 260 m vom heutigen Waldrand entfernt neben einem Feldweg stehender Gedenkstein mit der Inschrift „Pfahlgraben 1912" zeigt die Stelle an, bis

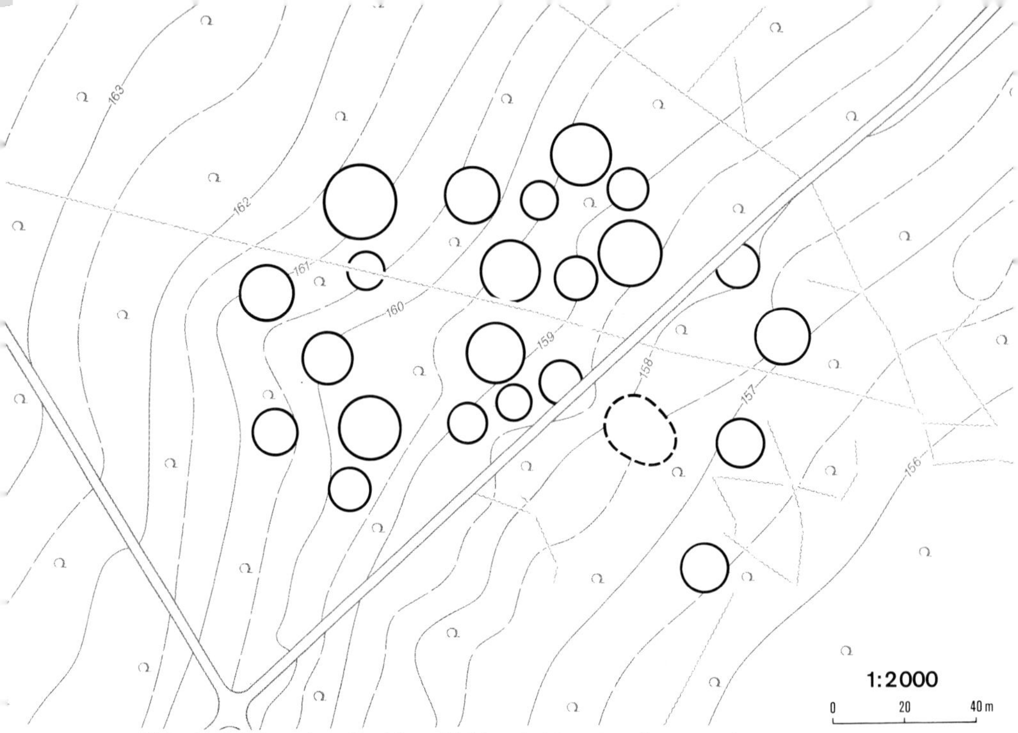

Abb. 116. Plan des Grabhügelfeldes beiderseits des Wanderweges im Himbacher Wald. M. 1:2 000.

zu der er bis zur Flurbereinigung im Jahre 1911 im damals gerodeten Wald erhalten war. Bis zum Kastell Marköbel liegen im weiteren Verlauf noch die nicht mehr sichtbaren Turmstellen Wp 4/106 und 107, die letzten der Limesstrecke 4.

Die Wanderstrecke führt nun zurück nach Norden zu **Punkt 4**, wo man sich – wieder auf dem archäologischen und naturkundlichen Rundwanderweg – scharf nach Osten wendet. Nach 400 m gelangt man zu einem sehr gut erhaltenen, großen Grabhügelfeld (**Punkt 8**), das sich beiderseits unseres Weges ausdehnt *(Abb. 116)*. Ein schöner Mischwald aus ungefähr 120 Jahre alten Buchen, gemischt mit Eichen, Lärchen, Kiefern und Hainbuchen, vermittelt das typische Bild eines Buchenwaldes der Niederungen Mittelhessens. Durch die ausgezeichnete Nährstoffversorgung dieses Standortes verzeichnet man hier eine beachtliche Wuchsleistung (Holzmasse) der Buche, die bis heute den über 20 Grabhügeln Schutz bietet. Diese sind noch in einer Größe von zehn bis zwanzig Metern Durchmesser erhalten, die größeren erreichen Höhen von über einem Meter. Ein zweites Grabhügelfeld, das sich di-

Abb. 117. Der Pfahlgraben nahe dem Kleinkastell „Auf dem Buchkopf".

rekt südlich anschließt, wurde während des verheerenden Sturmes im Winter 1990, der das Gesicht des Waldes markant verändert hat, durch umgestürzte Bäume in Mitleidenschaft gezogen. Heute liegen diese Grabhügel zum größten Teil in einem wiederaufgeforsteten Waldstück und sind nicht zu besichtigen (über Grabhügel allgemein siehe S. 92 f.). Von den Hügelgräbern im Himbacher Wald existieren keine Grabungsunterlagen, manche von ihnen wurden aber bereits im letzten Jahrhundert unsachgemäß ausgeräumt. Als Funde werden Asche, Urnen und Eisen genannt, so daß man davon ausgehen kann, daß sie in die frühe Eisenzeit, der Hallstattzeit vom 8.–6. Jahrhundert v. Chr., gehören.

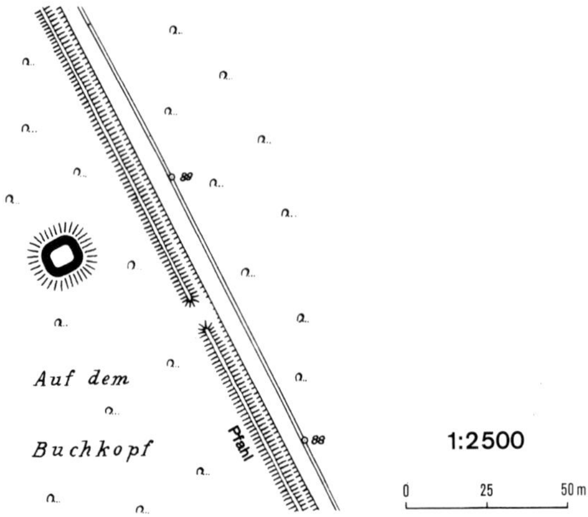

Abb. 118. Wachtposten Wp 4/102, das Kleinkastell „Auf dem Buchkopf". Nach ORL. M. 1:2500.

Der Wanderweg führt weiter durch die Waldabteilungen „Kohlbach" und „Hühnergraben" zum Waldrand, wo eine Gruppe seltener Bäume, wie Mammutbaum und Gingko, für den Waldlehrpfad angepflanzt wurde (**Punkt 9**). Weiter geht es durch den Wald, bis nach gut 100 Metern ein schmaler Pfad zum Ausgangspunkt am Sportplatz zurückführt.

Wer eine weitere Sehenswürdigkeit am Limes aufsuchen möchte, läuft vom rekonstruierten Limesstück (**Punkt 2**) nach Norden, überquert die stark befahrene Straße Rommelhausen – Ostheim und erreicht nach 500 m langer Wanderung auf dem hier vorzüglich erhaltenen Wall *(Abb. 117)* das Kleinkastell „Auf dem Buchkopf", Wp 4/102 (**Punkt 10**). Das Kleinkastell wurde etwa in der Mitte der Limesstrecke zwischen den Kastellen Altenstadt und Marköbel errichtet. Ein großer, flacher Schutthügel bedeckt die Reste des etwa 125 m^2 großen Bauwerks mit abgerundeten Ecken, das 10,65 m Länge in der Pfahlgrabenrichtung und 12 m Breite besaß *(Abb. 118)*. Friedrich Kofler, der im vorletzten Jahrhundert auch in der östlichen Wetterau wichtige Ausgrabungen leitete, hat diesen großen Wachtposten im Jahr 1886 untersucht; Einzelheiten oder Funde sind jedoch nicht überliefert.

Museen mit archäologischen Sammlungen in der Wetterau

Brunnen- und Heimatmuseum Bad Vilbel, Wasserburg,
61101 Bad Vilbel
Tel. 06101/602-226 oder 602-210
Öffnungszeiten: So. und Feiertage 10 bis 12 Uhr, 14 bis 17 Uhr,
Do. 19 bis 21 Uhr und nach Vereinbarung

Heuson-Museum im Rathaus Büdingen, Rathausgasse 6,
63654 Büdingen
Tel. 06042/2853 oder 950-032
Öffnungszeiten: Di. bis Fr. 10 bis 12 Uhr, Mi., Sa. 15 bis 17 Uhr,
So. und Feiertage 10 bis 12 Uhr, 15 bis 17 Uhr
sowie nach Vereinbarung

Museum der Stadt Butzbach im Solms-Braunfelser Hof, Färbgasse 16,
33510 Butzbach
Tel. 06033/65005
Öffnungszeiten: Di. bis Fr. 10 bis 12 Uhr, 14 bis 17 Uhr,
Sa. 11 bis 15 Uhr, So. und Feiertage 10 bis 12, 14 bis 17 Uhr,
Mo. geschlossen

Heimatmuseum Echzell, Lindenstraße 3, 61209 Echzell
Tel. 06008/405
Öffnungszeiten: So. 10–12 Uhr, 14 bis 16 Uhr
sowie nach Vereinbarung

Wetterau-Museum Friedberg, Haagstraße 16, 61169 Friedberg
Tel. 06031/88-218 oder 88-215
Öffnungszeiten: Di. bis Fr. 9 bis 12 Uhr, 14 bis 17 Uhr,
Sa. 9 bis 12 Uhr, So. 10 bis 17 Uhr, Mo. geschlossen

Oberhessisches Museum und Gail'sche Sammlungen Gießen,
Abteilung Vor- und Frühgeschichte im Wallenfelsschen Haus,
Kirchenplatz 6, 35390 Gießen
Tel. 0641/306-2477
Öffnungszeiten: Di. bis So. 10 bis 16 Uhr, Mo. geschlossen

Glauberg-Museum, Alte Schule, Hauptstraße 17,
63695 Glauburg-Glauberg
Tel. 06041/727 oder 8813
Öffnungszeiten: Mai–Oktober jeweils 1. und 3. So. im Monat
von 14 bis 16 Uhr und nach Vereinbarung

Niddaer Heimatmuseum, Raun 1, 63667 Nidda
Tel. 06043/4139 oder 1850
Öffnungszeiten: So. 10 bis 12 Uhr, Di. und Do. 15 bis 17 Uhr und nach Vereinbarung

Rosbacher Brunnen-Museum, Brunnenstraße, 61191 Rosbach
Tel. 06003/8130
Öffnungszeiten: nach tel. Vereinbarung

Abb. 119. Grabstein mit Darstellung eines Totenmahls aus Echzell-Gettenau im Heuson-Museum in Büdingen.

Weiterführende Literatur

Alföldy, G.: Römische Sozialgeschichte (2. Aufl. Wiesbaden 1979).

Austermann, M.: Bemerkungen zur frühmittelalterlichen Besiedlung am Rande der Wetterau. In: Berichte der Kommission für Archäologische Landesforschung in Hessen 2, 1992/1993, 113 ff.

–: Grabungen in einer latènezeitlichen und mittelalterlichen Siedlung bei Arnsburg, Kr. Gießen. In: Berichte der Kommission für Archäologische Landesforschung in Hessen 3, 1994/1995, 113 ff.

Baatz, D.: Die Ringwälle auf dem Brüler Berg bei Butzbach. In: Wetterauer Geschichtsblätter 23, 1974, 1 ff.

–: Die Wachttürme am Limes. Kleine Schriften zur Kenntnis der römischen Besetzungsgeschichte Südwestdeutschlands 15 (Stuttgart 1989).

–: Der römische Limes. Archäologische Ausflüge zwischen Rhein und Donau. (4. Aufl. Berlin 2000).

–: Rhenus transeundus est – Rom überschreitet den Rhein. Antike Schriftquellen und archäologische Spurensuche in Hessen. In: Berichte der Kommission für Archäologische Landesforschung in Hessen 4, 1996/97, 25 ff.

Baatz, D./F.-R. Herrmann (Hrsg.): Die Römer in Hessen (2. Aufl. Stuttgart 1989).

Beck, W./D. Planck: Der Limes in Südwestdeutschland (Stuttgart 1980).

Becker, A.: Rom und die Chatten. Quellen und Forschungen zur hessischen Geschichte 88 (Darmstadt und Marburg 1992).

Becker, A./H.-J. Köhler/G. Rasbach: Der römische Stützpunkt von Waldgirmes. Archäologische Denkmäler in Hessen 148 (Wiesbaden 1999).

Beckmann, B.: Das römische Kastell Kapersburg und das Kleinkastell Ockstadt im Taunus. Archäologische Denkmäler in Hessen 59 (Wiesbaden 1988).

Benecke, N.: Archäozoologische Beiträge zu Wirtschaft, Kult und Umwelt in den Jahrhunderten um Christi Geburt. In: Berichte der Kommission für Archäologische Landesforschung in Hessen 4, 1996/97, 53 ff.

Birley, H./V. Rupp, Die Limesanlagen bei Limeshain-Rommelhausen, Wetteraukreis. Archäologische Denkmäler in Hessen 131 (Wiesbaden 1996).

Christ, K.: Geschichte der römischen Kaiserzeit (2. Aufl. München 1992).

Conolly, P.: Die Romische Armee (Hamburg 1976).

Der römische Limes in Deutschland: 100 Jahre Reichs-Limeskommission. Sonderheft der Zeitschrift „Archäologie in Deutschland“ (Stuttgart 1992).

Domaszewski, A. v.: Die Rangordnung des römischen Heeres. Beihefte der Bonner Jahrbücher 14 (Köln 1967).

Eckardt, K.: Auf den Spuren der Römer, ... vom Rhein zum Main. DJH-Wegweiser.. (2. Aufl. Stuttgart 1988).

Fabricius, E./F. Hettner/O. v. Sarwey (Hrsg.): Der obergermanisch-rätische Limes des Römerreiches. Abteilung A Streckenbeschreibungen, Abteilung B Beschreibung der Kastelle. 14 Bände (Berlin und Leipzig 1894–1937).

Fischer, Th.: *gladius* und *caliga*. Tracht und Bewaffnung des römischen Heeres in der frühen und mittleren Kaiserzeit. In: E. Schallmayer (Hrsg.), Hundert Jahre Saalburg. Sonderheft der Zeitschrift „Antike Welt“ (Mainz 1997) 126 ff.

–: Die Römer in Deutschland (Stuttgart 1999).

Führer durch die Benediktinerinnenabtei Kloster Engelthal (1995).
Herrmann, F.-R.: Die Ringwälle auf dem Hausberg bei Butzbach. Wetterauer Geschichtsblätter 19, 1970, 1 ff.
–: Hausberg und Brülerberg bei Butzbach, Wetteraukreis. Archäologische Denkmäler in Hessen 7 (Wiesbaden 1979).
–: Lich-Arnsburg, Kreis Gießen. Römisches Kastell – Burgen – Klöster. Archäologische Denkmäler in Hessen 6 (2. Aufl. Wiesbaden 1989).
–: Die Limesanlagen auf dem Schrenzer bei Butzbach, Wetteraukreis. Archäologische Denkmäler in Hessen 5 (2. Aufl. Wiesbaden 2001).
Herrmann, F.-R./A. Jockenhövel (Hrsg.): Die Vorgeschichte Hessens (Stuttgart 1990).
Herrmann, F.-R./G. Seitz: Von der Vorzeit zum Mittelalter – Archäologische Ausflüge in der Wetterau. Archäologische Denkmäler in Hessen 84 (2. Aufl. Wiesbaden 1993).
Huld-Zetsche, I.: NIDA – Eine römische Stadt in Frankfurt am Main. Schriften des Limesmuseums Aalen 48 (Stuttgart 1994).
Huld-Zetsche, I./V. Rupp: NIDA – Hauptstadt der Civitas Taunensium. Archäologischer Plan des römischen Areals Frankfurt a.M.-Heddernheim und Praunheim (Frankfurt a. M. 1988).
Johnson, A.: Römische Kastelle. (3. Aufl. Mainz 1990).
Junkelmann, M.: Die Reiter Roms. Kulturgeschichte der Antiken Welt 45, 49, 53 (Mainz 1990, 1991, 1992).
Klee, M.: Der Limes zwischen Rhein und Main (Stuttgart 1989).
–: Die Saalburg. Führer zur hessischen Vor- und Frühgeschichte 5 (2. Aufl. Wiesbaden 2000).
Kortüm, K.: Zur Datierung der römischen Militäranlagen im obergermanisch-rätischen Limesgebiet. In: Saalburg-Jahrbuch 49, 1998, 5 ff.
Kreuz, A.: Landwirtschaft und ihre ökologischen Grundlagen in den Jahrhunderten um Christi Geburt: zum Stand der naturwissenschaftlichen Untersuchungen in Hessen. In: Berichte der Kommission für Archäologische Landesforschung in Hessen 3, 1994/95, 59 ff.
–: Genuß im Liegen oder „fast-food“ am Lagerfeuer? Kulinarische Möglichkeiten im römischen Hessen. In: E. Schallmayer (Hrsg.), Hundert Jahre Saalburg. Sonderheft der Zeitschrift „Antike Welt“ (Mainz 1997) 174 ff.
Nesselhauf, H.: Umriß einer Geschichte des obergermanischen Heeres. In: Jahrbuch des Römisch-Germanischen Zentralmuseums Mainz 7, 1960, 151 ff.
Oldenstein, J.: Zur Ausrüstung römischer Auxiliareinheiten. In: Bericht der Römisch-Germanischen Kommission 57, 1976, 49 ff.
–: Mit *hasta* und *lorica* Wache schieben. Rekonstruktion der Ausrüstung eines Auxiliarsoldaten aus severischer Zeit. In: E. Schallmayer (Hrsg.), Hundert Jahre Saalburg. Sonderheft der Zeitschrift „Antike Welt“ (Mainz 1997) 134 ff.
Petrikovits, H. v.: Die Innenbauten römischer Legionslager während der Prinzipatszeit. Abhandlungen der rheinisch-westfälischen Akademie der Wissenschaften 56 (Opladen 1975).
Rabold, E./E. Schallmayer/A. Thiel: Der Limes. Die Deutsche Limes-Straße vom Rhein bis zur Donau (Stuttgart 2000).
Richmond, J. A.: Trajan's Army on Trajan's Column. In: Papers of the British School at Rome 13, 1935, 1 ff.

Ritterling, E./E. Stein: Die kaiserlichen Beamten und Truppenkörper im römischen Deutschland unter dem Prinzipat (Wien 1932).
Römer am Rhein. Katalog der Ausstellung des Römisch-Germanischen Museums Köln (Köln 1967).
Rupp, V. (Hrsg.): Archäologie der Wetterau. Aspekte der Forschung. Wetterauer Geschichtsblätter 40, 1991.
–: Römische ländliche Siedlungen im Taunusvorland. In: E. Schallmayer (Hrsg.), Hundert Jahre Saalburg. Sonderheft der Zeitschrift „Antike Welt" (Mainz 1997) 184 ff.
Rupp, V./H. Birley: Römische Landwirtschaft in der Wetterau. In: Hessische Heimat 45, 1995, 106 ff.
Rupp, V./N. Boenke/M. Schmid: Der römische Gutshof „Im Brückfeld" in Münzenberg-Gambach, Wetteraukreis. Archäologische Denkmäler in Hessen 145 (Wiesbaden 1998).
Saile, Th.: Untersuchungen zu ur- und frühgeschichtlichen Besiedlung der nördlichen Wetterau. Materialien zur Vor- und Frühgeschichte von Hessen 21 (Wiesbaden 1998).
Schallmayer, E.: Der Odenwaldlimes (Stuttgart 1980).
– (Hrsg.): Hundert Jahre Saalburg. Sonderheft der Zeitschrift „Antike Welt" (Mainz 1997).
– (Hrsg.): Traian in Germanien – Traian im Reich. Saalburg-Schriften 5 (Bad Homburg v.d.H. 1999).
Schell, G.: Die römische Besiedlung von Rheingau und Wetterau. In: Nassauische Annalen 75, 1964, 1 ff.
Schönberger, H.: Die römischen Truppenlager der frühen und mittleren Kaiserzeit zwischen Nordsee und Inn. In: Bericht der Römisch-Germanischen Kommission 66, 1985, 321 ff.
Schönberger, H./H.-G. Simon, Römerlager Rödgen. Limesforschungen 15 (Berlin 1976).
–: Das Kastell Okarben und die Besetzung der Wetterau seit Vespasian. Limesforschungen 19 (Berlin 1980).
–: Die Kastelle in Altenstadt. Limesforschungen 22 (Berlin 1983).
Schubert, H.: Der Denarschatz von Ober-Florstadt. Archäologische Denkmäler in Hessen 118 (Wiesbaden 1990).
Seitz, G.: Das Kastell Holzheimer Unterwald. Archäologische Denkmäler in Hessen 133 (Wiesbaden 1999).
Steidl, B.: Die Wetterau vom 3. bis 5. Jahrhundert n. Chr. Materialien zur Vor- und Frühgeschichte von Hessen 22 (Wiesbaden 2000).
Ulbert, G./Th. Fischer: Der Limes in Bayern (Stuttgart 1983).
Wamser, L. (Hrsg.): Die Römer zwischen Alpen und Nordmeer. Katalog-Handbuch zur Ausstellung in Rosenheim (Mainz 2000).
Webster, G.: The Roman Imperial Army of the First and Second Centuries A.D. (3. Aufl. London 1985).
Wolf, D.: Einblicke ins römische Butzbach. Begleitheft zur neuen Abteilung des Museums der Stadt Butzbach im Solms-Braunfelser Hof (Butzbach 1996).
Wolff, G.: Die südliche Wetterau in vor- und frühgeschichtlicher Zeit (Frankfurt a. M. 1913).

Weiterhin empfehlen wir die Wanderführer des Taunusklubs, des Vogelsberger Höhen-Clubs und des Zweckverbandes Naturpark Hochtaunus.

Bildnachweise

D. Baatz: 103
B. Beckmann: 46
N. Boenke: 96
Büdingen, Museum: 119
H. Birley: 90
Darmstadt, Staatsarchiv: 111
I. Dittrich: 21
W. Eberhardt: 109
Engelthal, Kloster: 108
Friedberg, Stadtarchiv: 3, 12, 33
W. Gasche: 92
Gießen, Oberhessisches Museum: 36
M. Gottwald: 2
W. Grandhomme: 14, 37, 106
Karlsruhe, Badisches Landesmuseum: 13
P. Kynast: 20, 24, 32, 45
Landesamt für Denkmalpflege Hessen, Wiesbaden: 1, 84, 98, 99, 113, 116, 117
K.-F. Michl: 57, 70
München, Staatliche Antikensammlungen und Glyptothek: 15
Römisch-Germanische Kommission, Frankfurt am Main und Ingolstadt: 4, 6, 77
Foto Schick: 95
U. Seitz-Gray: 83
B. Steidl: 7
Trier, Rheinisches Landesmuseum: 30
Wetteraukreis, Archäologische Denkmalpflege: Titelbild, 8, 16, 25, 28, 29, 35, 38, 43, 48, 52, 64, 74, 76, 85, 86, 88, 89, 97, 100, 101, 107, 110